"四川大学铸牢中华民族共同体意识研究基地" 资助出版

四 川 大 学 中 华 民 族 共 同 体 研 究 丛 书

中华民族的凝聚
与演进十六讲

SIXTEEN LECTURES ON
THE FORMATION AND DEVELOPMENT OF
THE CHINESE NATION

石 硕 霍 巍 主编
励 轩 执行主编

社会科学文献出版社
SOCIAL SCIENCES ACADEMIC PRESS (CHINA)

序　言

　　我国是一个统一的多民族国家，这个基本国情决定了民族工作始终是我国国家治理体系的重要组成部分，民族团结教育则应是我国学校教育的重要内容。但长期以来，我国民族工作的主要对象是少数民族，民族研究的教学科研机构主要集中于民族院校，而综合研究型大学则较少开设民族相关议题的课程，缺乏推进民族团结教育的抓手。2017 年党的十九大提出铸牢中华民族共同体意识之后，民族工作的对象实际上发生了巨大的变化，从原来的少数民族扩大为国内各个民族；民族团结的重点也转移到了加强各民族交往交流交融以及铸牢中华民族共同体意识。在这种背景下，综合研究型大学作为人才培养的摇篮，会集了各个民族的青年学子，无疑是当下开展民族团结教育的主阵地之一。

　　四川大学是国家"双一流"建设高校和西部地区规模最大的综合研究型大学，学科门类齐全、师生人数众多，仅少数民族学生就有 6000 余人，占学生总数的十分之一。由于其独特的区位特点和悠久的学术传统，四川大学形成了以藏学和西南民族研究为特色，以历史学、考古学和民族学等多学科交叉融合为优势的民族研究队伍，相关研究成果也在全国具有一定的影响力。2000 年，四川大学中国藏学研究所获批为教育部人文社科重点研究基地。2020 年，中央统战部、中央宣传部、教育部、国家民委将全国十家铸牢中华民族共同体意识研究基地的其中一家设在四川大学，使川大成为在民族研究领域少有的同时拥有两个国家级文科重点研究基地的高校之一。四川大学铸牢中华民族共同体意识研究基地获批后，我们意识到自己的工作不能仅仅局限于小范围的学术研究，也应该把专长发挥在教书育人上面，帮助更多的学生理解我国是统一多民族国家的基本国情，认识民族团结的重要性，从而加强学生们的中华民族共同体意识。因此，2021年下半年，我们就决定设计一门全校通选课——"中华民族的凝聚与演进"，以帮助学生了解中华民族形成和发展的历史进程，让他们掌握中华民族多元一体的本质特征，培养他们进一步探索各民族交往交流交融历史与现状的兴趣，拓展有关中华民族共同体研究的学术视野。

我们在设计这门课的时候，特别重视发挥四川大学多学科交叉融合的优势，遴选了历史文化学院（考古文博学院）历史学、考古学和民族学三个学科一共十六位骨干教师，组成授课团队，并最终形成了十六个讲题。由于授课团队来自三个学科，所以讲题也各有学科特色。比如有些讲题会从考古学出发考察史前时期中华民族共同体的形成以及明朝中央政府对西藏的经略，还有些讲题则明显带有民族学、人类学的特点，多数讲题则属于历史学范畴。由于授课老师的研究领域各不相同，讲题的视角自然也是多样化的：既有从宏观视角来讲述的，如从农耕与游牧二元互动、王朝更替、元朝大一统等大背景下来看中华民族的形成与融合；也有一些讲题的视角相对微观，如关注惠远寺、清宫文物以及清代多语文政治实践等；除了讲述中华民族这一"自在的民族实体"的形成过程，还有讲题从概念史入手，剖析了"中华民族"观念的形成。总之，我们希望从多学科、多角度出发，以专题的形式来教授、启发学生关于中华民族形成与发展的知识。

"中华民族的凝聚与演进"课程设计完成之后，于2022年秋季学期正式开课。由于课程效果良好，四川大学教务处经与历史文化学院协商，自2023年春季学期开始，将课程名称改为"中华民族发展史"，作为"新五史"课程之一向全校学生重点推荐。同时，老师们在授课过程中也形成了各自的讲稿，本书即是由这些讲稿汇编而成，并定名为《中华民族的凝聚与演进十六讲》。中华民族的历史悠久而丰富，本书无法面面俱到，也有不成熟、不完善的地方。在以后的教学实践过程中，我们会不断改进授课内容，也会对讲稿进行相应调整，希望得到学界同人和各位读者的批评指正。

石　硕　霍　巍
2023 年 8 月 10 日

目 录

第一讲　中华民族的凝聚与演进：从"民族"角度认识中国历史

石　硕

　　中华民族是历史上形成的，是中国历史发展的结果。要了解中华民族为什么形成，我们必须回到中国历史场景与话语中。因此，我们需要从"民族"角度认识和考察中国历史的发展脉络。不过，"中国民族史"的书写一直存在视野相对狭窄的问题。今天，我们见到的许多版本的"中国民族史"，大多是书写各个历史时期周边"四夷"的历史以及今天55个少数民族的历史。这样的书写模式带来两个问题：其一，"中国民族史"的书写一般不包括历史上的"汉人"，即今天的汉族，所以，读"中国民族史"，我们无法了解中国人口数量最庞大的汉族的历史；其二，既然不包括"汉人"的历史，"中国民族史"的书写中自然也较少反映历史上少数民族与汉人群体之间的交融互动（至少不是主要内容），而这恰恰是中国历史发展中最重要的环节之一。这样的束缚和分割带来很大的局限，它不能告诉我们中华民族由何而来，我们也难以看到中国历史上民族演进发展的整体格局与全貌。要了解中国历史上民族的全貌，除了读"中国民族史"，还要读一篇文章，这就是费孝通的《中华民族的多元一体格局》，此文虽然篇幅不大，却是完整意义上的"中国民族史"，它清晰地告诉我们，中华民族是由何而来的。事实上，数千年的中国历史实为一部民族史。梁启超在《中国史叙论》中明确指出："民族为历史之主脑。"① 所谓"汉人",正是中国历史上长期民族融合过程中产生的一个庞大的民族共同体。所以,"中国民族史"的书写如果不包括"汉人"形成与发展的历史,就会有很大的局限。

"中国历史"的概念大体包括以下三个层次:

第一,从民族的范畴说,它是"中华民族"聚合的历史;

第二,从文化综合体的范畴说,它是"中华文明"形成与发展的历史;

第三,从"国家"的概念说,它是今日中国之由来。

需要指出的是,史籍记载的"中国"与今天的中国概念不在一个层次,二者不能同日而语。中国的形成如同一条河流,除主流之外,中途不断汇入各个支流,这些支流不断壮大着中国,最终形成今天的中国概念。所以"中国"与"中国历史"概念并不等同,对二者需要加以分辨。

中国历史演进是"中华民族"聚合与中华文明形成、发展的历史。诚如钱穆所言,中华文明的伟大主要体现于"扩大"与"绵延":"扩大"是贯穿中国历史演进的一个总趋势,由分散到统一,由局部到整体,由互不相干的"多元"走向"多元一体",这也是中国历史演进的基本特征;"绵延"则是指中国的文化、民族与疆域,数千年来一直代代相传,绵延不绝,为世界历史所罕见。在本讲之中,我们即以"扩大"与"绵延"为切入点,对中华民族凝聚与演进的历史过程做一个大致的勾勒。

一　中国缘何扩大?

先来看看中国如何扩大,是什么成就了中国之大。

中国历史演进的基本模式是"统一"与"分裂"相交替。据葛剑雄先生的统计,分裂时期总体较统一时期要长。若我们以"书同文、车同轨"的秦朝作为中国历史上统一多民族国家的开端,则中国历史上大的分裂时期主要有两个。

第一,从东汉末至隋灭陈的三国两晋南北朝时期。其间虽有西晋的统

---

① 梁启超:《中国史叙论》,《饮冰室合集·文集之六》,中华书局,1988,第6页。

一，但时间很短，仅51年，如昙花一现。这个时期政治分裂持续近400年。造成这一时期割据分裂局面的，除三国外，最主要的因素是北方民族大举南下入主中原地区，亦即中原人语境中的"五胡入华"。这一时期，长江以北地区先后出现十六国和北魏、东魏、西魏、北齐、北周等众多割据政权，多是由北方民族（所谓"胡人"）建立的。长江以南地区则出现了吴、东晋、宋、齐、梁、陈六个政权的更迭。

第二，五代十国、两宋及辽、西夏、金时期。这个时期持续370余年，可以说是中国历史上第二个南北朝时期。这一时期造成对峙局面的主要原因同样包括民族因素。由北方民族建立的辽、西夏、金等政权不但与两宋并立，同时由契丹人建立的辽、党项人建立的西夏、女真人建立的金等政权均对北宋和南宋构成极大威胁和冲击，导致两宋时期政治、经济重心不断南移。五代时期的后唐、后周和后汉三朝也都是沙陀人所建。

由此，我们可以看到一个突出特点——中国历史上两个大的分裂时期，主要是由民族因素所致：魏晋南北朝时期的分裂局面主要是北方民族南下即"五胡入华"造成的；五代宋辽夏金的分裂局面同样是北方民族契丹、党项、女真、沙陀等崛起并建立政权，不断向南扩展的结果。我们不难发现，通常所说的分裂时期，大抵是北方民族大规模兴起、建立政权并向中原地区扩张的时期。因此，所谓"分裂时期"，事实上也是北方民族大举南下形成的民族融汇时期。

自秦以来，与分裂时期民族融汇相对应，中国历史上有五个大的相对统一时期，这就是秦汉时期、隋唐时期、元朝、明朝和清朝。从宏观角度审视，我们可以看到这五个统一时期有两个突出现象。

第一，这五个强盛的大一统时期，均出现于分裂时期即民族融汇之后：秦汉统一王朝是在春秋战国时期夷夏蛮狄大融汇之后出现的；隋唐大一统是在魏晋南北朝近400年的割据对峙，亦即民族大融汇之后出现的；元朝是在五代宋辽夏金即汉、契丹、女真、蒙古、党项等各民族大融汇后出现的；明朝的情况略有不同，从形式上看，它是承继元朝大一统的一个统一王朝，但从文化上看，明朝的统一同样是以民族融汇与整合为基础的，是在元朝所划分的"四等人"经过近百年的进一步充分融合之后出现的；清朝的统一则是在明中叶以后汉、蒙古、满、藏、回各民族融汇之后出现的。

第二，从中国历史上五个统一时期的民族面貌看，我们还可发现一个重要事实，即北方游牧民族的作用在明显递增，中原农耕民族的作用在不断下降。如果说，秦汉统一王朝大致以农耕民族为主体，那么到经过魏晋南北朝近400年民族融汇之后产生的隋唐统一王朝，情况已发生很大改变。据陈寅恪先生研究，隋唐统治集团大多出自"北方胡统"，唐代华夏与夷狄的界限相当模糊，对蕃将的普遍使用、妇女地位的提高及"尚胖"的审美变化等均带有显著的北方民族特征。正如费孝通指出，唐朝是"名义上汉族统治，实际上是各族参与的政权"。[1] 在唐以后，除了明朝是对蒙古南下建立元朝近百年统治的一个反弹——大体是以华夏人群为主体建立的统一王朝外，元朝和清朝均是北方民族入主中原建立的统一王朝。这两个囊括中国全部版图的统一王朝基本奠定了今天中国的疆域与民族格局。由此，我们不难看到，在中国历史演进与政治格局重组的过程中，北方民族表现得更为活跃，而且越往后北方民族所发挥的作用越突出，呈不断增强的趋势；相比之下，中原农耕民族的作用则呈下降和减弱的趋势。

综上，中国历史演进脉络之所以呈现出"分裂"与"统一"不断交替，根本上是民族因素所致。历史上所谓分裂时期，大多数是北方民族大举南下并建立政权的时期。无论是魏晋南北朝还是五代宋辽夏金时期，都是北方民族大规模冲击中原地区的时期，也是新的民族成分加入、民族融汇的时期；而中国历史上的统一时期往往是各种民族成分逐步融合的时期。一般来说，经过统一王朝后，先前存在的许多族名便会逐渐消失，不再见于记载。[2] 分裂时期融汇进来的新的民族成分，往往也会给统一王朝注入强大的生命力。诚如费孝通先生谈及唐朝时所言："唐代不能不说是中华文化的一个高峰。它的特色也许就是在它的开放性和开拓性。这和民族成分的大

---

① 费孝通：《中华民族的多元一体格局》，《北京大学学报》1989年第4期，第8页。

② 如中国历史上的匈奴、鲜卑、羯、氐、突厥、契丹、女真等族名均是如此。

混杂和大融合是密切相关的。"① 需要指出，在中国历史上，北方民族南下入主中原既是造成分裂的原因，同时也往往成为重新构筑统一政权的强大力量。这在唐以后的元、清两个朝代体现得尤为突出。

综上所述，对于"是什么成就了中国之大"这个问题，我们可以得出以下几个认识：

第一，北方民族一浪又一浪的南下伴随了中国历史发展的始终，由此不断重组中国的版图与民族格局，使中国在体量上整体呈不断增大的趋势；

第二，以农耕为主的汉人在入主中原的北方民族的挤压下不断南移，开拓了南方并融合了南方众多少数民族，实现了包括经济重心南移和政治中心东移等；

第三，入主中原的北方民族在中原地区建立政权和进行统治之后，几乎无一例外地均与华夏农耕民族逐渐发生融合，最终融入"中华民族"之中。

二　北方民族为何一浪又一浪地入主中原？

从黑龙江黑河到云南腾冲的"胡焕庸线"，是中国一条很重要的生态线。其东南属温暖湿润的"东南季风区"，物产丰富，人口稠密，适宜农耕；其西北则属高寒和干旱—半干旱地区，主要为高原、草原、大漠和戈壁，地广人稀，大多数是不适宜农耕的区域。从这条线来看中国历史，我们可以发现：首先，历史上入主中原的北方民族均来自"胡焕庸线"的西北端，来自中国第一、二级阶梯，即干旱—半干旱地带及青藏高原高寒地带；其次，在中国历史上所有分裂时期中，我们均可发现这条线在隐隐地发挥作用，即农耕民族建立的政权，如魏晋南北朝时期的东晋、宋、齐、梁、陈，以及五代十国和宋辽夏金时期政权，大多分布于这条线的东南端。

北方民族的南下与其所处生态环境有极大关系。在干旱—半干旱地带，北方民族以游牧、狩猎为主要生计。游牧经济是一种相对单一、脆弱的自

---

① 费孝通：《中华民族的多元一体格局》，《北京大学学报》1989 年第 4 期，第 8 页。

然经济，且不能完全自给自足。首先，游牧经济要求在人—畜—草三者之间建立一种平衡，若人口增长，对畜、草的需要就会相应增大，此模式决定了北方民族对扩展领地的需求远比农耕民族要大。其次，游牧经济生产产品种类单一，数量有限，必须与农耕地区交换物资。最后，游牧经济的脆弱性还表现在对自然的依赖较农耕经济更甚，人们必须在冬夏之间季节性地逐水草而居，财富积累也主要以牲畜数量来体现。但牲畜在季节变换中极不稳定，呈现"夏饱、秋肥、冬瘦、春死"的规律性变化。春季是一年中牲畜最脆弱的季节，如果此时气候寒冷干旱，草该长的时候没长出来，或者遭遇大雪等极端天气，牲畜就会大量死亡，对游牧经济造成致命打击。所以，在游牧社会中，人口增长与社会发展带来的物质需求增加、与农耕地区的交换受阻、遭遇自然灾害等，均极易导致其向农耕地区发起以掠夺财富为目的的攻击。加之善骑射、易组织、体魄强健，北方游牧民族普遍具有极强的攻击性和扩张欲。而且，其向农耕地区发起的攻击大多基于生存所需。因此，面对北方民族的南下冲击，中原地区农耕民族往往难以抵御和抗衡。

学界研究已表明，历史上北方民族的阶段性南下与气候周期性变化之间存在着大体同步的共振关系。竺可桢先生在《中国近五千年来气候变迁的初步研究》中，指出中国历史上有四个寒冷期，即殷末周初、南北朝时期、南宋和明末清初，有三个温暖期，即春秋到秦汉、隋唐和元初，因而中国历史上分裂和统一的交替，其实都和气候变化存在一种同步关系。[①] 其后，又有学者在此基础上将中国两千年来的气候变化分为三个寒冷期和四个温暖期：第一个寒冷期为东汉末到魏晋南北朝，第二个寒冷期为五代时期，第三个寒冷期为明清时期；第一个温暖期为秦汉时期，第二个温暖期为隋唐时期，第三个温暖期为宋元时期，第四个温暖期为 20 世纪。[②] 王会

---

① 竺可桢：《中国近五千年来气候变迁的初步研究》，《考古学报》1972 年第 1 期，第 15 ~ 38 页。

② 参见郑景云、王绍武《中国过去 2000 年气候变化的评估》，《地理学报》2005 年第 1 期；葛全胜、刘浩龙、郑景云等《中国过去 2000 年气候变化与社会发展》，《自然杂志》2013 年第 1 期。

昌将气候变化和人口迁移情况进行对照，发现北方游牧民族阶段性南下与气候周期性变化存在着明显的共振关系。① 气候变冷、干旱少雨使处于干旱—半干旱地带的游牧民族面临牧草枯竭、水源干涸、生态环境恶化的严重威胁，遂向南部的中原农耕地区发起强有力的冲击。

欧洲和亚洲北部均为草原地带，被称作"欧亚草原"，二者相通、相连，"丝绸之路"即横穿整个欧亚草原。事实上，欧洲文明的发展也同样遭受过北方游牧民族的强烈冲击，由于其攻击力极强，几乎无法战胜，欧洲人把他们称作"上帝之鞭"。其实在中国历史的演进过程中同样存在"上帝之鞭"，这就是从北方草原、森林地带不断南下的游牧民族。中国历史从很大程度上说，乃是农耕民族与北方游牧民族交融的历史。对于这一点，一些从整体视野尤其是侧重从内陆边疆角度研究中国历史的西方学者已有充分的认识与阐述。例如美国学者拉铁摩尔就指出："通晓中国历史的关键之一是了解中国和它周围'夷狄'地区之间势力消长的状况。"② 这是十分精辟的认识。

在农耕文明与游牧文明的碰撞中，有一个问题颇值得我们思考。一般来说，农耕文明由于定居和人口稠密，财富相对丰富且易于积累，往往能发展出较复杂的社会体系及与之相对应的文化、观念、礼仪等。相比之下，游牧文明因迁徙和流动性大，财富有限且不易积累，加之地广人稀的生存环境，社会组织相对简单，文化、观念及礼仪的发展程度往往远逊于农耕文明。因此，历史上，农耕民族常以"文明""先进"自居，游牧民族则被视为"野蛮""落后"的一方。过去我们通常刻板地认为，在人类历史发展进程中，是"文明"引领"野蛮"、"先进"带动"落后"，但在鲜活的历史中，我们看到的情形往往并非如此。事实上，在农耕文明与游牧文明的互动中，游牧文明一方往往更活跃并占据主动。此外，在以农耕文明为中心的所谓"文明"与"野蛮"的分野中，我们常常看到这样的情形：高度文明与富裕的物质生活往往衍生享乐、腐化与颓废，严重消弭人的动力；而物质条件匮乏地区被视为"野蛮""落后"的一方则具有强劲充沛的生存

---

① 王会昌：《2000 年来中国北方游牧民族南迁与气候变化》，《地理科学》1996 年第 3 期。
② 〔美〕拉铁摩尔夫妇：《中国简明史》，陈芳芝、林幼琪译，商务印书馆，1962，第 20 页。

动力和坚韧耐劳的品质。故在欧亚大陆的历史发展中，我们所看到的往往并不是"文明""先进"的农耕文明引领被视作"野蛮""落后"的游牧文明，而是"野蛮""落后"的游牧文明不断发起对农耕文明的攻击与挑战，通过冲击甚至摧毁、重组农耕文明的方式来获得自身的发展，同时客观上为富饶的农耕地区注入新的生机和活力。陈寅恪先生在谈到唐朝恢宏博大的气象时说："取塞外野蛮精悍之血，注入中原文化颓废之躯，旧染既除，新机重启，扩大恢张，遂能别创空前之世局。"① 所指正是这种情况。

当然，民族融合过程是有代价的，往往充斥着民族间的战争、征服、杀戮与强制等，伴随着痛苦与厄难。但民族融合也带来巨大的生机与活力。历史的演进总是具有两面性，发展总伴随着代价，这是人类社会演进无法逃脱的规律。

三　华夏民族靠什么应对北方民族的冲击与挑战？

英国历史学家汤因比（Arnold Joseph Toynbee，1889～1975）曾提出一个理论，即"挑战—应战"理论：

> 一个文明的发展过程中需要一些外部的挑战或冲击，如果没有挑战或冲击，这个文明将陷于停滞并渐渐趋于死亡。但如果挑战或冲击超过该文明的承受能力，则该文明会迅速的趋于死亡。只有那些挑战程度适中或者能够调整自身适应挑战的文明才最终可以生存下来。②

按照这个理论，一个文明在其发展过程中需要有外部的挑战与冲击，只有在挑战程度适中且该文明能够进行自身调整以适应挑战的情况下，该文明才能最终生存并延续下来。那么，历史上，面对北方游牧民族的强大挑战与冲击，华夏农耕文明是如何应对的呢？

---

① 陈寅恪：《金明馆丛稿二编》，上海古籍出版社，1980，第303页。
② 〔英〕汤因比：《历史研究》，曹未风等译，上海人民出版社，1959，第157页。

毫无疑问，北方民族的挑战与冲击，在一定时期给华夏农耕文明带来巨大破坏，也给华夏民族带来痛苦与磨难。但是，它并未造成华夏农耕文明的毁灭与中断，也未使华夏民族衰落和消失。我们看到的实际情形是，历史上几乎所有入主中原的北方民族，在中原地区建立政权和进行统治之后，最终都与华夏民族逐渐发生融合，成为汇入"中华"这一庞大机体的新鲜血液，起到了壮大和增强中华文明的作用。面对北方民族一浪又一浪的南下，华夏民族既未衰落，也未毁灭，根本的原因，在于其能够通过与北方民族的融合，来化解和消弭这种巨大的冲击与挑战。那么，我们不禁要问，是什么力量促成了华夏民族与北方民族之间的融合？这是中国历史上一个极为关键的问题，值得我们深入探讨。

我认为，这大致有以下几方面原因。

第一，华夏民族有极强的文化自信和文化包容力。

钱穆先生说过一句非常重要的话：

> 《春秋》的学者所谓"诸夏而夷狄则夷狄之，夷狄而进乎诸夏则诸夏之"，此说决不错，而夷、夏界限在"文化"不在血统，即此可证。

又曰：

> 依照中国人想法，天时、地理、血统不同，民族性不同，均不碍事。只要有一番教化，在此教化之下，有一番政治，"教化"与"政治"便可形成一个文化而发出大力量来，自然可以道并行而不相悖，万物并育而不相害；自然可以尽己之性而尽人尽物之性；自然可以会诸异于大同，而天下自达于太平之境。试问此是中国文化理想中所含蕴的何等见识，何等抱负？宜乎在此文化大理想之下，可以形成一伟大无比的大民族，而直传至今依然坚强不衰，刚毅不屈。在将来，它依然会发生大作用。[①]

---

① 钱穆：《中华文化十二讲》第四讲"民族与文化"，九州出版社，2011，第60、61页。

钱穆先生研究中国历史造诣极深，对中国历史与文化有深刻认识与洞察。以上其所言，道出了华夏农耕民族观之本质——夷、夏之间的界限在"文化"而不在血统，只要加以"教化"，"夷狄"也可以转化为"华夏"。同时，这种民族观还认为，华夏之民如果缺少教化，也可能转变为"夷狄"。换言之，"华夏"与"夷狄"之间是可以相互转化的。这是一种具有极大胸怀、气魄的开放的民族观，这种民族观早在春秋战国时期已见雏形。其时，华夏人所言"远人不服，修文德以来之""四海之内皆兄弟也""以夏变夷""有教无类"等，都是这一民族观的生动体现。此民族观产生之依据，在《三字经》中的一段话中得到很好的诠释："人之初，性本善。性相近，习相远。苟不教，性乃迁。"这说明在华夏民族的观念中，不管什么样的人和什么样的民族，都是"性相近，习相远"，这是一种从"人性普同"的层面来看待不同民族及其文化的思想观念。既然不同民族和文化均是"性相近，习相远"，那么不同民族和文化之间的沟通和交流就不成为问题，成为问题的乃是"苟不教，性乃迁"。所以在这一民族观念中，"教化"是关键。这正是华夏农耕民族之民族观的核心。从很大意义上说，正是这种重"教化"而不重"习俗差异"的开放的民族观，使华夏农耕民族与北方游牧民族的融合成为可能。这种民族观，实乃根植于华夏民族极强的文化自信。

第二，华夏地区很早就形成"天下国家"的政治传统，这种政治传统下，国家"无边界"并包容四方。

在古代，"国"是一个相对有限的政治范围，古人话语中真正与今日之中国相对应的概念是"天下""四海""海内"。其所指既包括中原地区，也包括四边"夷狄"地区。故孟子说："不仁而得国者，有之矣；不仁而得天下者，未之有也。"（《孟子·尽心下》）

"天下国家"政治传统形成甚早，《诗经·北山》称："溥天之下，莫非王土，率土之滨，莫非王臣。"春秋战国时期，诸侯王自称"孤""寡人"，均是这种政治传统的反映。

秦统一六国后，秦始皇规定"天子自称曰朕"，含义为天下第一人，以表明其为"天下共主"，"君临天下"。"天下国家"的政治传统自秦统一后基本形成，并一直延续至清朝。在此政治传统下，皇帝自拟"天子"，王朝也自诩"天朝"。此理念深刻影响并植入以入世为特点的儒家文化传统。儒家政治理想中的"修身、齐家、治国、平天下"及"以天下为己任"、"先天下之忧而忧，后天下之乐而乐"等理念，均是"天下国家"政治传统的生动反映。

最能说明这一政治传统的例子，是清乾隆时期英国使节马戛尔尼（George Macartney，1737~1806）访华。马戛尔尼率英国使团来访，名义上是给乾隆皇帝祝寿，实质是为了开拓与清朝的贸易。但在面见乾隆皇帝的礼节上却遭遇麻烦——面见皇帝需要下跪，最后经谈判和协商达成单腿下跪的折中方案。该事件说明，"天朝"自视为世界中心，在"天朝"眼中，一切正式来访都被视为"朝贡"行为。这是当时清朝对世界的看法，也是"天下国家"政治传统的体现。

正因为"天下国家"政治传统将自己视为"天下"中心，由此派生出"怀柔远人"的朝贡体制。在这种传统之下，"天下"是一个极模糊的概念，国家并无明确的"边界"意识，也不太看重"边界"，至少在文化和心理上并不自设"藩篱"，而乐见"万邦来朝""兼容八方"，实现对周边"四夷"的巨大影响力。这种不自设"边界"的"天下国家"的政治传统，产生了一个重要作用，即客观上使华夏民族与北方民族之间的融合成为可能。

第三，华夏农耕地区悠久而厚重的文化与文字之伟力。

中国历史的一个普遍规律，是北方民族凭借强大武力南下入主中原后，作为军事上的征服者，却最终成为文化上的"被征服者"，逐渐与中原农耕民族在文化上融为一体。

为什么会出现这样的结果？这颇值得深究。我们可以从游牧社会与农业社会的差异来进行思考。游牧社会的基本特点是构成比较单一，地广人稀，流动性大，社会稳定性较弱，无论是文化积淀还是发育程度均远逊于农业社会。相反，农业社会由于定居和人口稠密，社会稳定性和复杂性远高于游牧社会，文化易于积淀、延续和充分发育。所以，北方游牧民族入主中原农耕地区后，虽然是军事上的胜利者，却总难以避免地要接受华夏农耕区域的文化，并逐渐被这种文化浸染，走上与农耕民族相融合的道路，此其一。其二，北方游牧民族入主中原建立政权后，要统治中原地区及其人民，也必然选择同汉人世家豪族与官僚士人合作，在其协助下恢复原有的统治秩序与资源系统。这也使得北方民族尤其是统治集团上层不得不产生主动学习、吸纳华夏农耕地区政治与文化之强烈需求。这种需求成为促成其与华夏农耕民族发生融合的内在驱动力。

对北方民族而言，入主中原以后，中原地区丰富而精致的生活，如衣食住行之享乐和易于获取的丰厚财富与特权，都是他们所无法抗拒的。这不可避免地使其生活方式及思想观念迅速"中原化"。由俭入奢易，由奢入俭难，在一两代人后，大多已回不到从前。这是北方民族入主中原后难逃"中原化"宿命的一大因素。

北方民族南下后逃不掉"中原化"宿命的另一因素，则在于中国文字之伟力。费正清曾指出："中国之能成为世界上面积最大的国家，有一部分应归功于他们的文字。"[1] 他认为，中国如果使用拼音字母文字，可能早就像欧洲那样分裂成许多国家了。这是颇具洞见的判断。中国地域辽阔，文化多样，东西南北语音和方言差异极大，比如北方人到南方根本听不懂闽南话、江浙方言和粤语。但因使用共同文字，均以共同文字为发音基础，所以，只要诉诸文字，写出来就都能明白。故汉字成为历史上各民族之间文化联系的纽带，也是不同民族、不同语言之间沟通交流的工具。这亦使北方民族在中原地区建立政权后，为了有效统治中原地区，不得不在汉人士大夫帮助下努力学习以汉字为基础的汉文化。语言文字是文化的载体，学习语言文字的过程，同时也是接纳其所承载的文化及思想观念并受其濡染的过程。此过程所产生的影响和作用潜移默化，却往往是决定性的。历史上，北方民族，尤其是其上层统治者入主中原后，普遍在汉人士大夫帮

① 〔美〕费正清：《中国：传统与变迁》，吉林出版集团有限责任公司，2013，第23页。

助下学习汉文经典及前朝历史，其造诣甚至不逊于许多汉家帝王，这样的例子不胜枚举。中华文明之得以代代相传、绵延不绝，很大程度应归功于文字所发挥的作用。正因为从古至今，以视觉符号为基础的中华文字系统一脉相承，今天的小学生才仍能读懂三千多年前孔子《论语》中"有朋自远方来，不亦乐乎"的句子。

四　民族融合是中华民族得以凝聚、
中华文明得以绵延之根本

综合上文所论，无论是极强的文化自信和文化包容力，还是"无边界"并包容四方的"天下国家"政治传统，抑或悠久而厚重的文化与文字之伟力，均赋予华夏文明以强大的韧性和巨大的文化承载力。强大的韧性使其能够应对和抵御北方民族的冲击与挑战，不致在这种冲击与挑战面前走向衰落或毁灭；巨大的文化包容力和开放的民族观，则是决定性的文化力量，它使华夏民族在与北方民族的冲突中，能够与之相互交流进而彼此影响并相互接纳，经过一段时期的混杂与和平相处，使双方逐渐发生融合。可以说，民族融合正是华夏民族化解和消弭北方民族冲击与挑战的主要方式和路径。如果说，华夏民族与北方民族的融合之所以成为可能，在于华夏文明及华夏民族具有强大的韧性和巨大的文化承载力，那么，历史上北方民族源源不断南下入主中原，则可视为推动民族融合的重要力量。

首先，北方民族一次次大规模南下，虽造成中原板荡，给华夏民族带来极大痛苦，但一旦在中原立足并建立政权，便不得不选择与汉族官僚阶层及士人进行合作，在他们的帮助下恢复中原地区原有的政治、经济秩序，对中原地区农耕民族进行统治和管理。例如十六国及南北朝时期北方胡人建立的政权中即吸纳了大量中原士人，"北方世家大族未获南迁者，率与胡人合作"是当时的普遍现象。史籍中关于胡族统治者不遗余力拉拢、寻求汉人名士的记载也比比皆是。无论是十六国，还是北魏、北齐、北周，均有相当数量的中原士人进入权力中枢，他们为胡族统治者所倚重并发挥关

键作用。在这样的背景下，北方民族及其所建立的政权，受中原文化熏染而逐步走上"中原化"道路即不可避免。

其次，北方民族一次次大规模南下，由此形成的巨大挤压，也导致中原农耕民族大规模南迁，即史籍中所谓"衣冠南渡"。在两晋南北朝、唐中叶的安史之乱和两宋与辽、金、西夏对峙时期，均发生了中原农耕民族的大规模南迁。这不仅在客观上带来对长江以南地区的开拓，促使其发展、繁荣，也促进了中原农耕民族与南方各民族的广泛融合。所以，长江以南地区的发展和民族融合，事实上是在北方民族不断南下和入主中原的背景下逐步实现和完成的。

最后，北方民族入主中原所带来的冲击和战乱，也造成中原农耕地区的居民大量向四周扩散。如西晋末年就有大量中原人群向周边地区迁徙，除向南方移居外，也有不少民众流散到今天的西北、东北及西南地区，不但促进了这些地区的开发，也与当地各民族发生广泛的交流与融合。

综上所述，在中国历史上，北方民族源源不断地南下，成为民族融合的主要推动力量。不但促成其自身与中原农耕民族的融合，推动中原农耕民族南迁及与南方各民族融合，也促进了中原农耕人群向周边地区的扩散及与周边各民族的广泛接触与交融。

此外，还有一种情况，即遭遇大的自然灾害、饥荒及战乱，社会动荡、民不聊生之时，中原地区人群出于生存、避险的需要，也会逃往偏远地区，逐渐落籍于当地，融入当地民族之中。

中国历史上民族冲突与战争虽时有发生，但化解这种冲突的主要方式与路径，却是民族的融合。通过民族融合，不断化解和消弭不同民族间的隔阂。所以，若从"民族"的角度来审视中国历史，我们可以清楚地看到一个事实：民族融合乃是中国历史发展的主流。

中国历史演进过程中"分裂"与"统一"的交替，很大程度也受到民族因素的支配。"分裂"往往由民族冲突造成，而长期的民族融合以及融合之需求则反过来成为构建"统一"的强大动力。正是从这一意义上，梁启超指出"民族为历史之主脑"。顾颉刚也以对中国历史的深刻洞察指出，中国历史的主流是内外民族融合。① 那么，中国历史上数千年的民族融合，总体的趋势是什么？纵观历史，我们可以说，中国历史上民族交往与融合的总体趋势，是朝着民族关系越来越密切，越来越"你中有我，我中有你"的方向发展的。这一点，前辈学者已做过精辟阐述，如翁独健先生指出："如果说我国历史上民族关系有主流的话，主流就是各民族日益接近，相互吸取、相互依存。"② 也就是说，中国历史上的民族交往与融合是朝着彼此依存度越来越高、越来越密不可分的整体方向演进的。这个彼此依存度越来越高、越来越密不可分的整体是什么？正是近代梁启超提出的"中华民族"。

　　民族融合不但是中国历史发展的主流，也是中华民族形成与凝聚的根本，更是中华文明绵延不绝、生生不息，得以始终保持生机与活力的关键所在。如果说，中华民族凝聚、壮大的根本机制与原因在于民族融合，那么，民族融合之成为可能并持续不断，其精髓正在于文化上的包容与相互接纳。从此意义上说，中华民族的凝聚与发展，正是历史上不同民族、不同文化相互包容、彼此接纳的结果。

五　中华民族聚合的地理条件：内向型地理环境

　　中华民族的形成与聚合，还离不开一个重要条件，这就是内向型地理环境。

　　中国是世界四大文明古国之一，有悠久的历史和未曾断裂的文明。中国之所以能成为自成体系且延续数千年的文明古国，和它的地理环境有很大关系。

　　中国地处东亚地理板块，该板块的一大特点，是自成一体并相对封闭。它的北面是广袤的草原，而且越往北纬度越高、越寒冷，是被称作

---

① 顾颉刚：《中华民族是一个》，《益世报·边疆周刊》第9期，1939年2月13日。
② 翁独健：《中国民族关系史纲要·绪论》，牛森主编《草原文化研究资料选编》第3辑，内蒙古教育出版社，2007，第10页。

"西伯利亚"的极寒区。它的东南方向是大海，对中国而言，海洋的作用是近代才显现的，之前主要是静止和封闭空间。它的西南部则有号称"世界屋脊"的青藏高原，延绵数千里的喜马拉雅山脉构成了与南亚之间的巨大地理屏障。古代中国通向外界主要有两个较便利的出口，一是去往东南亚地区的通道。但在古代，东南亚社会发育程度低，地理环境多山且地貌崎岖不平，部落及资源分散，对中国缺乏足够吸引力。二是翻越准噶尔大裂谷的阿拉山口，进入中亚地区，通过欧亚草原地带向西前往西亚和欧洲，此即我们今天所说的"丝绸之路"。但穿越欧亚草原通往西亚和欧洲路程漫长，沿途主要是草原、戈壁、沙漠，人烟稀少，并非农业民族所擅长通行的道路。因此，中国所处地理环境，乃是自成一体并相对封闭的地理单元。

此外，中国的地理环境总体上是地势西北高、东南低，由三大地理阶梯构成：第一级阶梯是平均海拔4000米以上的青藏高原，第二级阶梯是包括内蒙古高原、黄土高原等分布着大量草原、沙漠、戈壁的干旱—半干旱地区，第三级阶梯则是最宜居、最富庶、人口分布最密集的黄河、长江中下游流域。这一基本地理格局，奠定了中国数千年历史演变的一个基本趋势，即周边各民族尤其是处于第一、二级阶梯，也就是胡焕庸线以西地区的民族，一旦崛起壮大，其社会处于急速上升的发展期，便必然朝着黄河、长江中下游流域进行扩张：一方面是为获取该地区丰富的资源，为该地区高度的文明所吸引；另一方面也是为争夺更优的生存与发展空间。而周边民族每一次"逐鹿中原"，均带来中国各民族的新一轮融合：一方面入主中原的民族与中原民族发生交融，另一方面迫使中原民族大量向周边地区迁移、扩散，并与周边地区民族发生广泛交流与融合。这一模式持续数千年，可以说贯穿中国历史的始终。因此，在自成一体并相对封闭的地理环境中，中国各民族有充分的接触与交融的机会，并由此逐渐培养出文化的共同性，基于共同的历史记忆和命运而产生共同体意识。所以，在中国疆域内的各个民族，没有一个民族是"孤岛"，没有一个民族是完全孤立和封闭发展的。每一个民族在其发展过程中都与周边尤其是中原民族发生过交融，只是程度各异罢了。顾颉刚先生指出"汉人的生活方式所取于非汉人的一定比较汉人原有的多得多"，"北方人谁敢保证其无胡人的血统，南方人谁敢保证其无百越、黎、苗的血统"，并认为"汉人是许多民族混合起来的……汉人体质中已有了许多蒙、藏、缠回的血液"。[①] 当今中国56个民族彼此在血统、文化、信仰、价值观和历史记忆等方面均是"你中有我，我中有你"，每个民族在衣、食、住、行等生活方式的各个方面，都有许多因素取自别的民族。中国各民族成为相互交融、相互依存、相互联系的有机整体，凝聚成为中华民族，同内向型地理环境有极大关系。

结　语

从"民族"的角度来看待中国历史，我们可以发现这样三个特点。

第一，中国的历史发展，虽伴随着民族之间的冲突、战争、征服与强制等，但其带来的结果，却是不同民族、不同文化的汇聚和融合。从宏观角度看，民族融合正是中国数千年历史发展的主流。

第二，华夏农耕民族与北方游牧民族的冲突与交融，不断重组和扩大中华文明的格局。北方民族源源不断地南下中原，不仅扩大了历史中国的版图与民族格局，也成为历史上民族融合的主要推动力量。

第三，民族融合是中华民族形成与凝聚的根基，也是中华文明得以绵延不绝、始终保持生机与活力的关键所在。中国历史上的民族融合之所以成为可能并持续不断，其精髓和核心正在于文化上的包容与接纳。中华民族的产生，正是历史上不同民族、不同文化相互包容、彼此接纳的结果。

---

① 顾颉刚：《中华民族是一个》，《益世报·边疆周刊》第9期，1939年2月13日；顾颉刚：《续论"中华民国是一个"：答费孝通先生》，《益世报·边疆周刊》第20期，1939年5月8日。

主要参考文献

梁启超：《中国史叙论》，《饮冰室合集·文集之六》，中华书局，1988。

葛剑雄：《统一与分裂：中国历史的启示》，生活·读书·新知三联书店，1994。

钱穆：《中华文化十二讲》，九州出版社，2011。

陈寅恪：《唐代政治史述论稿》，生活·读书·新知三联书店，2004。

费孝通：《中华民族的多元一体格局》，《北京大学学报》1989 年第 4 期。

第二讲　从"满天星斗"到"重瓣花朵":
考古学所见中华民族共同体的形成

吕红亮

1988 年 8 月,费孝通先生赴香港中文大学做泰纳学术讲座(Tanner Lecture),提出"多年来常在探索中的关于中华民族多元一体格局的问题"。在这篇影响深远的讲稿中,他创造性地提出:"中华民族作为一个自觉的民族实体,是近百年来中国和西方列强对抗中出现的,但作为一个自在的民族实体则是几千年的历史过程所形成的。"换言之,"自觉的民族实体"是在近代特殊内外环境下出现的自我认同,但这个认同并非"想象的共同体",而是基于漫长"自我历史"的"自在的民族实体"。

做了这样的界定后,费先生以较大的篇幅回溯了"中华民族多元一体格局"的形成过程,并指出其特色在于在相当早的时期,存在一个由若干民族集团汇集和逐步融合的核心即"华夏",它像滚雪球一般越滚越大,把周围的异族吸收进了这个核心,并渗入其他民族的聚居区,奠定了以这个疆域内许多民族联合成的不可分割的统一体的基础,成为一个"自在的民族实体"。[①]

为了论述这一"自在的民族实体"的形成过程,这篇由 12 个部分组成的鸿文用第二至第七共 6 个部分对其进行了详细论述,包括:"多元的起

---

①　费孝通:《中华民族的多元一体格局》,《北京大学学报》1989 年第 4 期。

源"、"新石器文化多元交融和汇集"、"凝聚核心汉族的出现"、"地区性的多元统一"、"中原地区民族大混杂、大融合"和"北方民族不断给汉族输入新的血液"。

本讲拟以费先生关于"自在的民族实体"的论述框架，结合近二十年的考古发现和研究进展，从考古学上对费先生论述中"凝聚核心汉族的出现"之前的共同体形成过程做一概述，主要涉及费先生论述的第二至第四部分的内容，也就是在文字书写记录产生之前，存在这个"自在的民族实体"的考古学证据。

一　共同体的土壤：中国两河流域

中国地形最重要的特点就是西边的高山，北边的沙漠、草原和森林，南边的热带雨林，东边的大海，共同形成了一个相对封闭又不完全隔绝的生态边界。作为自觉的实体，今天的中华民族所活动的地理舞台主要集中于中国本土的两大河流域：北部的黄河流域和南部的长江流域。中国的"两河流域"，比西亚两河（幼发拉底河与底格里斯河）流域要辽阔得多。华北地区以黄河腹地的冲积平原为主，平坦地表由河流带下来的淤泥组成，非常适合旱作农业。长江中下游地区普遍温暖潮湿，水资源充足，传统上是稻作农业区。著名地理学家段义孚先生曾将中国地貌比喻为棋盘格局，由三条东—西向轴线和三条东北—西南向轴线大体将中国内陆分割为不同的地理单元。[①] 中华民族共同体的形成就是在这样的棋盘格局内展开的，各单元内部有着区域性的文化和历史，但整体上又在"一盘局"内互动交融。我们要问的是，从何时开始，我们可以辨认出棋盘内不同区域的人成为一个自在的实体？

中国是非洲之外人类化石和文化遗存最古老、最丰富的地区。自20世纪20年代在周口店第一地点发现古人类化石以来，迄今已有80余处地点发现了古人类化石，中国古人类学界将之分别归入直立人和早期智人

① 〔美〕段义孚：《神州：历史眼光下的中国地理》，赵世玲译，北京大学出版社，2019。

（古老型人类）、晚期智人（现代人）。直立人化石地点有十余处（周口店第一地点、陕西蓝田公王岭、安徽和县、湖北郧县曲远河口、江苏南京汤山等），化石最为典型和完整的依然是北京直立人，年代在距今70万年前后。在距今20万年前后，地球上生存的直立人突然消失，取而代之的是早期智人。如大荔人、金牛山人和许昌、许家窑、夏河人类都生存在距今30万年～12万年，呈现出一些在其他中国古人类化石上从未发现过的特征组合，有学者认为中更新世晚期东亚大陆有生存不同古人类成员的可能。[1]

　　中国境内较早确认的现代人化石主要发现于北京田园洞、湖北黄龙洞和广西智人洞等遗址。对这些古人类化石的年代测定和形态研究显示，早期现代人至少在距今10万年前已经在华南地区出现。近年湖南省道县发现47枚具有完全现代人特征的人类牙齿化石，年代测定为距今12万年～8万年，是中国目前已知的最早具有完全现代形态的人类。[2]用古DNA手段研究的田园洞现代人年代在距今4万年前后，是迄今发现最古老的与现代东亚人遗传关系最密切的群体。

　　人们常把中华民族共同体的形成追溯到遥远的旧石器时代，认为现今华夏大地上的中国人都拥有一个"共同的祖先"，可上溯到70万年前后的北京直立人。而随着分子考古学的蓬勃发展，越来越多的学者认识到，今天生活在全世界的人类都是"现代智人"，其在人类演化谱系树上的祖先最早在距今30万年前后出现在非洲。在晚期智人之前的古老人类，如能人（或匠人）、直立人、古老型人类（如尼安德特人、丹尼索瓦人），和现今的人类在遗传关系上都相当微弱。所以在探索共同体的起源方面，将中华民族的起源上溯到旧石器时代的企图是不必要的。但就考古学证据而论，距今200万年前，中国这片土地上就有人类生存是确凿无疑的。正如费孝通先生指出的："很难想象在这种原始时代，分居在四面八方的人是出于同一来

---

① 高星：《探索华夏民族与中华文明的远古根系》，《历史研究》2021年第1期。

② Liu W., Martinón-Torres M., etc., "The Earliest Unequivocally Modern Humans in Southern China," *Nature*, 2015, Vol. 526：696-699.

源，而且可以肯定的是，这些长期分隔在各地的人群必须各自发展他们的文化以适应如此不同的自然环境。这些实物证据可以否定有关中华民族起源的一元论和外来说，而肯定多元论和本土说。"①

二 共同体之前：更新世末全新世初的定居化

在末次冰期之后，人类社会的第一次大转折，主要表现在定居生活的发展、陶器的出现与使用、细石器的繁荣、磨制石器的出现、植物的深度开发和最初的种植几方面，有学者称之为"旧石器时代晚期革命"。在华北地区发现了一系列属于更新世末期采食者的遗址，包括下川（距今 24000～16000 年）、柿子滩（距今 21000～8500 年）、虎头梁（距今 16000～15000 年）、龙王辿（距今 20000～15000 年）等，多数遗址出现一种全新的石器技术——细石叶，并出现了不方便携带和移动的重型石器（如磨盘），人类的食谱中也增加了坚果和野生谷物，显示出华北地区在旧石器时代晚期人群流动性的减弱。②

随着全新世的到来，华北地区开始出现一批早期的集食者，在细石器之外，该地区首次出现了陶器和墓葬，重要的遗址包括东胡林（距今 11000～9000 年）、转年（距今 10000 年）、南庄头（距今 12000～11000 年）、李家沟（距今 10500～8600 年）等。而在华南地区，属于这一时期的遗址主要为洞穴遗址，见于华南地区的石灰岩洞穴中，如江西的玉蟾岩（距今 18000～14000 年）、仙人洞吊桶环，广西的顶狮山、甑皮岩（距今 12000～8000 年）等，这些遗址的晚期阶段出现了制作粗糙的陶器，被认为是东亚乃至全世界最早的一批陶器。这一时期的中国南、北方觅食群体已经开始了不同程度的定居，对植物性食物的依赖越来越强，出现了栽培野生谷物的实验，在北方是狗尾巴草属的小米，在南方是野生稻。此外，随着气候条件在全

---

① 费孝通：《中华民族的多元一体格局》，《北京大学学报》1989 年第 4 期，第 2 页。
② 刘莉、陈星灿：《中国考古学：旧石器时代晚期到早期青铜时代》，生活·读书·新知三联书店，2017。

新世大暖期的改善，南、北方遗址的规模都在扩大，出现明显的人口增长。

三　雏形共同体：前仰韶时代的早期定居村落与食物生产

随着在全新世中期气候最佳时期的到来，温暖湿润的气候环境为中国南北不同区域的聚落发展创造了重要的条件。中国在公元前 7000～前 5000 年的主要考古学文化，在考古学上泛称为"前仰韶文化"：陶器比以往更为常见，其装饰也更加讲究；遗址的规模比以前更大，包括房屋遗迹、储物坑、墓葬，甚至还有沟渠、围墙。这一时期在考古学中有明确的植物（两种小米和水稻）和动物（猪）驯化证据，陶器、磨制石器的比例也显著增加。

自北至南，这一时期在考古学上可识别出诸多具有区域传统的人群共同体，也显示出这些共同体之间有着复杂的互动关系。距今 8000 年前，西辽河流域出现了兴隆洼文化，影响到河北省中南部，主要表现为分布在太行山东麓山脉附近河流阶地上的"磁山—北福地文化"。同时，东北的兴隆洼文化与河北中南部的磁山文化进入河南中部地区，促使在这一地区更早兴起的贾湖文化转化为裴李岗文化。这是早期中国共同体形成过程中的关键一环，有人甚至称之为"裴李岗时代"。[①]

裴李岗文化的分布范围几乎遍及河南全境，这一时期不同区域的几支考古学文化都和裴李岗的陶器传统有着密切的关联，显示了在全新世大暖期北方区域人口的移动。这一北方策动的文化交流甚至影响到今天的中国南方地区。长江中游的彭头山文化被认为系分布于南岭一带的甑皮岩文化逐步向北到达洞庭湖地区之后形成的，裴李岗文化的典型器类双耳壶等出现在彭头山文化中，这是裴李岗文化南进的确切证据。这一时期，黄河下游地区分布着后李文化，器类以侈口深腹无錾圜底釜为特色；淮河下游分布着顺山集文化，其中多见与后李文化类似的圜底罐，也能见到裴李岗文化的典型器类双耳壶等。关中地区，这一时期广泛分布的老官台文化中出

---

① 韩建业：《裴李岗时代与中国文明起源》，《江汉考古》2021 年第 1 期。

现了大量的三足钵等典型的裴李岗文化因素，促使老官台文化转化为半坡文化。

从文化谱系揭示的文化变迁过程大致可以看出，这一时期中国东部地区已经有多种考古学文化，主要分布在从山区向平原过渡的浅山低地地带。不同考古学文化在密切的接触、碰撞之后出现文化重组。辽河流域的文化变迁是这一系列变化的先声，地处中原地区的裴李岗无疑是这一时期不同文化接触、沟通、碰撞和融合的枢纽。中国东部地区第一次大范围的文化整合，奠定了中华早期文明的基础。这一时期在物质上最能见证共同体形成的是玉器传统的兴起。从西辽河流域的兴隆洼文化开始，玉器逐渐成为新石器时代农业定居者生活中一种重要的装饰品，而随着兴隆洼文化的南下，裴李岗文化玉器传统也开始进入黄河流域和长江流域。[1]

四　共同体的形成：仰韶时代的区域文化
（距今7000～5000年）

进入距今7000年之后，在中国大地上最重要的考古学文化是仰韶文化，故有学者以"仰韶时代"指代这一时期。距今约7000～4700年的仰韶文化是以黄河中游地区为主要分布区域的一支重要的新石器文化。这一考古学文化是我国发现最早、发掘遗址最多，且文化区域辽阔、延续时间长、内涵丰富、影响深远的新石器文化，代表了我国新石器时代一个非常重要的发展阶段，被认为是通过文化的融合创新而形成的早期中国第一支以农业为主要经济基础的史前文化，是第一次农业革命成果的集中体现。

距今约7000～5800年的仰韶文化早期处于全新世大暖期最盛阶段，中国大部分地区气候温暖湿润，优越的水热条件为仰韶早期以旱作为主的农业经济和聚落的发展提供了良好基础。据以往发掘和研究成果可知，关中渭河流域仰韶早期文化聚落发达，姜寨和半坡遗址揭露的经过精心规划的环壕聚落，呈现出强烈的凝聚式、向心式特点；环壕外墓葬区也多经过有

---

① 余西云：《裴李岗时代奠定中华文明根基》，《中国社会科学报》2022年10月10日。

意识的规划，墓葬依序排列在聚落内部整齐的生活区外。其他区域亦基本为此类聚落布局特征，一定程度上反映了这一阶段聚落外部稳定和内部有序的社会生活。

据许永杰的研究和划分，在仰韶文化兴盛阶段分布区内，存在多个地方性变体的考古学文化。但是近年的语言学与人类古基因谱系研究发现，仰韶文化及其后裔文化为汉藏语系的形成发挥了奠基性作用。比如，民族语言学家孙宏开等认为，甘青河湟地区的马家窑文化及其之后文化的人群沿青藏高原东缘南下甚至登上青藏高原，乃是包括东南亚地区的藏缅语族形成的主要动因，而汉藏语系中派生的汉语，又成为华夏族群与文明的主要语言基础。

早期阶段的仰韶文化充分利用全新世大暖期的水热耦合条件和黄土的易开垦性，继承贾湖和裴李岗文化向北向西的扩张势头，沿太行山麓和黄河中游支流诸河谷将复合型的农耕文化与彩陶等扩张到更远的河北北部、内蒙古、山西、陕西以及甘青地区等，直达童恩正概括的"半月形地带"或者罗森所说的"中国弧"的西北远端。在庙底沟阶段又进一步统合仰韶文化诸地方类型，形成了规模空前的一次早期文化统一与扩张运动，完成了仰韶文化分布范围内的文化整合与一体化，以及对中国黄土分布区的全覆盖。其彩陶等文化观念和因素还对周邻其他区域性考古学文化产生了强烈影响。[1]

早期仰韶文化有着稳定的农业定居社会，技术显著进步。中原地区一些区域出现迄今所见中国最早的城防系统，社会成员之间出现了阶层与身份差别，社会内部已产生分层迹象。多种证据表明仰韶早期在中国史前各文化区中最早出现明显的社会复杂化、文明化现象，文明晨曦初露。近年来，通过小口尖底瓶内的残留物分析，确认了仰韶时期酿酒活动已较普及。在一些遗址中还检测到仰韶早期丝织物的残留信息，并发现石雕蚕茧艺术

---

① 参见陈星灿《庙底沟时代：早期中国文明的第一缕曙光》，《中国文物报》2013 年 6 月 21 日，第 5 版；韩建业《庙底沟时代与"早期中国"》，《考古》2012 年第 3 期；曹兵武《庙底沟化与二里头化：考古所见华夏族群与华夏传统的形成与演进》，《南方文物》2022 年第 2 期。

品，表明仰韶早期桑蚕业已有显著发展。在豫东北濮阳西水坡遗址还发现了中国最早的天文和宗教祭祀遗迹，反映了当时高度发达的知识体系、思想观念和农时意识。

仰韶晚期，社会复杂化进一步加深，庙底沟阶段之后的仰韶文化已经扩张至极限，其文化分布范围大致稳定，呈现出空前繁荣的文化态势。环境变迁引发经济社会转型，包括距今 5000 年前后其西北边缘地带一些新经济因素的逐渐引入、环境深度开发引起的人口暴增与部分人口南下。仰韶文化分布范围内及被影响地区，文化和人群发生分化重组与重新整合。在这个过程中，陶器、生业、聚落与社会组织等文化面貌均发生了很大变化，包括引进了麦类作物和牛、羊、冶金等新的文化因素，造就了新的经济增长点；在罐与尖底瓶等基础器型上组合产生了影响深远的空三足器斝、甗、鬲等。晚期的仰韶文化不仅地方性逐渐增强，甚至离析解体为不同的考古学文化。仰韶文化故地中原地区的庙底沟类型经西王村类型而逐步发展为庙底沟二期文化，进入了广义的龙山时代。大致同时或稍晚，其他地区也普遍开启了类似的"龙山化"转型历程。①

五　共同体的整合：早期复杂社会的兴起与衰落（距今5000～4000年）

随着仰韶时代的结束，中原地区文化面貌和文化格局发生显著变化：以斝、甗、鬶等为代表的空三足器和黑灰陶普遍盛行，以青铜器为代表的生产工具也有了新的发展，以"五谷"（粟、黍、稻、菽、麻）和"六畜"（马、牛、羊、猪、狗、鸡）为核心的集约农业体系渐趋形成，城邑林立的社群竞争不断加剧，社会精英之间的上层交流与奢侈品交换更趋频繁。这一切都昭示史前人类即将迈入文明的大门，一个新的时代——龙山时代已

---

① 张弛把这个始于大汶口文化晚期，并由江淮、江汉流域社会主导的物质文化跨区域趋同进程，称为"龙山化"。张弛：《龙山化、龙山时期与龙山时代——重读〈龙山文化和龙山时代〉》，《南方文物》2021 年第 1 期。

然来临。

公元前三千纪后期，曾经拥有复杂的水利工程、发达的稻作农业和显赫财富的良渚都邑衰落，早期中国社会的政治中心从东方向太行山以西的高地转移。当具有东方色彩的庙底沟二期灰陶文化传统遍布曾经的庙底沟彩陶文化分布区腹地，一种文化意义上的中原传统开始形成。最为发达的区域为关中盆地和黄淮平原。而陶寺与石峁在规模和财富方面虽无法跟东方的良渚文明相提并论，但它们作为高地龙山社会的重要枢纽，仍居当时世界重要都邑之列，且在规模布局、陶器传统、墓葬习俗、物质文化多样性等方面存在共性。高地龙山社会通过太行八陉、崤函古道、商洛走廊等与黄河下游平原和江淮平原相连。淮河流域的王城岗、瓦店、平粮台、禹会，与日照盆地的尧王城、两城镇，鲁北的桐林、城子崖，黄河北岸的后岗、孟庄等龙山古城遥相呼应，构成以淮河水系为主干的低地互动网络。

来自大汶口晚期的琮、璧、璜、钺、多孔刀等东方玉器造型通过淮河流域在龙山社会中广为流传。张光直认为东方玉器造型在高地龙山中心聚落中的出现揭示出"一种宇宙观的跨区域传播，甚至是在整个互动圈范围内具有共识性的宇宙观"。陶寺、清凉寺等晋南墓地中，贵族武士频繁随葬玉钺、方璧、牙璧、玉琮等东方造型玉器和大量猪下颌骨的做法，与莒县陵阳河和南阳黄山等地的东方墓地一致，可见军事权威与丰富宴饮是领袖地位的重要体现。石峁、陶寺、瓦店、石家河、枣林岗、孙家岗等遗址发现的龙山玉器造型非常接近，显示当时不但存在成品的流传，而且可能涉及玉匠的流动。

同时，仰韶社会核心区西移，越过陇山，进入黄河上游的河湟、洮岷地区，并沿岷山河谷进入四川盆地，建立以宝墩为代表的一系列龙山时代史前城址。随着陇山周边文化交流的加强，来自黄土高原和关中盆地的庙底沟二期传统与西部高地的仰韶晚期传统在陇西发生融合与嬗变，形成红褐陶为主的齐家文化（约公元前2200～前1800年），与源自马家窑传统的半山类型（约公元前2500～前2300年）、马厂类型（约公元前2300～前1900年）、西城驿文化（约公元前2100～前1700年）等互相渗透，使仰韶晚期传统与龙山传统在高地龙山社会中杂糅发展，并共享以粟、黍种植等旱作农业和家猪饲养为主的生业传统。公元前三千纪晚期，家养牛、羊和小件铜器陆续在马家窑文化晚期和龙山时代遗址中出现，高地龙山社会成为与北亚、中亚社会互动的前沿。①

综上所述，"龙山化"是由仰韶文化所在区域率先开启并得到整个早期中国相互作用圈次第响应的各地域性文化传统，在达到内外饱和或者接近饱和之后的一种文化调适性转向。其对内表现是人口继续增长，空间更加拥挤甚至压缩；对外表现为因为空白缓冲地带减少甚至消失，文化间或者是区域间不同族群竞争趋于激烈，普遍发生碰撞甚至是冲突。其实质就是农业发展之后的人口与经济、文化的重置，为龙山时代之后超越区域性传统的华夏正统的孕育提供了一种新的社会文化背景。②

"龙山化"是一场非常深刻的经济、社会与文化变革，其背后的原因和考古遗存的外在表现体现了区域发展的饱和态，遇到环境波动以及区域间相互竞争加强、外来文化因素引入等刺激，在文化内部加快了社会分化转型，在文化之间——包括区域类型之间则转入持续的冲突性竞争。尤其是黄河中下游一带，由于环境变迁和河流冲积、淤积、堆积作用加强，不断形成新的宜居之地，加上仰韶文化在早中期的大扩张和中晚期的离析解体，引发周边文化纷纷涌入——这可能就是最初的"逐鹿中原"的考古学表现。

龙山时代是一个重大的转型期和互动强化期，也是早期复杂社会和中国文明时代的孕育阶段。各地"龙山化"转型的时间、内涵各不相同，但早期中国相互作用圈内相对发达的地区基本都无法绕过这个文明化演进的必经阶段。经过龙山时代不同谱系的人群与文化（包括源自北方的牛羊、小麦、冶金等新文化因素）在晋南豫西和陕东的中原核心区相互竞争、交叠融合，最终在嵩山周边地区演化出了华夏正统在诸区域性文化传统中的集大成式地脱颖而出，即二里头文化的崛起。此后经过夏商周三代接续，

---

① 李旻：《重返夏墟：社会记忆与经典的发生》，《考古学报》2017 年第 3 期。
② 张弛：《龙山—二里头——中国史前文化格局的改变与青铜时代全球化的形成》，《文物》2017 年第 6 期。

定鼎中原，中原的华夏文化传统成为整个东亚的文明高地。

六 共同体的确立：二里头与早期国家
（距今4000～3500年）

1959 年，徐旭生率队在豫西踏查"夏墟"的过程中发现了偃师二里头遗址。此后经过 60 多年的探索历程，确认了二里头都邑中心区和一般居住活动区的功能分区；在遗址中心区发现了成组的早期多进院落宫室建筑、井字形主干道网、车辙、晚期宫城及两组中轴线布局的宫室建筑群、大型围垣作坊区和绿松石器作坊、与祭祀有关的巨型坑和贵族墓葬等重要遗迹，以及珍贵遗物。

二里头文化的年代约在公元前 1750～前 1520 年。经过 60 多年的田野工作，在二里头遗址发现了中国最早的城市主干道网，最早的布局严整的宫殿区与宫城，最早的多进院落大型宫殿建筑，最早的中轴线布局的宫殿建筑群，最早的国家级祭祀区和祭祀遗存，最早的封闭式官营手工业作坊区，最早的青铜礼乐器群、兵器群和青铜礼器铸造作坊，以及最早的绿松石器作坊，等等。这里是迄今为止发现的中国乃至东亚地区最早的具有明确城市规划的大型都邑，这样的规模和内涵在当时的东亚大陆都是独一无二的。可以说，这些"中国之最"开中国古代都城规制、宫室制度、礼乐制度和王朝文明的先河。就其文化影响而言，二里头文化的分布范围突破了地理单元的制约，几乎遍布整个黄河中游地区，二里头文化因素向四围辐射的范围更大。二里头文化成为东亚大陆最早的核心文化，中国历史自此进入开创新纪元的"二里头时代"。

二里头文化与二里头都邑的出现，显示出当时社会由若干相互竞争的政治实体并存的局面，有人称之为"广域王权国家"阶段。黄河流域和长江流域这一东亚文明的腹心地区，开始由多元化的邦国文明走向一体化的王朝文明，而二里头文化与二里头都邑，正处于华夏文明从多元到一体格局初步形成的重要节点上。二里头通过对社会与文化的整合具有了核心威势，在众多族群的凝聚与模仿中扩大了自身影响，其文明要素的辐射范围远远超出中原地区，成为"中华文明总进程的核心与引领者"。地处中原腹地的洛阳—郑州地区由此成为中原王朝文明的发祥地，孕育出管控协调大规模人群的政治架构，经青铜时代王朝间的传承扬弃，奠定了以中原为中心的后世王朝国家发展的基础。[①]

结　语

在 1988 年费孝通关于中华民族多元一体格局的演讲稿发表之前，苏秉琦等于 1981 年提出了"区系类型学说"，[②] 基于对陶器组合的细致研究，认为中国史前文化是分区的，每个区有自己的传统，中国早期文明的演进不是单线性而是"满天星斗式"。类似的表述也见于哈佛大学的张光直于 1986 年提出的"中国相互作用圈"。[③] 张光直认为，约公元前 4000 年，出现了持续一千多年的有力的程序的开始，那就是这些文化彼此密切联系起来，而且它们有了共同的考古上的成分，这些成分把它们带入了一个大的文化网，网内的文化相似性在质量上说较网外为大。这两种模型都可以理解为对区域多元性的强调，因此都可以视为"满天星斗"模式。

关于早期中国文明的形成，另外一个颇具代表性的解释模型是"重瓣花朵"说。这个具有比喻意味的提法由北京大学的严文明提出。[④] 与"满天星斗式"不同的地方在于，严文明始终认为中国早期文化有一个中心，位置就在中原，即"花心"，以围绕中心的黄河流域和长江流域为主体。这两个流域的范围很大，黄河下游的山东地区与燕辽地区、上游的甘青地区，长江下游的江浙地区、中游的湘鄂地区都是具有自身特点和发展谱系的文化区。如果将每个文化区比作一个花瓣，上述黄河、长江流域的文化区就

[①] 参见许宏《最早的中国》，科学出版社，2009。

[②] 苏秉琦、殷玮璋：《关于考古学文化的区系类型问题》，《文物》1981 年第 5 期。

[③] 张光直：《中国相互作用圈与文明的形成》，《庆祝苏秉琦考古五十五年论文集》，文物出版社，1989。

[④] 严文明：《中国史前文化的统一性与多样性》，《文物》1987 年第 3 期。

好比内圈的花瓣；而在这一圈花瓣的外面还有很多文化区，从东南顺时针数起有闽台、粤桂、滇、康藏、新疆、内蒙古、东北等文化区，这些文化区好比外圈的花瓣，是以整个中国早期文明的发展就好似一个重瓣花朵。他特别强调，三重结构是一个整体，就像一朵花，花心和花瓣是不能分离的。从文化层面讲，中心和内圈最发达，外圈稍稍滞后，发展水平也稍低，这就加强了外圈对内圈的依附作用，也就是文化上的凝聚力和向心力。这是中华文化连续发展而从未中断的重要原因。最新的总结可参见考古学家赵辉的专访：

> 从公元前4000年起，几个在中国文明进程过程中发挥过重大作用的史前文化，主要集中在黄河、长江两大流域……此外，可能还包括晋中、陕北以及分布在四川盆地内的各个考古学文化。这一个巨大的文化丛体，构成了多重分布的最内重。至少在新石器时代的中期，这个文化内重就形成了。在它的外围，是因各种原因，尚停滞在采集狩猎阶段，迟迟没有开展农业的地方文化，这是文化分布上的外重。这些区域文化各有特色，意味着其背后创造它们的社会在文明化进程上各具特点，并对整个中国文明的形成做出过不同的历史贡献。[①]

可以说，这是目前被学界广泛接受的关于中国早期文明进程的一个概括。如果我们把观察的时间上溯到距今8000年前后，可以说早期中国文明经历了从"满天星斗"到"重瓣花朵"的发展演进历程；而如果我们接受考古学文化代表人群共同体，则这个过程也可视为中华共同体早期阶段形成的历史。如同费孝通在其长篇演讲结尾处的总结所言："中华民族多元一体格局存在着一个凝聚的核心。它在文明曙光时期，即从新石器时期发展到青铜器时期，已经在黄河中游形成它的前身华夏族团。"[②]

---

① 《中国文明的形成：从满天星斗到多元一体——专访北京大学考古文博学院院长赵辉》，《三联生活周刊》2012年第40期。
② 费孝通：《中华民族的多元一体格局》，《北京大学学报》1989年第4期，第16页。

主要参考文献

刘莉、陈星灿：《中国考古学：旧石器时代晚期到早期青铜时代》，生活·读书·新知三联书店，2017。

费孝通：《中华民族的多元一体格局》，《北京大学学报》1989 年第 4 期。

高星：《探索华夏民族与中华文明的远古根系》，《历史研究》2021 年第 1 期。

苏秉琦、殷玮璋：《关于考古学文化的区系类型问题》，《文物》1981 年第 5 期。

严文明：《中国史前文化的统一性与多样性》，《文物》1987 年第 3 期。

张光直：《中国相互作用圈与文明的形成》，《庆祝苏秉琦考古五十五年论文集》，文物出版社，1989。

韩建业：《裴李岗时代与中国文明起源》，《江汉考古》2021 年第 1 期。

陈星灿：《庙底沟时代：早期中国文明的第一缕曙光》，《中国文物报》2013 年 6 月 21 日，第 5 版。

韩建业：《庙底沟时代与"早期中国"》，《考古》2012 年第 3 期。

曹兵武：《庙底沟化与二里头化：考古所见华夏族群与华夏传统的形成与演进》，《南方文物》2022 年第 2 期。

张弛：《龙山—二里头——中国史前文化格局的改变与青铜时代全球化的形成》，《文物》2017 年第 6 期。

李旻：《重返夏墟：社会记忆与经典的发生》，《考古学报》2017 年第 3 期。

第三讲 汉唐时期丝绸之路的开通与青藏高原各族之间的交往、交流与交融

霍 巍

"丝绸之路"是德国地理学家 F. 李希霍芬（F. von Richthofen）最初提出的一个概念，是指代汉代中国通向西方（这里所指的西方，主要是中亚南部、西部以及古代印度）的一条以丝绸贸易为主的交通路线。这个概念可以称为狭义的丝绸之路概念。后来，这个概念随着时代的发展不断发生变化：一是在时间轴上，人们意识到事实上早在汉代以前，以中国中原地区为出发点的东西方交流已经出现，因而从汉代一直向前追溯到史前时代，也向后延续到汉唐宋元以后，将不同时代的东西方交流的路线均纳入其中；二是在地理空间上，突破了狭义的"陆上丝绸之路"（也称为"沙漠丝绸之路"）的空间范围，提出更为北方的"草原丝绸之路"和南方以海上交通为主的"海上丝绸之路"，以及区域间形成的"西南丝绸之路"等不同的概念。诚如荣新江先生所言："丝绸之路是一条活的道路。"很显然，随着时代的发展，丝绸之路也演化为一个广义的丝绸之路的概念。我们在本讲中所采用的，也是广义的丝绸之路概念。

汉唐时期，是中国作为统一的多民族国家走向强盛的时代，史称"汉唐盛世"。众所周知，汉代是丝绸之路凿通和初创的时代，而唐代则在经历魏晋南北朝长期割据对峙的局面后，在魏晋南北朝时期多民族融合进一步加强、对汉代丝绸之路进一步拓展的历史背景之下，在更为广阔的时空范

围内重新整合了既往形成的中国与西方交流的传统路线，并且开辟出若干新的交通路线。对一般意义上汉唐丝绸之路的介绍已经很多，我们不再重复。本讲将从一个过去人们很少关注到的新的角度和新的视野，谈谈汉唐时期丝绸之路在青藏高原的延伸，以及在这个过程当中，青藏高原各族之间的交往、交流与交融是如何促进了"高原丝绸之路"的形成与发展。

一 "高原丝绸之路"概念的提出

我们所提出的"高原丝绸之路"是一个广义的概念。具体而言，它是指从中国中原地区经由青藏高原或者由青藏高原出发的不同时期东方与西方、中国与外域交流的交通网络及其主要干线。其一，这个概念并不仅仅局限在以丝绸贸易为主从而形成所谓"丝绸之路"的汉代，而是包括了从史前时代开始这一地区与外部世界（包括外国与中国内地）交流往来的路线。其二，这些不同时代的交通路线既有主要的干线，也包括了若干重要的支线，实际上已经形成一个交通网络。其三，这些路线既有外向型的国际通道，可以直接通向今天的外域，也有内向型的通道，从而将这些通过青藏高原的国际通道和起点在中国内地、沿海的所谓"草原丝绸之路""沙漠丝绸之路""海上丝绸之路"等连接在一起。其四，这些路线在历史上所发挥的功能均不是单一性质的，其与政治、军事、经济、宗教、文化等各个方面的交流传播都有着密切的关系，往往具有复合性功能。

我们之所以要提出"高原丝绸之路"这个广义的概念，主要基于以下一些深入的思考和探索。其一，近代以来随着学术研究的深入、考古发掘工作的进步并不断提供给研究者以新鲜的实物史料，国内外学术界对丝绸之路的理解，基本上不再局限于李希霍芬所提出的狭义的丝绸之路概念，而是将其大大地加以拓展。其二，过去青藏高原考古工作起步较晚，缺乏较为有力的考古证据来讨论这一概念。近年来西藏考古工作已经取得了很大的进展，从史前时代直到汉唐时代（对应青藏高原则可略同于吐蕃早期各"小邦"时代和唐代吐蕃王朝时期）都出土了一批重要的考古材料。我很赞同荣新江先生提出的"不同时代都有不同时代的丝绸之路"这个观点，认为适时地提出这个概念，无疑有助于国内外学术界及时地重新认识和深化"丝绸之路""一带一路"这些整体性的概念。其三，从青藏高原自身所处的地理位置而论，其区位特点决定其不可能成为丝绸之路上的"盲区"。其四，事实上，自然条件虽然恶劣，但从来不能阻止高原上的各民族与外界交往、交流的脚步。直到今天，在青藏高原形成的主要交通干道，其大体走向、主要关隘、出境口岸等都在很大程度上和这些传统的古道相重叠。以今推古，无论从逻辑还是从现实上，我们都无法否认广义上的"高原丝绸之路"的历史存在。

二 高原各族对丝绸之路的历史贡献

"高原丝绸之路"的各条路线、各个段落是在不同时期、不同区域，以不同的规模、不同的方式逐渐形成的。青藏高原的若干古代民族，都曾对这个庞大的交通路网做出自己的贡献。这些路线一开始可能是局部的、内向型的、区域之间的，通过多次整合之后，最后在一定的历史背景之下最终定型为全域性的、外向型的、跨区域的路网。在这个漫长的历史过程当中，各族人民积极参与各个区域和国家间的交往与交流，开拓、维护和利用高原丝绸之路。从文献记载和考古材料两个方面综合考虑，我们可以从以下不同的地理区域来考察这些路网的形成。

1. 青藏高原西部

将历史和考古信息综合起来，可知西藏西部的羊同（可等视为藏语中的"象雄"和文献记载的"女国"）早在汉晋时期就已经开通了和中原地区、南亚天竺之间的远程交通路线，主要向天竺出口食盐，而其他的地方特产如鍮石、朱砂、麝香、牦牛、骏马、蜀马之类，很可能也是其向外输出的商品种类。来自东方中原王朝的丝绸、茶叶早在汉晋时期也输入这个地区，成为当地酋豪的高级消费品。隋开皇六年（586）女国的"遣使朝贡"，是羊同向中原王朝朝贡最早的一次历史记载，年代早出唐贞观五年（631）羊同遣使唐朝朝贡近半个世纪。然而，汉文文献记载的这些史料，事实上都要比考古实物材料所显示的西藏西部与中原王朝开始交往的年代晚好几百年，其原因可能是汉晋时代象雄初通中原不久，正式的官方交流尚未形成，双方信息也不通畅。

近年来，此地区最为引人注目的新的考古发现，便是在西藏西部出土的一批古墓葬，其中的随葬品包括织有汉字"王侯"字样的丝绸、装盛在铜器和木案中的茶叶残渣，以及大量的木器、铜器、陶器等遗物，部分死者的面部还覆盖有用黄金面具与丝绸缝缀在一起的"覆面"。这种带有"王侯"等字样和鸟兽纹样的丝绸，过去也曾在新疆吐鲁番阿斯塔那墓地、营盘墓地等多处考古遗存中出土，上面也带有"胡王""王侯"等字样，一般认为是由中原的织造机构制作，或作为赐予边疆地方王侯贵族、部落首领的赏赐性物品，或作为专为边地制作的高级消费品，输往边疆地区。这也从另一个侧面告诉我们，当时生活在西藏高原西部的羊同等古代民族的首领，已经通过向中原王朝朝贡、接受赏赐等不同的方式，获得了来自汉地的高级奢侈品。

西藏西部考古发现的茶叶残渣，残存于随死者埋葬入墓的可供煮茶的铜器之内，供奉于装饰精美的木案之中。这一方面显示出它是真正可供食用的物品；另一方面也暗示着这类物品可能只供少数贵族享用，与丝绸一样是高级的奢侈品，产自当地的可能性可以完全排除。中国科学院吕厚远研究员认为，高寒环境下的青藏高原不生长茶树，印度也仅有200多年的种茶历史，所以"故如甲木出土的茶叶表明，至少在1800年前，茶叶已经通过古丝绸之路的一个分支，被输送到海拔4500米的西藏阿里地区"。①

带有黄金面具并和丝绸缝缀在一起的"覆面"，具有十分古老的传统，其在欧亚地区流行已久，②而以丝绸等织物制作覆面掩盖于死者面部的做

---

① 相关资料由英国《自然》周刊下属的网络科学杂志《科学报告》刊载，具体可参见 http://roll.sohu.com/20160116/n434724829.shtml。
② 仝涛、李林辉：《欧亚视野内的喜马拉雅黄金面具》，《考古》2015年第2期。

法，在我国中原地区起源甚早，在"三礼"之中有详细的规定，后来也传入丝绸之路沿线的西域各国。西藏西部发现的这种黄金与丝绸共同制成的丧葬用品，很可能也是丝绸之路上东西方文化交流的产物，经由新疆等地将这种融会东西方丧葬习俗的葬具传入西藏高原的西部。

从考古学对西藏西部这处墓地出土器物的形制观察并结合碳－14放射性同位测年，其年代下限可晚到2~3世纪前后，延续的时间较长，但都要早于吐蕃王朝成立之前，大体相当于中原地区秦汉至魏晋时代。这就意味着，早在吐蕃王朝统一青藏高原之前，生活在青藏高原西部阿里地区的古代民族就已经凿通了和丝绸之路相互连接的通道，并利用这条通道将产自内地的丝绸、茶叶等奢侈品输送到了阿里高原。从某种意义上说，这也可视为汉帝国所开通的西北"陆上丝绸之路"的延续，这条古道经过传统的西域丝绸之路纵向跨越雪域高原，造就人类又一个伟大的创举，也成为丝绸之路向西藏高原延伸的一条主干线。

2. 青藏高原西南部

青藏高原西南部大体上指今日喀则西南部以吉隆为中心的地区。从新发现的唐代碑铭《大唐天竺使出铭》所记碑的位置"届于小杨同之西"推测其地望，其地理方位当为《文献通考》《通典》等所记的"小羊同"所在区域；而藏文史书中记载的"芒域"，也位于这个地区。历史上，芒域是西藏西南部与古代泥婆罗（今尼泊尔）之间的重要交通孔道，可由此经加德满都盆地进入古代印度（北天竺）。这一通往南亚地区的重要国际通道，开通的时间可能很早，利用程度也很高，到吐蕃王朝时期正式成为吐蕃与泥婆罗之间的官方通道，史称"蕃尼道"。唐代初年开出的中印之间的"新道"，其实就是将区域性的"唐蕃古道"和跨区域的"蕃尼道"相互贯通的结果。

蕃尼道的开通时间应当早在唐代吐蕃之前，有着十分久远的历史。这里是西藏高原的西南边陲，自古以来也生活着许多古老的民族，他们与毗邻的泥婆罗国很早便有贸易往来，彼此交换着西藏高原生产的羊毛、香料、食盐，泥婆罗生产的稻米、豆子等物。沿着吉隆河谷形成的天然通道，向北可以进入西藏西南重镇日喀则，向南则可到达泥婆罗加德满都盆地。这也为后来唐代吐蕃利用这条古老的国际通道奠定了基础。

3. 青藏高原东部

青藏高原东部地区历史上部族众多，曾经有历史文献上所记载的氐羌、西南夷、东女、白兰羌、附国、"西山八国"、党项羌等多个民族在此活动。这个区域在自然地理上一个最大的特征，是由横断山脉的多条南北向的河谷形成历史上的所谓"六江流域""民族走廊"，也形成青藏高原东部独特的自然景观和人文景观带。早在吐蕃王朝兴起之前，这些东部族群沿着"六江流域"在纵向的南北方向以及横向的东西方向上迁徙移动，奠定了后来青藏高原东麓"高原丝绸之路"的雏形。

4. 青藏高原东北部

青藏高原东北部最为重要的部族有苏毗、吐谷浑各部。吐谷浑原属鲜卑慕容氏分离出来的一支，4 世纪初开始不断向西迁徙，从阴山南下经陇山抵达今甘肃临夏西北，不久又向南向西发展，到吐谷浑孙叶延（329～351年在位）时始建政权，以吐谷浑作为国号和部族名，最后定都于青海湖以西的伏俟城。吐谷浑人最为重要的贡献之一，是对南北朝时期经青海外向发展的国际通道的维护与拓展。吐谷浑所控的青海道形成的路网大体上可分为三个方向：一是经过柴达木盆地由伏俟城经白兰（今青海都兰、巴隆一带）至西域敦煌、高昌、焉耆、鄯善、于阗等处，最后进入中亚乌苌；二是经漠北向敕勒、柔然；三是经益州南下建康。青海道在中西交通史上占有极为重要的地位。

三　唐代吐蕃王朝实现了高原丝绸之路的整合与统一

7 世纪，兴起于西藏山南雅隆河谷的吐蕃在松赞干布时代通过不断的兼并与征服，先后将苏毗、大小羊同、白兰羌、"西山八国"等部族纳入统治，定都逻些（今西藏自治区拉萨市），最终建立起吐蕃王朝，完成了对青藏高原的统一。在这个历史进程中，吐蕃王朝不仅完成了一次区域性的文化整合，也由此构建起青藏高原全域在地理上具有相对稳定走向和道路的交通路网，高原丝绸之路由此基本定型。其在吐蕃王朝时期的政治、经济、军事、文化、宗教、艺术、对外交流等方面均发挥了重大作用，影响十分深远。

吐蕃时代的"高原丝绸之路"，是在前文所述原青藏高原各部族所开凿的区域性交通路线的基础上重新整合而成的，并有强大的政治和军事力量作为保障，对路网实施了有效的控制和利用。"高原丝绸之路"最为重要的主干线，大体上可从西北、西南、东北、东南等四个主要方向上展开。

1. 西北部路网

西北部路网是在象雄时代形成的交通路线基础上扩展而成的。受到青藏高原西部山脉和河流水系的限制，其主要干道有三。一是从象雄的腹心地带（今西藏自治区阿里地区）向西北行，大致与今天新藏公路所经相同，穿越阿克赛钦（Aksai Chin，突厥语，意为"中国的白石滩"）地区，越过喀喇昆仑山与昆仑山进入中亚地区；或越过桑株达坂去往叶城等地，与沙漠丝绸之路南线相会合。二是向西跨越帕米尔高原，进入古代勃律（Palur，今巴基斯坦所占克什米尔地区之大部）。三是通过今西藏自治区日土县境内的中印边境界湖班公湖一带，进入印控克什米尔地区。近年来由国家文物局组织实施的"南亚廊道"考古调查，在阿里象泉河、狮泉河（流入印度境内即为印度河上游，称为萨特累季河）等流域也发现一些重要的国际交通孔道，至今仍然作为边贸通商口岸被边民利用，但历史记载从来不详，考古调查还在继续进行中。

2. 西南部路网

西南部最为重要的干道，是从拉萨向西南行，逆雅鲁藏布江向西，从芒域的吉隆河谷进入中尼边境，进而南下加德满都盆地进入北天竺的国际通道。这条道路在唐初成为中印之间文化交流的一条近捷之路，唐释道宣在约成书于 7 世纪中叶的《释迦方志·遗迹篇》中列出了这条"新道"。唐代的许多求法僧人在文成公主和松赞干布的资助和保护之下，利用此道从西藏高原腹心地带直接通过高原进入尼泊尔、印度，唐代著名官方使节王玄策数次奉诏出使印度，也是利用了这条新道。1990 年在吉隆境内的马拉山下发现的王玄策使团所镌刻的《大唐天竺使出铭》，证明了这条古道主要的走向和出境口岸。明代以后，在吉隆道的两翼又分别开通了定日道、聂拉木道、樟木道等新的通向南亚的通道，形成高原西南部的路网。

这里，我们有必要特别介绍一下王玄策和他的使团留下来的《大唐天竺使出铭》的考古发现及其重要的历史价值。

首先需要强调的是，吐蕃王朝时期对于高原丝绸之路最大的贡献，是在唐初与唐王朝"和亲"之后，开通了从长安到吐蕃都城逻些，然后沿雅鲁藏布江溯江而上后南下，直抵南亚泥婆罗，继而进入天竺古国（古印度）的一条"新道"。释道宣在《释迦方志·遗迹篇》中列出了这条新出现的"东道"，这是不见于《大唐西域记》和同时代其他著作的一条新道。对此，道宣写道：

> 自汉至唐往印度者，其道众多，未可言尽。如后所纪，且依大唐往年使者，则有三道。依道所经，且睹遗迹，即而序之。
>
> 其东道者，从河州西北度大河，上漫天岭，减四百里至鄯州。又西减百里至鄯城镇，古州地也。又西南减百里至故承风戍，是隋互市地也。又西减二百里至清海，海中有小山，海周七百余里。海西南至吐谷浑衙帐。又西南至国界，名白兰羌，北界至积鱼城，西北至多弥国。又西南至苏毗国。又西南至敢国。又南少东至吐蕃国。又西南至小羊同国。又西南度呾仓法关，吐蕃南界也。又东少南度末上加三鼻关，东南入谷，经十三飞梯，十九栈道。又东南或西南，缘葛攀藤，野行四十余日，至北印度尼波罗国（此国去吐蕃约为九千里）。①

著名学者季羡林先生对这条"新道"给予了很高的评价，他说：

> 在中印交通的道路方面，从初唐起开辟了一个新阶段。……陆路还有一条道路，就是经过西藏、尼泊尔到印度去。这一条路线过去走

---

① （唐）道宣：《释迦方志》卷上《遗迹篇》，中华书局，1983，第14～15页。

的人非常少。到了初唐义净时代，走这一条道路的和尚也多了起来，这主要是由于政治方面的原因。文成公主嫁到西藏去，一方面把中国内地的文化带到了西藏，加强了汉藏两个民族的互相学习，互相了解。另一方面，又给到印度去留学的和尚创造了条件。……初唐中印交通的另一个特点：走西藏、尼泊尔道路，这在《大唐西域求法高僧传》里有足够的例证可以说明。[1]

其后，宋人志磐在《佛祖统纪》一书中，进一步指出此道"东北至弗栗恃北印境，西北至尼婆罗，其国北境即东女国，与吐蕃接。比来国命往还率由此地"。[2] 这里，我们尤其要注意到志磐所称的"比来国命往还率由此地"这句关键的评价，其表明这条道路不仅仅是求法高僧们前往"西天"的便捷之路，更为重要的在于，从此道开通之后，奉使印度的中原官方使节也多由此道而行，它不仅对当时的中印国际交流起到了重要的作用，同时对加强内地中央王朝与边地政权之间的联系也具有较强的政治作用与历史影响。

那么，谁是最早利用此道的官方使节呢？这就必须提到唐代著名的旅行家、外交家王玄策。王玄策与著名的高僧玄奘是同时代人，官职不高，从贞观二十二年（648）被封为朝散大夫这个五品官职之后，历经唐高宗一朝十余年，他的官名虽然多次变更，但始终是五品之职的小官，所以在正史当中没有他的传记。王玄策曾在出使印度之后撰写过《中天竺行记》，但已散落不存。后来，法国学者烈维从唐人道世在 668 年所撰集的《法苑珠林》一书中，节引出若干残章断句，写成《王玄策使印度记》一文，王玄策的事迹方才引起学术界的关注。其后对王玄策其人其事做过较为深入研究的，还有我国学者冯承钧、柳诒徵、孙修身等。

在王玄策的事迹当中，最为重要的是他先后数次出使印度。究竟是几

---

[1]　季羡林：《玄奘与〈大唐西域记〉——校注〈大唐西域记〉前言》，收入（唐）玄奘著，季羡林校注《大唐西域记校注》，中华书局，1985，第 101 页。

[2]　（宋）释志磐：《佛祖统纪》卷三二，大正新修大藏经本，第 320 页。

次？目前学术界还有不同的意见，有的认为是三次，也有的认为是四次甚至更多。文献史料中有线索可查的至少有三次。第一次出使印度是在唐太宗贞观十七年（643），其时印度摩伽陀国王尸罗逸多遣使到大唐朝贡，同年三月，唐太宗降旨送使者归国，由李义表为正使、王玄策为副使出使印度摩伽陀国。第二次出使印度是在哪一年史料无载，但这是王玄策出使印度的历程中最为惊险的一次。这次出使是以王玄策为正使、蒋师仁为副使，使团成员约 30 人。当使团在贞观二十二年（648）四月到达摩伽陀王国之后，正遇上老国王尸罗逸多去世，国中大乱，叛臣阿罗那顺窃夺王位，并且改变了尸罗逸多时期与唐王朝保持友好往来的国策，向唐朝使团发起进攻，并掠取使团财物。王玄策的使团几乎全军覆灭，只有他和副使蒋师仁逃出，向当时唐朝的友好邻邦泥婆罗以及吐蕃请求援军，在他们的援助之下，奋起反击，终于反败为胜，一举擒获阿罗那顺及其妃子，并献俘于唐。这次出使功震朝野，不仅向海外宣示了唐朝的"天朝威严"，也巩固了唐朝与邻国之间的友好关系。第三次出使是在唐高宗显庆年间，此次出使的任务和目的是"往西国送佛袈裟"，应当是唐王朝为了安抚天竺各国而进行的友好活动。至于其后王玄策还是否出使过印度甚至更为遥远的中亚一带，目前学术界还有争议，但上述这三次是基本上可以肯定的。

这里，就涉及一个无法回避的问题：在这几次出使当中，王玄策和他的使团是走的哪条路线呢？大多数学者认为，从他第二次奉使遇到摩伽陀国内乱，他和副使蒋师仁逃脱后即刻可向友邻的泥婆罗、吐蕃请求援兵的情况来看，他应当是利用了当时唐初已经开辟出的从西藏高原通向泥婆罗再到中天竺的这条新道，只是在具体的路线走向上意见还有分歧。有人认为他是从吉隆出境的，也有人认为他是从聂拉木出境的。不过，大家都把目光投向了西藏的西南中尼边境一带，希望能够在这一带找到王玄策使团留下的历史痕迹，尤其是相关的碑铭文字材料。因为从文献记载所透露出的线索来看，王玄策使团在印度的耆阇崛山、摩诃菩提寺等地都曾立碑。法国学者烈维为了寻找与王玄策相关的考古实物证据，还曾经攀登耆阇崛山，但最终因此山"草木蔓衍，攀登甚难"，只得"失望而返"。烈维最后将希望寄托于后来者："余颇希望后来寻求者，用新法寻求，或有所得。"① 历史的机遇，就这样留给了新时代的中国考古学者。

1990 年，我和四川大学考古系的李永宪、西藏自治区文物管理委员会的尼玛以及张惠清等四人组成一支文物普查队来到了西藏自治区吉隆县，执行第二次西藏自治区全区文物普查的任务。经过一个多月的实地踏查访问，终于获得了一个重要的线索。有一天，吉隆县委刘书记（很遗憾当时未能记下他的名字）在和我们闲谈时，无意间透露了一条重要的信息：县城北面的宗嘎乡阿瓦呷英山口处有一通刻写有汉字的石碑，位置正好在乡里兴修的一条水渠的上方，这几天乡里打算对水渠加以扩建，如果这通石碑不是太重要的话，就准备将它用炸药炸掉。听到这个消息，我一下子激动起来，赶忙打听："知不知道这通石碑是什么时代的？"刘书记回答说："我也不是太清楚，听人讲可能是清代赵尔丰时期刻下的吧，你们可以去看一下重不重要。""这当然很重要了！"我急忙向刘书记解释关于清代赵尔丰治理西藏的历史和这个人物的重要性，如果这通石碑果真是赵尔丰时期留下来的，很有可能会给清代治藏历史增添新的史料。刘书记听我这么一说，当即通知乡里派员陪同我们去现场考察确认。

第二天一大早，我们便赶到了阿瓦呷英山口，弃车前行，不一会便抵达了碑刻所在的山崖下面。山崖陡峭笔立，在靠近山坡处沿山开凿出一条水渠，碑文正好刻在水渠上方的一块崖壁上面。走近前去，我们看到碑刻的面积并不大，呈横长方形，宽 81.5 厘米，下部因为修建水渠已经被破坏，残高 53 厘米。碑刻上方悬挂着哈达，碑面涂满了酥油，这是因为当地藏族人民对这块刻有汉字的"石头"十分崇敬，认为是当地可以保佑地方平安的"神灵"，所以时常有人前来供祭。由于酥油遮盖，完全看不清上面的字，张惠清马上用汽车上的喷灯烧了一壶开水，用毛巾擦洗碑刻。

随着碑面上一行行字样被清洗出来，首先映入眼帘的，便是碑额上用篆字书写的额题"大唐天竺使之铭"。随着热毛巾的清洗，一行行汉字不断跳跃而出，全碑的原貌也逐渐清晰：这方碑刻虽已残损，但还残存有阴

① 〔法〕烈维等：《王玄策使印度记》，冯承钧译，中国国际广播出版社，2013，第 10 页。

刻楷书 24 行，满行估计原为 30～40 字，上端无缺字，下端文字则损毁严重，全碑残存仅有 222 字。从书法和格式上看，这方碑刻具有唐代碑铭的许多特点，如碑刻在行间阴刻细线方格，每字间亦有阴线方格相间，字体采用楷书，碑额采用篆书。石碑正文因损泐过甚，文意多不能连贯，但其中仍有一些关键性的词句清晰可识，如第三行有"维显庆三年六月大唐驭天下之［……］"等语，第九行文字中有"大□□左骁卫长史王玄策［……］"等语。依据有关古代文献材料，可以肯定此通石碑是在唐显庆年间由唐代使节王玄策等人奉旨出使天竺时途经吐蕃西南边境的吉隆，勒石记功留下来的物证，而并非清代赵尔丰时的遗物。

图 3 - 1　《大唐天竺使出铭》发现地点

这个重大的考古发现是 20 世纪以来有关中印古代文化交流史最为重要的发现之一，它首次以考古实物证据证明了唐显庆年间王玄策第三次出使印度的史实，同时还解决了历史上长期悬而未解的许多问题。第一，它证明王玄策所选择的出使道路，正是通过唐初新开的中印之间这条国际通道从西藏高原经泥婆罗前往印度，出山口不是在聂拉木，而是在吉隆。这和前文我们谈到的汉藏文献典籍中记载的"芒域"这个区域是相吻合的。第

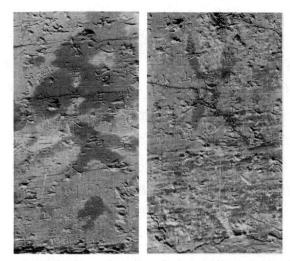

图 3 – 2　《大唐天竺使出铭》（局部）

二，由于碑铭上残存有"维显庆三年六月"的明确纪年，我们可以结合文献记载推知这通唐代碑铭应与王玄策第三次奉使印度有关，也可以由此推测王玄策使团极有可能从第一次出使就利用了这条唐初新开的通道。从历史背景上看，当时唐蕃双方通过文成公主与松赞干布的联姻，关系极其友好，来往的汉地使节、高僧可以得到文成公主以及吐蕃赞普的保护与资助，确保道路的畅通；如果遇到紧急事件发生（如第二次奉使时的摩伽陀国内乱），还可以得到泥婆罗、吐蕃等国军事上的援助，所以王玄策使团三次奉使均选择从吉隆出境的这条线路，完全是顺应当时政治、外交、民族关系等各方面有利条件的。第三，碑铭上还出现了一些重要的历史地名，对于解决西藏古代历史地理上的一些悬案也提供了新的线索。如碑文第十三行残存文字为"……年夏五月届于小杨同之西（下残）"，如果以碑铭所在地吉隆为坐标，即可推定"小杨同"应当位于吉隆以东，大约相当于今天日喀则一带。以往关于西藏历史上的"大羊同""小羊同"在相关历史地理问题上的争议，也由此可以得到新的解释。

此外，碑铭中也提供了一些过去的历史文献中没有记载的新资料和新信息。例如，碑铭第一行有"记录人刘嘉宾撰　记录人［……］"，第二行有"□人□扶□粤书　贺守一书［……］"等残存文字，可以获知王玄策使团中有专门的记录人和不止一位书写者，碑铭文字典雅，书法秀丽，都与这些专业人士的随行有关。联系到文献记载中有关王玄策使团在出使天竺各地时都有竖碑刻铭、摹写西国"瑞像"的惯例，可知此次也不例外。又如，碑铭第十行残存有"刘仁楷选关内良家之子六［……］"的字句，由此可知使团中的"刘仁楷"其人很可能也是此次奉使印度使团中的重要人物，由他来挑选优秀的关内"良家之子"（意即优秀青年人才）加入使团。他的身份是否为王玄策的副使史籍无载，但这种可能性也许不能排除。由于"良家之子六"后面的字已残缺，我们无法得知是"六人"还是"六十人"，不过从以往王玄策使团的人数从来没有低于数十人来看，"六十人"的可能性更大一些。再如，碑铭第二十四行残存有"使人息王令敏　使侄（王?）［……］"的字句，这很可能表明使团中还有王玄策的儿子（使人息）王令敏以及他的侄子王某人。王玄策儿子的名字过去史书从未记载过，这次首次出现在考古实物当中，增补了一个重要的史实：王玄策本人很可能也是一位虔诚的佛教信徒，所以在出使印度时带着自己的亲人随行，去往西天求法。关于王玄策使团中曾有他的侄子随行一事，过去史料中有一些线索，冯承钧先生曾在义净所撰写的《大唐西域求法高僧传·彼岸传》中发现一条材料，其中讲到有彼岸法师、智岸法师"与使人王玄廓相随"，此处所记的"王玄廓"应当就是王玄策之别写。此书卷下还有一位洛阳籍的高僧智弘律师，冯先生认为他即"聘西域大使王玄策之侄也"，王玄策的祖籍也是洛阳。结合新发现的《大唐天竺使出铭》提供的线索来看，王玄策出使除了带着他的儿子，甚至也带上了他的侄子等亲属随行一事，可能确为事实。

总之，这通唐代碑铭的发现，让我们确定了唐初新开中印之间这条通道的存在，在唐代王玄策使团三次奉使具体的出使线路、出山口岸、使团成员构成等诸多问题上都有了重大的历史性突破，意义非凡。目前，对于这通唐代碑铭的研究还在继续，将来或许还会有新的研究成果不断涌现，对于中印古代交通史、唐蕃古代交流史等诸多方面都有所贡献。

3. 东北部路网

东北部路网是在原吐谷浑构建的"青海道"的基础上加以利用、扩展后形成的，其基本的走向大体上和传统的"陆上丝绸之路"相平行，主要为东西向，从青海湖分数道向西与敦煌、于阗等丝路重镇相会合。需要特别指出的是，近年来在青海都兰、乌兰等地考古发现了一批年代约为8世纪初年的大墓。其中在"都兰热水2018一号大墓"中出土了大量精美的金银器、丝绸残片等遗物，其制作工艺与纹饰风格等独具特色，尤其是具有浓厚欧亚北方草原游牧民族风格的大角动物、带翼神兽最富特点。"乌兰泉沟一号墓"系用砖、木混建的方形墓室，带有长斜坡墓道，有前室、后室和两个侧室，后来还清理出专门用来放置金冠、金鋬指杯的"暗格"。结合过去在都兰热水曾经发掘的墓葬出土文物来看，在丝绸的图案、纹饰，金银器的器形与装饰等方面，都体现出了许多东西方文化交流的因素。墓主应是吐蕃占领下的吐谷浑故地王公贵族，他们在吐谷浑灭国之后（唐龙朔三年，663），与吐蕃王朝之间还通过王室通婚、册封小王等方式保持了友好关系，维护和保证了"青海道"的畅通。

4. 东南部路网

东南部路网除了从青藏高原连接川西北、滇西北高原的跨区域的交通路线，有文献史料记载吐蕃时期也开通了经"滇缅道"（也称"蜀身毒道"）进入天竺的国际通道。从唐代高僧义净《大唐西域求法高僧传》和慧琳《一切经音义》中的记述来看，唐人已知晓从蜀地借道，可以通往天竺，认识到这是从"西南夷""蜀川牂柯道"经行吐蕃（土蕃）东北部通往古代印度最为近捷的通道，但同时也知晓这条通道受到诸多条件（气候、地理、语言、风俗等）的限制，是诸条通往天竺道路中最为险峻者。目前在这个区域内考古工作的开展还不充分，尚缺乏考古证据来进一步论证道路的具体情况，但唐人所载指出了一些大体的路线和方位，当为可信之史料，为今后的研究提供了重要线索。

综上所述，唐代吐蕃时期所最终定型的"高原丝绸之路"，不仅整合和重构了青藏高原内部各区域间的交通路网，也将其拓展到南亚、中亚和东亚地区，连接起北方草原丝绸之路、沙漠丝绸之路和南方西南丝绸之路的枢纽和节点；同时，其通过印巴次大陆的印度洋、东南亚以及中国东海、南海等出海口岸连接起海上丝绸之路，在若干条东西走向的路线之间，形成南北纵向的干线，构建一张经纬相交的路网，将"一带一路"联系成一个整体。

结　语

唐代吐蕃王朝在 9 世纪走向灭亡，但"高原丝绸之路"始终保持着旺盛的生命力，历经宋、元、明、清直到近现代，还基本维持了其主要干道的走向与格局。对于"高原丝绸之路"的历史价值和现实意义，我们可以从以下五个方面进行扼要的总结。

一是构成了体现和代表中外文化交流的丝绸之路网络不可或缺的重要组成部分。从地理环境上看，由于这条路网位于青藏高原，并且产生出多条南北向的干线与支线，从纵向上就将古代中国传统意义上北方的"草原丝绸之路""沙漠丝绸之路"和南方的"海上丝绸之路"联系在一起，形成时空范围更为广阔的交通路网，将向来被人们视为"生命禁区"的青藏高原纳入中外文化交流的整体体系当中。

二是成为输送中原文明进藏的"主动脉血管"。西藏考古的新出土资料表明，在号称"汉唐盛世"的这一中国历史进程中最为重要的发展阶段，通过高原丝绸之路，中原地区优秀的精神文明、物质文明成果被源源不断地输送到了青藏高原，极大地促进了当地生产力的发展和社会进步。汉晋时代的茶叶、丝绸等具有标志性意义的汉地物品被高原古代部族视为珍贵之物；唐文成公主、金城公主进藏给吐蕃社会带去汉地文书、宗教礼仪、生产工具、工艺技术、中原物种等，影响深远，[1] 也和高原丝绸之路的开通有着密切关系。

三是发挥着中国西部边疆对外文化交流的中转站和集散地的作用。随着大量考古新发现的出现，我们比前人更加清楚地认识到，吐蕃王朝时期来自中亚、西亚和南亚的诸多物质文明和宗教文化，不仅传入并影响了吐

---

[1]　黄颢：《唐代汉藏文化交流》，《藏学研究文集》，民族出版社，1985，第 192～193 页。

蕃本土，而且沿着高原丝绸之路继续向东传播，如粟特和波斯系统的金银器、马具、马球、香料、珠宝，波斯和大食的医学，具有粟特和波斯特征的服饰图案和装饰等，都是高原丝绸之路上重要的交流物品；① 佛教、本教、祆教、景教、摩尼教等多种宗教文化也在青藏高原遗留下若干踪迹。② 高原丝绸之路上的文化交流也是双向的，据考证，中国的造纸术有可能是通过青藏高原传入天竺的；③ 与此同时，印度古代的制糖法也有可能经由吐蕃传入中原地区。④ 前述唐代使节王玄策多次经"蕃尼道"前往天竺，他就曾经将印度的制糖工匠带回到大唐王朝。⑤

四是对于吐蕃社会的发展和吐蕃文明的形成起到了特殊的促进作用。如同藏族学者多杰才旦所论："通过丝路吐蕃道，青藏高原腹地的古老文化得以传播，周邻的文化还以吐蕃为中介而相互交流。吐蕃文化所明显带有的多元化特点和多样性特征，是吐蕃借鉴吸收先进文化的明证。"⑥ 唐代吐蕃王朝之所以很快跨越其早期文化发展阶段，成为亚洲腹地可与西面的阿拉伯大食帝国、东方的大唐王朝鼎立的强大势力，和它通过高原丝绸之路迅速融入当时最为重要的亚洲文明体系当中有着密切的关系，由此也加速了吐蕃社会由低级向高级发展、追赶先进文明的步伐。

五是成为青藏高原文明最终融入中华文明体系强有力的联系纽带，对我国西部疆域和民族最终融入中华民族共同体当中，发挥了无可替代的重要作用。我曾经研究指出："吐蕃王朝时期在哲学、宗教与思想观念等各个方面，都深受到唐代汉地文化的影响，在其文化的'底色'与根基中，融入了'汉地文化圈'的若干因素。这表明从吐蕃王朝立国之始，在文化心理、文化认同和文化选择上都具有明显的倾向性。在这个客观事实的背后，

---

① 霍巍：《吐蕃时代：考古新发现及其研究》，科学出版社，2012。
② 张云：《上古西藏与波斯文明》，中国藏学出版社，2005。
③ 黄盛璋：《关于中国纸和造纸法传入印巴次大陆的时间和路线问题》，《历史研究》1980 年第 1 期。
④ 季羡林：《文化交流的轨迹——中华蔗糖史》，经济日报出版社，1997，第 67 页。
⑤ 《续高僧传》卷四《玄奘传》："……使既西返，又敕王玄策等二十余人，随往……并就菩提寺召石蜜匠。乃遣匠二人，僧八人，具到东夏。"这里所载的"石蜜匠"，即制糖工匠。
⑥ 多杰才旦：《关于丝路吐蕃道的交通路线问题》，《传统文化与现代化》1995 年第 4 期。

更是映射出吐蕃文化在深层脉理上与唐代汉地文化之间的趋同性、相融性和同质性，这是与吐蕃和其他国家、地区之间发生的文化交流往来有着本质性区别之处。"① 而之所以产生这一结果，是与"高原丝绸之路"始终维系着高原各族人民与内地的紧密联系、源源不断地为其提供"血液"与"养分"直接相关的。在这个历史性的伟大贡献当中，青藏高原从史前时代到吐蕃王朝时期，以汉、藏两个民族为主体，包括不同时期各族人民在内的命运共同体，既是这条道路的开创者、维护者，同时也是这条道路的受益者。

今天，当我们站在"一带一路"广阔的国际视野下重新审视青藏高原的远古历史和文明史，不能不重视"高原丝绸之路"这个概念的提出和定位，这既是对历史的尊重和复原，也是世世代代生活、奋斗在青藏高原上的各族儿女心系祖国、向往中华文明、认同中华文化的一个历史见证。

主要参考文献

（唐）道宣：《释迦方志》卷上《遗迹篇》，中华书局，1983。

（唐）义净著，王邦维校注《大唐西域求法高僧传校注》，中华书局，1988。

霍巍：《大唐天竺使出铭及其相关问题的研究》，（日本）《东方学报》第 66 册，1994 年。

王小甫：《唐、吐蕃、大食政治关系史》，北京大学出版社，1992。

张云：《上古西藏与波斯文明》，中国藏学出版社，2005。

林梅村：《汉唐西域与中国文明》，文物出版社，1998。

---

① 霍巍：《考察吐蕃时代社会文化"底色"的三个重要维度》，《思想战线》2018 年第 2 期，第 22 页。

第四讲　完整的天下经验：农耕、游牧二元互动与华夏世界的形成

韦　兵

　　古代的中国从狭义上讲是指华夏世界，广义上是指包含夷、夏二维的天下。作为一个现代国家的中国，其疆域与族群和广义上的古代中国联系更密切。本讲中的"中国"是用其广义概念，故某些表述中，中国与"天下"相同。"天下"不是简单的"夷狄向慕，万国来朝"，这种以华夏为中心的表述确实是天下观念的一个重要层面，但不是唯一层面。"天下"具有丰富的维度和层次，这些层次中有些是观念层面的，有些是实践层面的，更多是介于二者之间的。同时，天下的维度里面不仅包含华夏的表达，也兼容"夷狄"的表达。可以说，这种兼容表现在换一个角度，也就是从夷狄的角度看，天下同样被接受，同样有说服力，同样在实践中有效。不同维度的表达共同构成关于天下的完整的中国经验。

一　农耕与游牧的产生与特点

　　中国农耕文明发源于黄土地带 400～800 毫米等降水量线区域，这里土地肥沃疏松，没有难以砍伐的森林，新石器时代人们简陋的工具也可以在此耕作，修建简单的沟渠进行灌溉。由于黄土的直立性，可以建造窑洞，用于居住和防避敌人与野兽，人们开始了定居生活。这就是农耕文明发生

的最初阶段。随着农耕规模的扩大，灌溉等农业技术对协作的要求日渐提高，在此基础上发展出社会组织。维持社会组织需要脱离生产的组织和管理者，这就必须有粮食等物资和财富储存以作供养，统治阶级由此形成。灌溉对农耕具有决定性意义，农业规模的扩大依赖大型水利工程，而这必须由部落联盟或城邦来组织，农业对组织、协作和集约生产的要求直接成为城邦与帝国形成的动力。所以农耕文明的特点概括起来就是：①定居，②耕作，③灌溉，④组织，⑤储存。

游牧指在年均 200～400 毫米降水量的干旱草原上形成的一种人类生产生活方式，亚洲草原最早的游牧帝国存在于 2000 多年以前。草地上放牧骑马技术的成熟是游牧形成的标志。马、骆驼是骑乘运输牲畜，羊是食用牲畜，牛是兼有运输与食用功能的牲畜。游牧地区所处的寒温带，冬夏为主，四季不分明，人们逐水草而居，迁徙于冬夏牧场之间，边界是模糊的，部落分合不定，组织的稳定性不强。但游牧方式依赖于广阔的牧场，对空间具有拓展性，空间性占主导。这种空间性源于游牧是以牲畜而非土地为决定性因素，牲畜是会移动的，这就创造了空间性的拓展和弥散，由此带来交换。游牧经济本身具有较强的单一性和较弱的抗灾害能力，所以必须依赖交换来生存。交换可以是和平的商业与贸易，也可以是非和平的战争与掠夺。综上，游牧的特点概括起来就是：①放牧，②移动，③商业，④战争。

二　分界：地理、气候、环境与生产生活方式

中国地理的总体趋势是从西部帕米尔高原、青藏高原到东部沿海，地势西高东低、面向太平洋逐级下降，有利于来自东南方向的暖湿海洋气流深入内陆。这一趋势对中国各地区的气候、植被、土壤和水文都产生深刻的影响，形成了大致与之相对应的东部季风区、西北干旱半干旱区、青藏高原高寒区三大自然地理区，其地理与气候的差异导致了这些区域植被、土壤、水文、人口分布的不同，在此自然条件基础上建立的人类生产生活方式及文化类型也不相同。季风区的农耕文明和西北、青藏高原的游牧文

明是中国历史上夷夏二分的基础，而这三个区域交界的地带就是对中国历史进程影响巨大的"过渡地带"。这些建立在自然条件上的分界对历史进程有巨大影响，学术界对此有不少经典描述。

胡焕庸线（HuLine，Heihe-Tengchong Line，或 Aihui-Tengchong Line）
中国地理学家胡焕庸（1901~1998）在1935年提出的划分我国人口密度的对比线，最初称"瑷珲—腾冲"线，后因地名变迁，先后改称"爱辉—腾冲"线、"黑河—腾冲"线。1935年，34岁的胡焕庸在《地理学报》发表论文《中国人口之分布》，指出沿"黑龙江瑷珲—云南腾冲"有一条中国人口密度的对比线。这条人口密度分界线与中国版图的自然地理和社会经济发展区域差异吻合，说明这条分界线不但是中国人口分布差异的分界线，也是自然地理条件的分界线，更是重要的人文地理差异分界线。已经有学者发现，胡焕庸线同中国干旱区与湿润区的分界线，高原与平原的分界线，城市群、交通网疏密的分界线，甚至工业基地分布疏密、地域现代化程度分界线都有很高的重合度。从生态地理学的角度，近代发现的400毫米等降水量线与胡焕庸线基本重合，揭示出气候与人口密度的高度相关性。年降水量不足400毫米，土地便向荒漠化发展，从而形成西北部的草原、沙漠、荒原等地貌，以及以畜牧业为主的经济形态；相反，年降水量丰沛的东南部地区，多丘陵、平原地带，农耕经济发达。以农业为主的区域，人口增长远较畜牧业区域要快，且人口分布密度更高，胡焕庸线也因此而形成。胡焕庸线的意义，不仅在于标记人口分布差异，更重要的是，揭示了中国资源环境基础的区域差异，[①] 以及在此自然条件基础上建立的生产生活模式的差异，这对解释历史上夷夏二分互动具有重要意义。

"半月形文化带"　1987年，四川大学考古学家童恩正发表了一篇重要文章《试论我国从东北至西南的边地半月形文化传播带》。在这篇文章中，童恩正以广阔的视野，对中国从东北到西南这个大跨度的半月形地带的古代文化做了精辟总结。大致东起大兴安岭南段，沿长城一线西抵河湟，然后向西南弯折，沿青藏高原东侧南下，直至云南西北部，此线沿途范围内，

---

① 黄园浙、杨波：《从胡焕庸人口线看地理环境决定论》，《云南师范大学学报》2012年第1期。

生态环境有诸多相似之处。童恩正先生将其总结为如下六个方面。①气温相近：该地带的内侧大致与年平均气温8℃线重合（这条线越向西南海拔越高，升高的海拔与降低的纬度相抵消，保持了气温的恒定）。②太阳年辐射量大致相似：与140千卡/厘米^{2}太阳辐射量等值线位置相近。③年降水量相似：大致位于年降水量600毫米与400毫米两条等值线之间。④空气干燥度相近：大部分位于干燥度1.5和2.0两条等值线之间，属于半干旱气候类型。⑤主要农作物和大部分木本植物的生长期相近：都为200天左右（生长期是日平均气温5℃以上的持续时间）。⑥植被类型相似：都处在森林和荒漠的过渡地带，属于草原、灌丛和草甸植被。

这条半月形地带，构成从东北到西南不同民族和文化沟通交流的重要交通通道。在这条文化传播带上有很多共同的因素，包括地形、地貌、海拔、年均气温、年均降水量、光照强度等。可以说，这条通道的形成既是农业文化和畜牧业文化的分水岭，也是华夷对峙的分界线。[①] 这种分界线包括：①辽河流域，东三省南部，森林与农耕混合地带；②长城地带，精耕农业与粗耕农业，半游牧与游牧的过渡地带；③兴安岭与蒙古草原交界地域，森林游牧与草原游牧的过渡地带；④河西走廊延长到天山山麓，绿洲和半绿洲向草原游牧过渡地带；⑤青藏高原东缘甘青南部至横断山脉河谷，汉藏分界，迁徙地带。[②]

"过渡地带"建立在自然地理、气候分界的基础上，很大部分与400毫米等降水量线重合。400毫米等降水量线是干旱地区与半干旱地区的分界线，草原与荒漠、荒漠草原的分界线，也是中国沙漠区与非沙漠区的分界线。等降水量线区分出三种自然分界：①牧区与农区分界线，东北松嫩平原西部—辽河中上游—阴山山脉—鄂尔多斯高原东缘（除河套平原）—祁连山脉（除河西走廊）—青藏高原东缘，此分界线以东为农区，以西为牧区；②水田区与旱作区分界线，秦岭—淮河；③冬小麦和春小麦种植地区

---

① 童恩正：《试论我国从东北至西南的边地半月形文化传播带》，文物出版社编辑部编《文物与考古论集》，文物出版社，1986。

② 〔美〕拉铁摩尔：《中国的亚洲内陆边疆》，唐晓峰译，江苏人民出版社，2010，第17页。

分界线，大致长城一线。

胡焕庸线以西河西走廊延长到天山山麓，这是绿洲和半绿洲向草原游牧过渡的区域，也是干旱、半干旱地区通过冰雪融水灌溉而使农牧业得到发展的地方。我国的绿洲主要分布在西北的新疆和河西走廊两个地区，尤以新疆最为集中和典型。

河西走廊上，绿洲如同一个个"岛屿"，成为商业中转站，也给过路商队提供补给。这些"岛屿"通过商路"以线带面"呈网状和带状分布，使得绿洲连缀起来，形成地方市场和商业网络；河西走廊亦以此为基底，成为丝绸之路主动脉的关键一段。同时，整体的河西走廊又是一个山地—绿洲—荒漠的地理复合体，有限的资源总量，特别是水资源，约束和限制了人的活动，难以发展出如同关中盆地的人口与市场规模，而代之以一个较为广大的"面"支持丝绸之路这一条"线"。将视野延展到欧亚大陆，河西走廊的绿洲带又组成了东西交通要道上的"绿洲桥"或是"绿洲路"，既使得河西走廊举世闻名，也成为其作为过渡地带的核心特征之一。以绿洲为核心的农牧交错带深刻改变了河西地区的区域化进程，河西走廊历史上出现的大小不一的地方性政权，大多具有"胡汉共治"的特征。"绿洲路"既有军政交通的功能，也是商贸交通之路和文明交往之路。往来于丝绸之路的商队，若从关中平原、北方蒙古高原、中亚两河流域绿洲三个方向出发，则敦煌和吐鲁番大致处于三方的平均距离区间，三方商队在此交会。因此，河西走廊与东天山的连接区就成为欧亚十字路口的"枢纽"，来自草原、农耕区和绿洲的商人在这里休整、居留，促成了民族与文化的交融。①

"青藏高原东缘甘青南部至横断山脉河谷，汉藏分界，迁徙地带"，即今日学界更为熟知的藏彝走廊。这是自古就存在的一条人类迁徙交融的通道，对理解藏缅语族人群来源意义重大。据研究，藏彝走廊新石器文化的主体直接来源于黄河上游甘青地区，是甘青地区新石器文化向南辐射和

---

① 黄达远：《"过渡地带"视野下的河西走廊——理解"中华民族多元一体格局"形成的河西经验》，《中国民族报》2018年3月30日，第8版；黄达远、王鹏：《多重复合的绿洲空间：区域视野下的"内陆边疆城市"》，《云南师范大学学报》2019年第2期。

发展形成的，新石器时代藏彝走廊的人群系统与甘青地区的原始人群存在渊源关系。甘青地区的原始居民约在 6000 年前很可能由于气候急变（即骤然转向寒冷干燥）开始由黄河上游南下向藏彝走廊迁徙，并由此产生了汉语语族和藏缅语族人群的分化。这些经由不同的路线和通道南下进入藏彝走廊的新石器时代居民，不仅是藏彝走廊新石器时代文明的主要开拓者和创造者，也是藏缅语族最早的祖先人群。[①]

三　时空观念差异：农耕世界的循环时间与游牧世界的弥散时间

　　游牧帝国的空间拓展植根于其生活的流动性，以及与这种流动性共生的弥散型时间。游牧帝国一边扩张，一边分裂，新的时间原点不断被创造。新的中心不断形成且旧中心逐渐脱离，而各中心间只有一个大致边界范围，就像蒙古包的圈层，没有清晰的分界，边界始终处于变动之中。成吉思汗的帝国从开始扩张到四大汗国形成并各自独立发展，就是遵循这样的轨迹。草原帝国弥散的疆土形态与其时空观念形态是匹配的。而现代国家观念的关键要素是土地所有权，这是对定居与边界的权力厘定。随着现代国家边界划定，主权确立，迁徙和流动结束了，这意味着草原世界的混沌的时间性转变为现代矢量时间性，神话和英雄史诗也就消失了。现代世界以历史的矢量时间性序列厘定边界和主权的合法性，草原帝国弥散的疆土形态被清晰的现代国家边界取代。

　　弥散型时间的迁徙文明与循环型时间的定居农耕文明形成对照，前者强调英雄崇拜、神话叙述，后者强调祖先崇拜、历史叙述。英雄史诗和神话本身是一种共时性很强的叙事形式，讲述者和倾听者在特定场域中共同体验神话创世和英雄伟绩，这种经历因为讲述而被不断呼唤到场，反复被体验，创世与英雄从未远离世界。历时性在这里被平铺到空间性之中，成

---

① 石硕：《从新石器时代文化看黄河上游地区人群向藏彝走廊的迁徙》，《西南民族大学学报》2008 年第 10 期。

为一种弥散混沌的时间经验模式。而历史叙述正与此中神话叙事形成对比，历史叙述建构了一个理想化的，但又是永远不可被回复的疏离的过去，时间序列中的圣王、祖先传统借此建立。历时性的主导优势使空间性也被编织到时间的序列中，以取得合法性。农耕文明崇拜祖宗坟茔、家族墓地、风水环境、定期祭祀，这些是建构在时间序列上的空间价值感和权力感，形成时间化的空间经验。祖先进入历史，被供奉祠堂，定期祭祀。而游牧民族一般采用天葬，遗体被迅速纳入自然界循环，即使用埋葬，也可能是从农耕文明学来的，而且祖先坟茔很快便湮没在环境中，其标示性不强。祖先被纳入神话，但很少墓祭，辽、金的墓祭亦是学习中原文明。两种文明形态时空观念的差异是明显的，"神话的（神圣的）时间和经验主义的时间（历史的、日常生活的）是两个不同的范畴，前者永久停滞不前，后者不可逆转地增长、前进"。[1]

对历史性的经验主义时间的忽略，解释了游牧王朝早期史诗神话发达，而历史则模糊、缺失的现象。乌瑞夫人揭示了《蒙古秘史》的神话特性：这些虽出于参与、目睹或听闻蒙古早期历史事件的当事人的口述，但当事人的心智和眼光都是"神话/史诗性"的，这是他的文化习得，他将看到或经历的当代事件以神话/史诗来理解，甚至把自己和他人也以神话/史诗中的人物来对应，他头脑里已经习得的那一套神话/史诗的"结构"自动地选择和整理了他的经验，而被整理的经验反过来加强了"结构"，这种反复加强的"结构"会对他的行动产生影响，使之有意无意地模仿神话/史诗。《蒙古秘史》第129节中出现了一个惊悚的情节：札木合将战俘煮死在七十口大锅里。这和草原文化中的一些特定观念有关。南西伯利亚英雄史诗就有将敌人放在釜具中煎煮的内容，这是当地英雄叙事文学中的一种常见情节，其目的是破坏敌人尸骨以阻挠其复活。札木合的行为其实就是在模仿耳熟能详的史诗中的情节。史诗是反历史的，没有矢量的时间性，它通过吟诵、仪式和模仿当下不断回到"原点"。混沌时间最大的特点就是可以在任何情况下通过仪式回到创世起

---

[1]　〔苏联〕H. 茹科夫斯卡娅：《蒙古人的空间观和时间观研究（续）》，树华摘译，《蒙古学资料与情报》1991 年第 4 期。

点，在这种混沌时间中，行动中的人物和史诗中的英雄没有距离。这就建立起游牧文化的"草原心性"的重要特点。如果以矢量时间为标准，"草原心性"的时间维度是贫乏的，时间被锁闭在神话/史诗的混沌之中，虽然对四季有理解和感知，但缺乏下文所述农耕王朝发展出来的精巧时间结构。

以农耕民族为主体的中原王朝由其生产方式决定了循环时间性占主导的地位。王朝的时间性体现在将不同周期的时间与皇权及国家权威联系，其突出表现就是历法。古代的历法是对时间循环周期的一种描述，由许多节日、节气等重要时间点联系起来，反之，这些时间点因具有历法、政治或文化意义而被神圣化。不同社会阶层对神圣时间点的选择是不同的，如民间重视上元、清明、端午、中秋等，宗教信众重视佛诞、中元。而从国家的角度讲，最重视"三大节"——元正、冬至、圣节。"元正者一岁之始，冬至者一阳之始，圣节者人君之始"，这三个时间点分别代表了历法、天道、君主三者在一个循环周期中的起始点：冬至十月建亥，是古人观念中天道四季循环周期的起始点；正月建寅是王朝颁定历法所规定的一年的起始点；圣节是皇帝的生日，代表皇帝生命历程中的一个新起点。所以这三个时间点分别包含了敬天（冬至）、授时（元正）与尊君（圣节）的内涵，且三者在强化王权天授的观念上是相通的。唐宋以降，圣节被纳入王朝的时间编码中，通过确定圣节这一神圣时间点，皇帝力图将王权至上的观念纳入时间体系，每年的圣节祝圣便是在强化这一观念，并将其推广到王朝势力所及之处。此外，传统经典还有五运等更长周期的时间循环，这些循环都被赋予神圣性，与王朝的天命密切相关。中原王朝这一王权与时间体系结合的传统可能从殷商时代就已有雏形。

四 天下、夷夏、阴阳互动与完整的中国经验

从观念上讲，对于夷、夏关系，中国人用自己的概念已经讲得很清楚：夷、夏如阴、阳，"中国之有夷狄，如昼之有夜，阳之有阴"。① 阴阳是中国

---

① （宋）范祖禹：《唐鉴》卷六，景印文渊阁四库全书本。

人独特的思维，这不是一种黑白分明、非此即彼的二元对立，阴、阳的微妙是既对立又融合，你中有我，我中有你，共生共存，处于永恒的对峙与互动的运动中，也就是一种虚虚实实的"势"。阴、阳永远不可能消灭其中一方，夷、夏同样如此。中国也是夷、夏之间对立、互动、互融的势的产物。夷、夏二维，缺少任何一方，都不能成就中国。理解中国的关键就是要从这种双向、动态的"势"去把握。

天下秩序中隐含了一种理解，就是"有德者居之"，这个观念突破了实在的地域和族群的局限。北方民族政权同样可以认为占有中原、征服广大地域本身就是一种受命于天的"德"，抛开正统观念的偏见，鲜卑、契丹、女真、蒙古等族群都曾具有或自认为具有此德，因而受命于天，入主中国。这也就是说，天下共主是一种"虚位"。唯有虚位才最具包容性，它给每一个角逐在东亚历史舞台上的族群都留下了入主的权力和可能性。历史上众多族群竞争这一虚位，有进有退，最终绾合在一起。回过头来看，兼容"多"能维持"一"的向心力，形成连续的广土众民的中国，这一天下的"虚位"非常重要。朝觐也往往不是朝一个中心，而是朝两个甚至更多的中心，如高昌两事隋与突厥，回鹘同时向宋、辽进贡，高丽依违于宋、辽之间。历史上中原王朝的记录为了突出自己的正统性，有意无意地回避了多中心。多中心并不代表天下体系的崩溃，天下是分而不崩。10～13世纪的辽、宋、夏、金、蒙古都可视为当时亚洲的相互竞争的"中心"，这是"分"；但各中心至少在基本观念层面都认为天下中心只有一个，那就是自己，而且深信自己可以归并其他中心，完成天下的重新统一，这是"不崩"。天下包含的夷、夏如阴、阳，互依互动是整合多元世界的一种有效的实践智慧，兼具华、夷二元视角，尤其注意被忽略的天下的夷狄一维，这是一种完整的中国经验。中国能实现连续性的广土众民，多少与此有关。

现代中国的政治疆域和族群状况并非如某些西方学者认为的是现代民族国家的试验（杜赞奇），它是历史地形成的，包含了许多像天下这样既在历史的记忆中也在现实的延续中的中国经验，正是这些经验历史地形成了多元一体的统一多民族的现代中国。我们一直受惠于这种经验。根据文明发展的"可接近性"原理，这种经验最大程度地绾合、支持了不同族群的持续接近，而这种差异性的接近是技术和思想进步的重要契机。[①] 在此视角下观照隋唐统一帝国崩溃以后的一千年，辽、宋、夏、金、蒙古诸政权对峙，其实是一个卷入更多土地、民族的亚洲的大战国时代，元朝结束了这个大战国时代，但在成功形成一个严格意义上的帝国前就灭亡了；明与北元则是另外一个南北朝（许倬云），清把这个南北朝重新绾合为统一帝国。也有学者表述为这是公元后第二个千年，从汉地社会边缘的内陆亚洲边疆发展起来的"内亚边疆帝国模式"，萌芽于辽，发育于金，定型于元，而成熟、发达于清（姚大力）。拉铁摩尔同样注意到游牧方式对中国历史循环的影响。我们关注天下的夷狄之维，但不认为有所谓"超越中国的帝国"（罗友枝）。一些西方学者并未真正理解华夷间如阴、阳一般进退互融的"势"，如果没有广阔的历史视界，单纯地把二者看成截然对立的部分，就可能得出"征服王朝""超中国""大清非中国"这类结论。日本学者杉山正明有一个较为中肯的看法，他提醒学者应警惕研究中的两种偏向：一个是"宋元观点"，即从华夏正统观念出发，认为辽、金、西夏是异族、外国；另一个是站在相反立场的"辽金元观点"，即简单分割两个刚性对立的"纯中国世界"与"非中国世界"，以"征服王朝"的观点来看问题。

五　现代时空观念、民族国家边疆及游牧
农耕二元世界的消解

现代世界的民族国家、主权观念和现代线性矢量性时间同时产生，共同组成现代世界的基础。[②] 线性矢量时间观念源于西方基督教传统，认

---

① 〔美〕斯塔夫里阿诺斯：《全球通史——1500 年以前的世界》，吴象婴等译，上海社会科学院出版社，1988，第 57 ~ 59 页。

② 现代线性时间观念的诞生及其与现代性的联系，可参考尤西林《现代性与时间》，《学术月刊》2003 年第 8 期；古代循环时间观念和现代线性时间观念对法律制度和社会秩序的影响，可参考熊赖虎《时间观与法律》，《中外法学》2011 年第 4 期。

为时间之维有一个起点（上帝创世），也有一个终点（末日审判）。17世纪英国大主教詹姆斯·乌雪（James Ussher）认定上帝创世是在公元前4004年早上，牛顿预言宇宙在公元2000年终结，从起点到终点贯穿的是上帝的旨意。这样，近代西方世界的殖民扩张都可以在这一线性时间中用上帝旨意加以解释，西班牙人在勒班陀战胜穆斯林，英国人打败无敌舰队，美洲的发现，大英帝国的全球扩张，五月花号的抵达，以及美国人对印第安人的掠夺、奴役等，都被整合到贯穿上帝旨意的基督教普世叙述中。而这一线性时间的普世叙述尤其突出现代性。modern最初在16世纪开始通用，源于拉丁文modo，起初是指"目前""最近"。18世纪，西方历史学家开始用这个词指称自己的时代，以区别于过去。随着进步观念的传播，modern也被当作评判优劣的标准。① modern其实是线性时间序列中继上帝创世之后的又一个起点，越到后来，这个起点的意义变得越来越重大。

大英帝国印度总督寇松（George Nathaniel Curzon）曾自豪地宣称大英帝国在地球上所有主权国家中拥有最广阔的领土疆界，是地球上最大的陆权国家。正如惠特莱西（Whittlesey）所表达的，随着地理大发现而来，欧洲通过在海外的帝国主义行动获得了一种世界范围的空间感，打开一片广阔可供开发的疆域，② 这就是近代以来西方帝国主义的新型边疆形态——海外边疆（the overseas frontier）。这种令寇松自豪的陆权扩张，其合法性源于上述线性矢量时间下的上帝旨意和观念，大英帝国的全球疆域由此确立。寇松对现代疆界划分的宣扬是一个进步，古时罕见，而东方人本能地抗拒接受一条固定边界线。他认为这一部分源于游牧传统，一部分源于东方人思维中不喜欢精确安排。寇松指出，疆界划定是维护和平的手段，是一种现代"进步"，当然，他不可能承认这种"进步"是近代以来西方文明的特殊产物，是强加给东方世界的规制。他观察到亚洲国家疆界划分只有在欧洲

---

① 〔美〕乔伊斯·阿普尔比等：《历史的真相》，刘北成等译，中央编译出版社，1999，第43～45页。
② 〔美〕斯蒂芬·巴尔·琼斯：《时空背景下的边界概念》，张世明等编《空间、法律与学术话语：西方边疆理论经典文献》，黑龙江教育出版社，2014，第338页。

人的压力下或在欧洲代表的干涉下才会发生，[①] 其潜台词就是欧洲人带来了"进步"。这种强加给东方的"进步"有何效果呢？清末，中俄两次划界，将哈萨克部落一分为二，入俄者称俄哈，入华者称华哈（需说明，俄哈、华哈是外人的划分，哈萨克人自己没有这种分别），然界限不清，往往父为俄哈、子为华哈，或兄为华哈、弟为俄哈。划界以后，仍不问国籍，往返如故。[②] 虽然已经划界，但清朝廷、沙皇俄国、哈萨克人其实生活在不同的时空体系中：沙俄以现代民族国家的线性的、"进步"的时空观念开拓疆土；天朝残梦中的清政府正努力理解这种新规则，维护自身利益；而哈萨克人仍生活在游牧迁徙的时空世界中。光绪年间，中俄在西北两次勘界缔约，清政府丧失了大片国土，缺乏精确的地图是勘界吃亏的重要原因。传统中国舆图采用记里开方法和传统通俗绘法相结合，虽然由传教士输入了经纬法，但运用尚不成熟，误差较大，而且离中经线越远，误差越大。地图上差之毫厘，实际可能丧地千里，这使边界谈判非常被动。[③] 俄国则采用新式测绘技术得到精密地图，在谈判中占尽优势。这是两种空间观念的碰撞，俄国的精密地图代表的是一套近代科学所理解的空间观念，中国传统舆图代表的天下时代的空间观念在现代民族国家博弈中居于劣势。

美国把在北美的扩张视为"天命"（destiny），边疆拓展也塑造了美利坚民族的性格。[④] 这种自负同样生成于包含基督教上帝旨意和近代资本主义观念的线性时间观念上，如果没有这些观念基础提供的合法性解释，他们很难把剥夺、杀戮印第安人的边疆拓展过程描述为民族精神形成的过程。线性时间观—基督教传统—资本主义观念—"天命"—美国边疆拓展—国家精神形成，这些看似不相干的部分，其实是在共同时间观念基础上盘根

---

① 〔英〕寇松：《论疆界》，张世明等编《空间、法律与学术话语：西方边疆理论经典文献》，第157、185~186页。

② 冯有真：《新疆视察记》，世界书局，1934，第53页；王晓莉等编《中国边疆社会调查报告集成》第1辑，第10册，广西师范大学出版社，2010。

③ 郭丽萍：《西北界务谈判与西方地图使用——以光绪年间两次中俄西北界务谈判为中心》，《山西大学师范学院学报》2002年第2期。

④ 参见〔美〕特纳《边疆在美国历史上的重要性》，张世明等编《空间、法律与学术话语：西方边疆理论经典文献》。

错节衍生出来的，并共同构成现代资本主义世界的普世叙述和深层语法。斯蒂芬·巴尔·琼斯在边疆研究中已经将疆界和文明形态联系起来，不同的疆界形态背后是不同的文明形态。而近代以来西方国家的边界形成也不尽如寇松所宣称的，是出于文明进步的契约精神，琼斯深刻揭示了现代国家边界背后的强权政治，"契约可能仅仅是隐藏于强权政治背后的一个表象"。[①]

　　民族国家历史合法性的追述离不开线性矢量时间提供的简单化处理，即排除复杂性和歧义，构筑高度统一、延续的认同。无论游牧世界的混沌时间还是农耕世界的循环时间，二者共同的特点是没有起点和终点，这也是对古代没有边界的天下的一个隐喻；而现代矢量时间有一个"起点"，还有"终结"，且时间是匀质的，贯穿其间的是一系列持续的"进步"，这是对外部强调边界区分与主权平等、内部强调历史的持续性和公民的匀质性的现代国家的隐喻。阿希斯·南迪指出，所有大的非历史型社会，现在都有了相当大比例的人口完全受到历史模式的控制，他们不仅想要重写自己的历史，而且想达到他人的历史的高度。现代全球文明中成功的新历史型社会就是摆脱自己一部分过去与现在，或者说，从"借来的未来"的视角出发，改写了其他部分。[②] 南迪所说非历史型社会应该指的就是印度、中国等不同于西方线性时间范式的循环型或弥散型时间。

　　东方世界的转型也包括对西方线性时间的接受，以一种非自身固有文化肌理的时间表达和历史书写切割经验，屏蔽一些东西，再加入一些东西，以符合现代性的需要。一旦线性时间被接受，毗湿奴大神的梦、永不停息的五德循环、长生天的护佑等都结束了，所有的这些都要被整合到线性时间的普世叙述中。现代历史书写"担负起筛选往昔事实的责任，要找出足以造成社会发展路线的潜在逻辑。在这个过程中，他们发现新的政治实

---

① 〔美〕斯蒂芬·巴尔·琼斯：《时空背景下的边界概念》，张世明等编《空间、法律与学术话语：西方边疆理论经典文献》，第 341～347 页。

② 〔印〕阿希斯·南迪：《巫师、野蛮之地与荒野：论异见之可闻与文明之未来》，卢隽婷译，陈韵校，张颂仁等主编《民族主义，真诚与欺骗：阿希斯·南迪读本》，上海人民出版社，2013，第 88 页。

体——民族——能够体现新的目标"，① 民族国家很大程度便是依托现代时间表达和历史书写建构出来的。而这种现代时间表达是典型的西方经验，包括以近代西方为现代文明起点、"普世价值"、"进步理念"等，我们总能从各种现代经验的表达中提炼出上面这些"深层语法"。而这些被接受为具有全球普世性经验的"深层语法"，其实只有在现代时间表达确立绝对统治以后才有意义。我们很难想象在随时能回到时间原点的混沌时间经验中可以理解"进步""未来""国家"这样依托、生长在矢量时间上的概念，而现代转型的挑战也在于对这种非自身经验的理解和接受成为判断一个东方传统社会转型成功的标准。东亚游牧与农耕两种传统社会中，具有时间性优势主导的农耕社会明显具有与现代性连接、转型的优势，虽然内在不同，但毕竟在时间性优势上是一致的。比如儒家有近似的公羊三世说，而民间不断出现的千年王国运动也类似于"未来"观念，这些甚至在一定程度上超越了农耕文明无始无终的循环时间观念。而空间优势主导的游牧社会的混沌时间在与现代矢量时间的连接中缺乏沟通基础，其现代转型便更加艰难。

结　语

总之，天下不是出于哪位圣人的设计，它是广阔的东亚世界在长期实践中磨砺出来的族群之间最经济、最稳妥的一种选择。天下巧妙地包容"夷狄"的表达，夷、夏在实践中灵活的调适，双方共同锤炼出天下这一具有最大兼容性的经验平台。在这个平台上，夷、夏被紧紧绾合在一起，二者是类似阴阳的共生、共存关系，双方非常奇妙地存在于对立、互融的"势"中，既保持了相互独立，又在事实上融为一体。天下的虚位给各族群以平等的机会，不同族群不断加入，在这个兼容的平台上，有一种内在的向心力把大家紧密联系在一起，天下的雪球越滚越大。这种表达方式不是挑战习以为常的形式逻辑，也不是故弄文字的狡狯，是要努力传达一种几乎不能传达的关于天下的完整的经验。多元与一体并存，"千灯共照，各不相碍"，

① 〔美〕乔伊斯·阿普尔比等：《历史的真相》，第 77 ~ 78 页。

而又共成光明，这样的华严境界就是天下的传神比喻。

主要参考文献

〔美〕特纳：《边疆在美国历史上的重要性》，张世明等编《空间、法律与学术话语：西
　　方边疆理论经典文献》，黑龙江教育出版社，2014。

张颂仁等主编《民族主义，真诚与欺骗：阿希斯·南迪读本》，上海人民出版社，2013。

〔美〕乔伊斯·阿普尔比等：《历史的真相》，刘北成等译，中央编译出版社，1999。

〔美〕斯塔夫里阿诺斯：《全球通史——1500 年以前的世界》，吴象婴等译，上海社会科
　　学院出版社，1988。

徐中舒：《巴蜀文化续论》，《徐中舒历史论文选辑》，中华书局，1998。

刘复生：《西南古代民族关系史稿》，上海古籍出版社，2020。

童恩正：《试论我国从东北至西南的边地半月形文化传播带》，文物出版社编辑部编《文
　　物与考古论集》，文物出版社，1986。

第五讲　多民族迭兴的时代：宋辽金时期的民族冲突与融合

钱　云

"话说天下大势，分久必合，合久必分"，这是《三国演义》开篇头一句，人们早已耳熟能详。这句话用来概括三国以前的历史，自是很恰当的，因为从先秦到三国，政权的更迭正与此分合循环若合符节，甚至明人笔下此句如谶言一般，不仅在三国前的历史频频应验，三国后的历史似也仍困于此分合的魔咒之中。

让我们简单回顾一下三国鼎立以后的历史。魏蜀吴三家相争，终合于司马氏的西晋，短暂统一之后，历史便进入了近400年的割据对峙时期——魏晋南北朝。经历隋、唐两代的统一，到了五代、辽、宋、金时期中国历史又一次进入南北诸政权并立时期，有学者将这一时期称为"第二个南北朝"。不过，元朝统一后，虽然政权更迭仍在继续，但大规模的南北分立已经不再出现了，似乎分合的魔咒也被打破了。

基于中国历史的分合规律与循环，历史学家田余庆先生在一次演讲中曾提出过一个发人深思的问题：为什么元以后中国不再有南北分裂的危机？田先生认为是在国土开发与民族发育的两重因素下，深化了南北地区的开发，也激发了多民族的蓬勃发展与融合，共同促成了国家统一问题的解决。

本讲要论述的10～13世纪，正是田先生所说的国土开发、民族发育的关键时期，其间汉、契丹、女真、党项等各族纷纷建立政权，促进了各区域的持续发展，同时辽、宋、金等政权的对峙和竞争也推动了多民族发展与融合。这一讲所要回答的问题是，在"第二个南北朝"时期，汉、契丹、女真等民族冲突与融合的历史如何，以及在此南北分立竞争时期何以蕴含、生发出统一的基础。

一 "受命于天"：从"传国玺"看契丹民族的兴起与认同转向

契丹，是中古时期重要的民族之一。从文献记载来看，契丹大约自4世纪中叶登上历史舞台，至14世纪中叶以后不复见于史册。以契丹族为核心所建立的契丹国（即辽朝），在北方地区第一次建立了延续二百余年的统一政权。在此期间，契丹根据长城内外农耕、游牧民族的族群差异，创立了二元政治体制和"因俗而治"的民族政策，为融合内部不同民族人群奠定了基础，同时，在与宋的对峙竞争中，利用传统儒家政治秩序争取正统地位等措施，促使自身进行文化、历史、认同的重构。

"传国玺"出现与利用的历史，便充分反映出契丹民族认同的转向。所谓"传国玺"，与秦汉儒家利用天命思想塑造政权合法性有着密切的关系。据说，传国玺是秦始皇时期以赵国和氏璧（另有蓝田玉一说）制作出的玉玺，其上以篆书刻有类似"受命于天，既寿永昌"的字样，既代表了皇帝权力受命于天的权威性，也强调了皇帝家族传承的延续性与合法性。

从汉代开始，天人感应、谶纬祥瑞等思想深入人心，传国玺承载天命的意义也广受认同，由此多次出现抢夺传国玺的事件。其中颇为有名的一次，是王莽创立新朝时，即位须用传国玺，于是命安阳侯刘舜向元后求玺，元后本欲用王莽自立"当自更作玺"为理由拒绝，但刘舜却说"莽必欲得传国玺"，足见早在汉代，作为皇权合法性象征的传国玺，对塑造政权更替的合法性已有不可替代的意义。此后历史时期中的不少政权都参与了传国玺的争夺，即便后世不时出现的传国玺极可能是赝品，泰半早非秦玺，但"传国玺"所具备的天授皇权的象征意义，使得其成为华夏政治文化传统中主张合法性的重要载体。

辽初，传国玺再现于世。辽会同十年（后晋开运四年，947），辽朝俘虏末帝石重贵，后晋覆灭。《辽史》记载："末帝表上传国宝一、金印三，天子符瑞于是归辽。"[1] "传国宝"便是据称传自秦朝的"传国玺"。但是，当时的辽朝君主似乎并不重视传国玺，在北宋陈师道的笔记《后山谈丛》中记载了这样一个故事：

> 前世陋儒，谓秦玺所在为正统，故契丹自谓得传国玺，欲以归太祖，太祖不受，曰："吾无秦玺，不害为国。且亡国之余，又何足贵乎！"契丹畏服。[2]

按照陈师道的记载，辽朝充分理解秦玺在华夏政治中的正统象征意义，并打算在赵匡胤建立宋朝以后，将传国玺送还给宋太祖，但宋太祖却认为有没有秦玺并不影响立国治民，更何况历史上得传国玺而亡之国所在多有，可见传国玺并没有那么珍贵，也并非皇权的必要物品。当然陈师道是北宋中期的人物，其生活的年代距离宋太祖立国约有50年，他所记载的"辽还秦玺"一事也无其他确证，故此事件之真伪尚待考察，但是辽朝起初并不太重视传国玺，大约是符合当日实情的。

有趣的是，本欲归还传国玺于宋的辽朝，此后突然重视起传国玺的存在。《辽史》记载，开泰十年（1021），辽圣宗耶律隆绪突然遣人赴中京（今内蒙古赤峰市）"驰驿取石晋所上玉玺"，此时距辽获得传国玺已有七十余年。十七年后，圣宗之子辽兴宗耶律宗真利用尘封许久的传国玺大做文章，以"有传宝者为正统赋"作为科举取士的试题，使传国玺与皇权、天命、正统之间的关系引起辽国知识人群的普遍关注。

从不重视到大做文章，传国玺在辽朝的"遭遇"与其认同转向有很大的关系。刘浦江先生曾经指出，大约从辽兴宗以后，华夏正统的观念在辽

---

① 《辽史》卷五七《仪卫志三·符印》，中华书局，1974，第913页。

② （宋）陈师道：《后山谈丛》卷五，李伟国点校，中华书局，2007，第65页。

朝逐渐加强，辽朝人的中国意识也开始觉醒。可资为佐证的，还有史籍所见契丹族属源流的变迁。①

众所周知，本族自叙的族属源流往往是透露族群认同的重要指标。在中国古代史书中对某一族群王族族源的记述，大致可分为两大类：一类是由历史追溯该族人群与华夏民族之间的关系，如朝鲜箕子、滇国庄蹻等人物传说；另一类则往往在本地化神话基础上建构族群起源，如著名的南方多族始祖盘瓠的传说。

在《辽史》中，对辽人的起源也有两种记载：一种是《辽史·地理志》中所记载的青牛白马传说，另一种则是《辽史·世表序》中所记载的轩辕之后说。

所谓"青牛白马"，说的是乘白马的神人与驾青牛车的天女，在木叶山"相遇为配偶，生八子"，是谓契丹遥辇时代八部的祖先，也就是契丹耶律王族的来源。这种传说由来久远，辽道宗时期的墓志石刻中也有所记载，说明青牛白马的故事是契丹人传统的族源记忆。"轩辕之后"的说法，则将辽人的祖先追溯到华夏共同的祖先之一——黄帝。既然辽与宋均为轩辕黄帝之后，那么辽民与宋人便都是华夏之人，这种说法无疑带有明显的华夏认同。

为什么同一部史书中会有两种截然不同的族源传说呢？这牵涉史书形成的层累特质，需要将史书中不同记载进行时间断限，以区别其中所汇聚的不同时代的思想与观念。如我们在这里讨论的《辽史》便不是一次性修史活动的产物，而是基于多次修史逐渐发展形成的结果。前面所提及的两种族源记述，分别载于《地理志》与《世表序》中，《地理志》主要是以金朝所修辽史为蓝本，《世表序》则以辽道宗末年修成的耶律俨《皇朝实录》为蓝本。在厘清了各志、表的时间断限以后，我们便可以知道，辽朝原本遵奉的是青牛白马传说，大约在道宗末年官方接受了华夏后裔的设定。

从传国玺、契丹族源两个案例中不难发现，自辽朝中后期始，其华夏

---

① 刘浦江：《德运之争与辽金王朝的正统性问题》，氏著《正统与华夷：中国传统政治文化研究》，中华书局，2017，第88～115页。

认同、正统观念都随之增强，此变化固然与生活在辽朝的华夏之民积极参与辽朝政治文化生活有密切关系，但还应从中观察到由王朝竞争引起的观念趋同现象。

众所周知，宋朝建立以后的一段时间里，数朝君主都有用兵北伐的意图，也曾施行过几次军事计划，但都未能如愿收复幽云十六州等地，到了景德元年宋辽基于军事平衡缔结"澶渊之盟"，确立了两朝的地理边界与政治地位，基本奠定了宋辽长久并峙的格局。"澶渊之盟"从形式上来看，是双方皇帝以兄弟相称的平等协议，但宋须每年送辽钱物，所以当时不少人认为其本质是屈辱的城下之盟。尤其是随着宋朝经济、政治、文化不断发展，"澶渊之盟"成为笼罩宋朝的阴影，造成了软实力与硬实力的失衡。军事外交实力处于弱势的宋朝，在经济文化领域占据着更为强势的地位，这使宋朝陷入了对"辽"的困境。

正因如此，北宋从仁宗时期开始盛行有关"正统论"的讨论，宋朝士大夫利用历史与理论的探讨，确定地理、文化与中国、正统的关系，以突显在宋辽对峙格局中宋朝的合法性和优越性。比如欧阳修有名的《正统论》一文中就说，所谓"正统"包含了"居正"与"一统"两个部分，"伏惟大宋之兴，统一天下，与尧、舜、三代无异"，[①] 宋朝是当之无愧的正统所系。在欧阳修纂修的《新五代史》中也同样体现了"正统"思想，书中将契丹编入"四夷附录"之中，其意不仅在表达对五代正统的论断，更指向了现实政治——宋继五代正统，则作为"夷狄"的契丹即便是宋的"兄弟之国"，仍然属于"四夷"，于是欧阳修便由对历史的梳理阐述了现实政权的合法性。

北宋中期蔚然成风的"正统论"，原本只是宋朝士大夫在本朝内部的言论与作为，其目的并非干预、调整对辽政策，仅为缓解宋朝内部传统"天无二日，地无二君"观念与"两个天子"现实间的紧张，消除由宋辽对峙格局带来的皇权危机。但"澶渊之盟"后宋辽之间互派国信使、互通往来

① （宋）欧阳修：《欧阳修全集》卷一六《居士集·正统论序》，李逸安点校，中华书局，2001，第266页。

成为常例，即便宋朝官方竭力禁止宋朝书籍、朝野信息流布辽国，辽朝使臣还是发现了北宋士人鼓吹的"正统论"及其副产品。

辽寿昌二年（宋绍圣三年，1096）刘辉上书辽道宗说：

> 宋欧阳修编《五代史》，附我朝于四夷，妄加贬訾。且宋人赖我朝宽大，许通和好，得尽兄弟之礼。今反令臣下妄意作史，恬不经意。臣请以赵氏初起事迹详附国史。①

辽朝文士不能接受契丹被列入"四夷"的史学书写，主张将宋初之事附于国史以为反击，说明了辽朝文士接受北宋"正统论"的论述，并试图仿效宋朝士人通过历史的重构与确认来建立自我的认同，强化辽朝的正统性。

宋来辽往的斗争，本质上是同一时期不同王朝间的竞争。德国社会学家齐美尔在 1903 年发表的《竞争社会学》一文中指出，社会中的竞争本质上是一种间接斗争，竞争不是为了战胜、消灭对手，而是争取所有人的斗争，因此良性的竞争会引发不同竞争者朝更具说服力的方向日益趋同。所以宋朝在华夏传统政治理论基础上所发展的正统论，很快地也引起了辽朝的反应，宋辽正统之争可视作辽朝在兴宗以后开始用传国玺大做文章的背景。

为什么选择以"传国玺"作为竞争正统的手段？元初郝经曾写过一篇《传国玺论》，讲述"传国玺"的产生与历史，并批评了世人迷信传国玺的象征性："天下之人，遂以为帝王之统，不在于道而在于玺。以玺之得失，为天命之绝续，或以之纪年，或假之建号，区区数寸之玉，而为万世乱阶矣。"② 由此看来，直到元初民众仍广泛接受"传国玺"为天命正统所系，毕竟相较于宋朝以"居正""一统"等抽象原则为正统理据而言，传国玺则是具象的正统与天命的实物载体，在论证正统时具有一定的排他性和不可

---

① 《辽史》卷一〇四《刘辉传》，第 1455 页。
② 张进德、田同旭编年校笺《郝经集编年校笺》卷一九《传国玺论》，人民文学出版社，2018，第 526 页。

辩驳性。

正因如此，传国玺成为辽朝塑造本朝正统时的重要道具。宋人笔记中记载，宋神宗时期派至辽国的使臣，曾见过其君主所作《传国玺》一诗。诗中说"一时制美宝，千载助兴王。中原既失守，此宝归北方。子孙宜慎守，世业当永昌"，[①] 一方面由历史强调传国玺是古往今来帝王皇权的重要实物载体，另一方面则突出辽是在"中原失守"的背景下获得的传国玺，故辽承袭了源自中原的正统，而宋朝自然便不是正统。

如辽朝不得不参与和宋朝的正统之争一样，当辽朝取出传国玺作为竞争正统的理据后，原本"不受秦玺"的宋朝只得随之卷入对传国玺的竞争中。不同于辽朝传国玺一事缺少历史资料，难以细致考察所持传国玺的真伪、品相等具体问题，宋朝传国玺的文献资料甚为丰富，且明显存在"层累"而渐趋缜密的特点。

《续资治通鉴长编》中记载，绍圣三年，咸阳人段义在造屋时发现了玉玺，一年多后，当地官员到汴京献玺。此事颇为蹊跷，逻辑上甚不合常理，因而廷议时围绕该玺真伪，中央官员截然分为两派，章惇、林希等都认为该玺来历不明，恐非秦玺。其后，蔡京根据典籍查验，认为玉玺的材质、铭文内容与字体都和史籍所载秦玺相同，尤其是"篆文工作，皆非近世所为"，认定是真正的秦玺。

到了南宋邵博的《邵氏闻见后录》中，又为玉玺的发现、形制、铭文等配上了更多的细节。据说是在一个夏日清晨雨后，段义在村落间行走时不慎足陷淤泥，发现了有玉检的玉玺一块，这块玉玺上不仅有"受命于天，既寿永昌"的字样，还有一处缺角，与元后摔玺的历史记载吻合。但是，如玉检、缺角等都是在绍圣廷议时所未提及的，理应属后人根据历史记载为玉玺所增添的辩证依据，以坐实绍圣国玺的真实性，反过来则说明绍圣献玺一事存在疑点。

当然，宋哲宗时期突然出现的传国玺，牵涉当时复杂的政治斗争，蔡

---

① （宋）孔平仲：《珩璜新论》卷四，池洁整理，《全宋笔记》本，大象出版社，2006，第277页。

京与章惇对玉玺的不同态度皆是为借玉玺真伪攻讦政敌，但玉玺与天命、皇权之间的密切关系，使得哲宗不得不重视起来，将其视作"统承圣绪""天赐珍符"，并改年号为"元符"。而玉玺的政治象征意义，早为蔡京道破，他针对"秦所作，何足宝哉"的诘难，以"若东晋渡江，世以无玺为讥"为理据反驳，透露出在多政权并峙格局下玉玺与正统之间的紧密联系。可见如何看待、处理玉玺，已不仅是一国内部的政治问题，还牵涉多政权对峙格局下的正统之争。

以上我们借宋辽"传国玺"的出现、利用等问题，一起考察了辽朝对华夏传统政治文化的认同转变，从早期并不重视，到中后期主动与宋朝争正统，展现出在王朝竞争背景下，政治文化的辐射效果和竞争所带来的文化趋同。

那么，如何认识历史上的"分裂时期"？分裂固然是状态上的分崩离析，包含着国土分裂、政权对峙等具体的情况，但在宋辽无法消灭对手的竞争环境之中，不同政治立场者为了争取政治优势，利用具有共通性的政治观念，采取极富相似性的政治举措，使得不同民族、文化背景的政权愈发熟悉、认同华夏传统政治文化，在多政权并立时期孕育出统一的基础。

二　"得天下之正"：金朝与南宋的正统论发展

女真，是发源于我国东北的民族。辽朝统治北方地区期间，曾将东北各部女真族人分为"熟女真""生女真"等诸部，分而治之。在反抗辽朝统治过程中，以生女真中的完颜部为核心，联合了女真多部力量，建立起大金王朝。金朝在发展过程中，施行猛安谋克制度，并在汉区沿袭汉官制度，逐渐发展壮大。

与辽朝到了中后期才开始运用传国玺等手段与宋争正统不同，金朝从建立之初就相当重视正统问题，很早就加入了华夏王朝正统的竞争之中。这一现象的出现，既得益于金朝大量的汉人文臣，也与金朝留下丰富文献资料有助探究该议题有关。比如，我们从史料中早就看到，靖康元年（金天会四年，1126），金朝回复宋朝的札子中便有"今皇帝正统天下，高视诸邦"，已开始以"正统"自居。

不过正统有其承续顺次，为金朝所灭之国既有辽朝也有北宋，如何叙述正统承续的历史，一定程度上彰显出金人对华夏王朝与草原王朝的认同差异。有意思的是，金朝正经历了这样的认同游移。

金朝起先认同的正统是承继于辽朝基础上的。金熙宗皇统八年（1148），金朝编纂的第一部《辽史》成书。根据古代中国"修前朝史"的传统，在坚信自有正统的"皇统"年间，金朝修纂辽史而非宋史，即代表了其对于正统承续对象的选择。但到了大定二十九年（1189）下令重新编修《辽史》时，"臣下奏言靖康间宋祚已绝，当承宋统，上乃罢修《辽史》"。就此而言，金朝从前期因承继辽朝正统修《辽史》，到中后期改继宋统罢修《辽史》，一修一罢正体现了正统认同的改换。

与"修史"活动相应的，还有明昌四年至泰和二年（1193～1202），金朝将本朝德运从金德更定为土德。所谓"德运"，是在古代五行学说基础上衍生出的政治理论，其本质上延续了儒家重视天命、强调承受的思想与传统。自从战国末期兴起以来，经历了五行相胜、五行相生的原则性改造，后为历代皇权所继承沿袭，并构建起延续不断的华夏王朝谱系。

金章宗更定德运时，有三种主要的观点。第一种观点是主张金朝为金德说，这是金朝中前期所用德运，但其理据未见载史册。有大臣根据金初"以丑为腊"，认为自开国时起便是金德，"大金"国号便是金德的来源。以"金"为德运显然与五德终始说存在矛盾，因为其"不问五行相生之次""不论所继，只为金德"，虽说可与女真本民族尚白之风俗相应和，但并不切合传统五行学说的运行原则。第二种观点是主张金朝承袭辽朝水德的木德说，但这一说法在当时并非主流。更具有代表性的是第三种主张金朝承袭北宋火德的土德说。须注意的是，无论是木德说还是土德说，俱根据五行相生说，明确德运的生发以辨定正统的次序，相较于"不问五行相生之次"的金德说而言，皆选择与华夏王朝政治文化传统接轨。最终金章宗选择承继宋统定德运为土德，便是主动将金朝纳入华夏王朝谱系之中。

从修纂前朝史、议定德运两件事情来看，女真民族创立的金朝与契丹民族创立的辽朝一样，皆经历了"正统"认同的转移。同样的，金朝所认同的正统由辽转向北宋，展开与南宋正统竞争，刺激了南宋士人开始全面更新正统论。

前面已经讲到，欧阳修《正统论》提出辨明统绪须依据两条标准，分别为"一统"与"居正"。虽然北宋始终未能收复幽云地区，其中与宋人境况出入较大的是"一统"，不过相较于五代，宋人自认已基本实现了天下一统，像司马光就曾说"苟不能使九州合为一统，皆有天子之名而无其实者也"，虽有瑕疵但大致可称"九州一统"。对于偏安一隅的南宋君臣来说，北方的大片领土落入金人之手，只能倚靠东南海疆背海立国，"祖宗境土"半壁尽失，"一统"实在无从谈起。故南宋正统论的一个重要特点，即"一统"的标准渐渐淡化，"至公以得天下之正"的道德理据不断强化。

可堪代表的是，南宋士人一反司马光《资治通鉴》以曹魏年号统系三国历史的做法，兴起了帝蜀寇魏的史学风潮，像朱熹的《通鉴纲目》、张栻的《经世纪年》、黄度的《通史编年》、朱黼的《纪年备遗》等都一致地改易三国年号，用蜀汉年号统系三国历史，强调蜀国才是正统所系。南宋时期大量涌现的三国史书，虽表面皆论蜀魏正统，其实质无一不在指称现实，此即古代史学常见的"事"与"义"。南宋士人通过对古代历史的叙述（事）阐发抽象的义理（义），将南宋比附蜀国、金国类比魏国，借历史评判现实。

有趣的是，宋人基于现实政治、疆域变化而逐渐隐退的"一统"说，却成为金朝君臣论证自身正统的主要理据。正隆六年（宋绍兴三十一年，1161）金朝海陵王攻宋，其理由是"自古帝王混一天下，然后可为正统""天下一家，然后可以为正统"，既然"一统"是"正统"的前提，那么天命论便赋予金朝无可挑剔的军事理由。

同样，在贞祐二年（1214）金宣帝下令重议金朝德运时，黄裳就说："辽宋不能相正而我正之，不能相一而我统之，正统固在我矣"，易言之，金人实际上对现实"天有二日，地有二君"的对峙格局有着清醒认识。不过相较于宋人逐渐淡化"一统"标准，金人显然更乐于使用"一统"作为正统的判断标准，这是因为金人已经占据了中原，又与宋称君臣之国、叔侄之国，自然选择更为有力的"一统"理据，用事实证明金政权的合法性。

金朝借"一统"宣扬正统，或许成为刺激宋人重新阐释欧阳修《正统论》的动因之一。南宋中后期不少有关正统的讨论中，都注意到比较"正"与"统"孰更重要的议题，周密所录陈过的《圣观》中便对此有清楚的论述：

> 有正者，其后未必有统，以正之所在而统从之，可也；有统者，其初未必有正，以统之所成而正从之，可乎？以秦、晋及隋概之，羿、莽特其成败有不同耳，顾以其终于伪定而以正归之，殆于不可。故尝为之说曰："有正者不必有统，非汉、唐不与焉，有统者不必有正，虽秦、隋可滥数。夫有正者不责其统，以正之不可废也。有统者终与之正，是不特统与正等，为重于正矣。无统而存其正，统犹以正而存也；无正而与之统，正无乃以统而泯乎！"①

在南宋士人的观点之中，"正统"的核心不应在于"一统"，因为能"一统"者未必有德行，像暴虐的秦、隋两朝以武力征伐实现统一，如此暴君恶世显然不可为万世之表率，故"正统"的核心必须是"居正"，唯有以政治、德行为判断标准，才能匹配圣王贤君的要求，符合儒家政治文化中德治的传统。

但需要指出的是，在宋朝淡化"一统"这条标准的同时，似乎"华夷"变成了正统的另外一条标准。张栻在《经世纪年》中指出"由魏以降，南北分裂，如元魏、北齐、后周，皆夷狄也，故统独系于江南"，其对北朝正统性的批判已不再拘泥于"居正"与"一统"，而径以"皆夷狄也"一概否决北方民族政权的合法性。

如此一来，受宋代"华夷之辨"思潮影响，原本基于道德、疆土的"正统"论据又掺入了族属的因素，对应到宋金正统之争中，这种族裔正统

---

① （宋）周密：《癸辛杂识》后集《正闰》，吴企明点校，中华书局，1988，第99页。

论无疑含有占据中原（中国）的金既是蛮夷之族，便绝非正统所系的意味。这种正统论理据变化背后的逻辑是，若仅依政治、德行理据，则两朝正统之争不免陷入双方各说各话的泥潭之中。如金世宗完颜雍勤勉治国，在当时就有"小尧舜"之称，若以"居正"而言可称之正统。一旦掺入族属之别，正统争论的天平就会急速偏向宋朝，如朱熹就评价金世宗说："他岂变夷狄之风？恐只是天资高，偶合仁政耳。"正如傅乐成先生所言："南宋时，道统的思想既立，民族本位益形强固，其排拒外来文化的成见，也日益加深。……其各项学术，都不脱中国民族本位文化的范围。"①

　　针对宋朝渐渐兴起的族属正统说，金代士人则搬出唐代大儒韩愈的名言作为反击利器，"诸侯用夷礼，则夷之；夷而进于中国，则中国之"，强调夷夏差异本质上是文化而非族属的差异，如果华夏之民放弃认同华夏政治文化传统，华夏则与"夷狄"无异，但若本身非华夏之民，却能行华夏礼仪、认同华夏文化，亦可成为华夏。这种不以血缘、族属为依据的观点，与现代的文化认同论相差无几。

　　这种回应所带来的影响之一是金朝对于"礼"的重视。金世宗就认为，既然金朝承继了辽、宋的疆域，"据天下之正"，那么就应如华夏王朝君主一般行郊祀之礼。于是，大定四年（宋隆兴二年，1164）金世宗举行了祭祀岳镇海渎的典礼。祭祀五岳四渎之礼，自汉代以来便为历朝所延续，是身系天命的天子所享有的特权与义务，也是宣扬正统的主要仪式。北宋初著名宰相赵普就曾以"五岳四渎，皆居中国，不在四夷"，论证宋的正统性。金世宗施行祭祀礼不仅彰显了金朝的正统，同时也是"夷而进于中国，则中国之"的最好注脚。

　　在《金史》中，记录了金朝祭祀五岳的礼制：

　　　　诏依典礼以四立、土王日就本庙致祭，其在他界者遥祀。立春，祭东岳于泰安州、东镇于益都府、东海于莱州、东渎大淮于唐州。立

---

① 傅乐成：《唐型文化与宋型文化》，氏著《汉唐史论集》，台北：联经出版事业公司，1977，第339~382页。

夏，望祭南岳衡山、南镇会稽山于河南府，南海、南渎大江于莱州。季夏土王日，祭中岳于河南府、中镇霍山于平阳府。立秋，祭西岳华山于华州、西镇吴山于陇州，望祭西海、西渎于河中府。立冬，祭北岳恒山于定州、北镇医巫闾山于广宁府，望祭北海、北渎大济于孟州。其封爵并仍唐、宋之旧。[①]

《金史》中记录的祭祀五岳四渎制度，完全依据唐宋的礼制发展而来。比如"五郊迎气日"祭祀，便是根据隋唐确定的祭祀时间进行典礼，而所祭祀的岳镇海渎也无一不符合唐宋礼典记载。如此一来，金朝不仅在礼仪制度上，还在地理范围上都对自我地位加以确认与彰显。有趣的是，金朝开始祭祀五岳四渎之后，金世宗还对女真旧部的山川进行册封，例如封长白山为"兴国应灵王"、大房山为"保陵公"等，可视作金代礼制的发展。

正是在这样的背景下，金代不仅开始在政治、礼仪上自认"中国"，在一些金代士人笔下甚至视南宋为蛮夷，如赵秉文在泰和六年（1206）为攻宋金军副统帅仆散揆所写赞颂之文中就有"提虎旅之三千，破岛夷之数万"的句子。到了金末，金人诗词中也多视蒙古人为夷狄，而自命"汉节""华风"。

以上我们从金朝的正统论、德运观、祭祀礼等角度，一起考察了金朝对华夏传统政治文化的认同转变，以及在宋、金的不同背景下，双方正统论述的发展与转变。与北宋时期相似，南宋所面临的仍旧是一个"分立时期"，甚至在此阶段，金朝占据了更多的农耕地区，在军事、政治上都较辽朝更为强势。但我们从宋金的竞争互动之中，看到"竞争带来趋同"的状况一再发生，而这正是多政权分立时期孕育统一的内在机制。

结　语

本讲所探讨的是中国古代史上第二个（也是最后一个）"南北朝时期"。在长达300余年的时间中，北方游牧民族中的契丹、女真、党项、蒙古等族

---

① 《金史》卷三四《礼七·岳镇海渎》，中华书局，1975，第810页。

先后崛起，并建立了不同的政权，但在此时期，不同政权之间的正统竞争，却为日后的统一奠定了认同基础。

虽然本讲只讨论了与正统论相关的传国玺、德运观、祭祀礼等，但这些都并非虚无的政治表演，而是与政治内核紧密相关的关键议题。选择以华夏王朝的政治文化展开政治行为，即是选择与华夏政治、文化相接轨，也使得四裔之民浸润于华夏思想文化之中。然而，须指出的是，"分裂时期"相近认同基础的形成，往往不依赖于某一群体的无休止扩张，相反是在多族群交往、交流、竞争之中逐渐产生的，不仅辽、金士人受到宋朝思想文化的影响，宋朝亦在此王朝竞争中不断修正原有观念。正是在辽宋金王朝交流、交往、竞争下不断修正、发展的儒家文化，才塑造了元代"九州四海风雅同"的文化基础。

主要参考文献

王钟翰主编《中国民族史（修订本）》，中国社会科学出版社，1994。

费孝通主编《中华民族多元一体格局（修订本）》，中央民族大学出版社，1999。

刘浦江：《正统与华夷：中国传统政治文化研究》，中华书局，2017。

王明珂：《英雄祖先与弟兄民族：根基历史的文本与情境》，中华书局，2009。

第六讲　暴风吹倒禁苑之后：元朝大一统下民族与文化的统合

洪丽珠

法国东方史学家格鲁塞（René Grousset）曾述说："风暴虽然吹倒禁苑墙垣，并连根拔起树木，却将花种自一花园传播到另一花园。"他肯定蒙古帝国的崛兴在传播文化上的正面意义，甚至可与罗马人相媲美。蒙古帝国的继承者们不仅征服欧亚，也在中国本土缔造了秦、隋二朝之后中国历史上的第三次大一统。唐朝衰落后，中国有近 400 年时间是处于多政权并立的变奏期，先是五代十国的割据乱局，继而有北宋、契丹辽、党项西夏三边的争战不休，其后，南宋又与女真金长期南北对峙，直到元朝一统江南才宣告结束分裂格局。元朝的统一与统合究竟带来了什么？对于长时段的中国历史发展影响何在？我们将通过这一讲来较为全面地俯瞰，并进行点状的深入了解。

一　元朝创建的历史意义和特点

如果把中国的历史比拟为一首交响曲，参与其中的各民族与族群就是各种争鸣的乐器。13 世纪崛兴的蒙古帝国，先是建立了西达欧洲、东到日本、南至中南半岛诸国、北及西伯利亚的空前广袤的陆上帝国，其后继者更入主中原汉地与江南，建立元朝，奏响中国王朝历史的嘹亮乐章。相对其他大一统朝代来说，元朝国祚虽然不太长久，但各方面的影响深远，意义远过于其朝代本身。如同《元史·地理志》所言：

> 汉梗于北狄，隋不能服东夷，唐患在西戎，宋患常在西北。若元，则起朔漠，并西域，平西夏，灭女真，臣高丽，定南诏，遂下江南，而天下为一。故其地北逾阴山，西极流沙，东尽辽左，南越海表。……元东南所至不下汉、唐，而西北则过之，有难以里数限者矣。①

相较于汉唐盛时疆域，元朝是有过之而无不及，这也为后世王朝版图奠定了重要基础。宏观来看蒙元的历史意义与特色，可归纳为以下几方面。

1. 开创少数民族的大一统王朝

元朝的一统，是北亚游牧民族发展史的巅峰，更揭开游牧和农耕民族关系史的新页。此前无论是匈奴、突厥、回鹘，还是鲜卑、契丹、女真等，即使有志于南下牧马，均未能突破黄河或长江天险。中国历史上的大一统王朝，都是汉族为主的政权所建立的，唐朝虽有多民族色彩，但在统治文化的基调与国家规制上，与其他汉族王朝并无二致。唐末五代以迄宋朝，一直未能实现大一统，北宋时期，燕云十六州长期处于契丹辽的统治之下，西北更有党项西夏的政权，鼎足而三。元朝结束了长久以来多政权并立的局面，跻身于汉地传统王朝的序列，蒙古原有文化固然和汉族文化方枘圆凿，但蒙古的统治也为汉地江南注入新的刺激与活力，将 13～14 世纪的东亚、中亚、欧洲串连成一个世界系统。这是蒙古帝国崛起与元朝建立及一统最重要的意义。

2. 将西藏地方纳入中央王朝行政管辖

元朝的疆域空前广袤，幅员超过秦、汉、唐，甚至过于盛清。元朝第二任皇帝元成宗在位时（1295～1307），北亚、中亚的四大汗国名义上都承认元朝的宗主地位，从西伯利亚到中东，都是元朝令旨影响的范围。更值得注意的是，元朝时期，西藏地方从行政管辖层面被纳入王朝的统一体系

---

① 《元史》卷五八《地理一》，中华书局，1976，第1345页。

之中，相较于唐王朝时期，吐蕃政权虽与唐缔结亲属关系，但政治上与之并存对峙，在唐朝中衰之后，吐蕃向东扩张，一度占领河西走廊。元朝将西藏纳入统治，使西藏成为中国正统王朝行政管辖的一部分，这与唐朝和吐蕃的关系不可同日而语。

3. 多民族汇流与多文化扩散的高峰期

汉民族并非单一的血缘单元，本是多元的文化共同体，从古代就与周边的各种少数民族密切接触，不断局部融合。魏晋南北朝和辽、金、西夏、宋的割据对峙时期，也是中国历史上的民族大融合时期。元朝的统一，不仅展开新一轮的民族大汇流，而且使汉族的成分更加丰富。在华北地区，契丹、女真、唐兀、渤海等族群，加速与汉族的交融，部分蒙古人也已开始加入这个多元群体。与蒙古人一同进入中原的，还有数量众多的西域人。自魏晋南北朝开始，就有不少西域人东来中土，在隋唐时期达到了一个小高潮，而元朝又将这一浪潮往前推进。据不完全统计，蒙元时期东来的西域人有上百万之众，在规模和数量上远远超过魏晋南北朝和隋唐，其文化互动及影响也达到前所未有的高度。回族就是这一时期西域人大规模东来的聚合物。"回回""回族"是史料用语，实乃隋唐以后，特别是元朝时期东来的大批以伊斯兰教为纽带且操汉语的特殊民族共同体，这个群体在元朝政坛上扮演着重要角色，在社会上也产生了不容忽视的影响。

4. 全球化秩序的雏形

美国人类学者魏泽福（Jack Weatherford）曾说："成吉思汗缔造的帝国，打破了周遭诸多文明之间的隔阂，融合成一套世界新秩序。"[1] 在成吉思汗出生时，欧亚世界的每个文明都只熟悉紧邻的地区，对于更远的地方则相对陌生甚至无知，中国和欧洲在当时几乎互不相闻。而就目前所知，蒙古帝国崛兴之前也未曾有如此大规模的人群不远万里往返中国和欧洲之间，到成吉思汗去世时，借由外交、商业的往来，欧亚已开始密切交往。当今的全球化世界，指的是由资本经济带动起来的现代社会，驱动的主力

---

[1] 〔美〕杰克·魏泽福：《成吉思汗：近代世界的创造者》序言，黄中宪译，萧启庆审订，台北：时报文化出版社，2018，第12页。

是全球化的经济，而早在这之前，蒙古人的征服已奠定了全球化的雏形，近年来，日本、韩国、埃及、印度、东欧等地学者，都提出类似看法，认为蒙元世界帝国建立了一个连通欧亚的新秩序。

魏泽福进一步指出，蒙古人在政治、经济、知识上，展现出了一种对国际主义的执着与热情，他们不只致力于征服世界，也致力于通过自由贸易、单一国际法、创造可以书写所有语言的通用字母表等建立全球秩序。成吉思汗的孙子、创建元朝的忽必烈汗，发行统一的纸币，综合各种历法、创造出更为精准的万年历，广泛收集各地舆图，鼓励中亚、欧洲商人从陆路前来贸易，甚至派遣使者由陆路、海路出访，远及非洲，扩大了贸易范围和国际关系。蒙古人所接触的国家，确实不少都先经历了无情的摧残和征服的震撼，但很快就转为前所未有的热络文化交流，频繁的贸易和文明的生活。

无论是否支持这些论点，我们都必须承认蒙元帝国确实缔造了一个空前的欧亚格局，这个时期许多文化旅行者往来于欧亚之间，记录下珍贵的观察和经验。除了众所周知的马可·波罗，还有第一个抵达蒙古汗廷的欧洲人，意大利方济各会教士柏朗嘉宾（Giovanni da Pian del Carpine）。他受教皇之命从欧洲出发，于1246年到达哈剌和林，以沿途见闻为基础写下《我们称为鞑靼的蒙古人的历史》（*Historia Mongalorum quos nos Tartaros appellamus*，又称《柏郎嘉宾蒙古行纪》或《鞑靼蒙古史》），这是欧洲人对蒙古帝国最古老的记录。几年之后，另一位方济各会教士鲁布鲁克（Guillaume de Rubrouck）受法国国王之托来到蒙古汗廷，他的《鲁布鲁克东行记》在欧洲的影响力不下于《马可·波罗游记》。可以说近代西方对东亚乃至世界的认识和好奇心，很大一部分正是蒙元这个世界帝国所孕育的。

5. 中国史上唐宋变革后的重要时期

"唐宋变革"说的先驱是日本京都大学的内藤湖南（内藤虎次郎）教授，此论在史学界掀起了打破王朝界线探讨历史分期的学术风潮。内藤湖南认为中国的历史在唐宋之际发生了一次关键性转变，这使唐到宋之间在政治制度、社会结构、经济发展、学术文艺等方面产生显著差异，故唐代可说是中世纪的结束，而宋代则是近世的开始。

在内藤氏前后，中国学者也注意到唐宋之际的变化，陈寅恪《论韩愈》一文曾提到唐代的历史应当分为前、后两阶段，前一阶段结束南北朝以来的旧局面，后一阶段开启赵宋以降的新局面。傅斯年、雷海宗、傅乐成、钱穆等学者也都察觉到唐宋之际显著的社会变化，如土地制度、城市结构等方面。无论是否采用"唐宋变革"的说法，学界都同意中唐到五代宋初，中国社会形态发生了很大的转变。后来，唯物史观学者特别关注到晚明至清这段时期中国的经济进入了"资本主义萌芽阶段"，虽然这个说法目前尚存疑义，但这一时期社会经历的巨大转变亦属历史事实。清史研究者曾提出这样的看法："纵观中国历史，全局性社会、经济与文化问题在鸦片战争之后的清朝彻底暴露出来，这些问题并不完全生发于清朝，而是在之前的数个朝代已经显现并扩大，清朝后期只是整个中国历史机体中的溃疡爆发。"[①] 故要理解唐宋、明清两大变革期所发生的诸多事件，就必须对包括元朝在内的整个宋元明时代做通盘考虑。这也是为什么西方汉学家史乐民（Paul Jakov Smith）和万志英（Richard von Glahn）主编的《中国历史上的宋元明转型》（*The Song-Yuan-Ming Transition in Chinese History*）一书重点关注了元朝在这个时间段中的角色，并试图重建萧启庆教授所言的"失落的链锁"。

二 元朝的统一与统合

纵观中国历史，元朝结束了唐末以来的纷扰、割据和对峙，缔造了秦、隋之后的第三次大一统。蒙元横扫华北，又征服江南，统一的意义不言自明。统一是统合的先决条件。统合（integration）是什么意思呢？主要指消弭构成国家的各部分（如区域、民族、社会阶层等）之间的差异，使其凝

---

① 参见袁剑对 *The Song-Yuan-Ming Transition in Chinese History* [Edited by Paul Jakov Smith and Richard von Glahn, Cambridge（Massachusetts）and London: Harvard University Press, 2003] 的书评《宋元明历史与清代变局——顺延抑或跃变?》，（台湾桃园）《中央大学人文学报》第 38 期，2009，第 201~208 页。

聚成一个向心力较高的政治共同体（political community）。元朝为游牧民族肇建，在大一统之后，它和汉族王朝一样面临各方面的统合问题，但文化上的差异导致它面对的困难比汉族王朝要更大也更复杂。元朝统一南北的动力最初并非来自中原内部，而是蒙古帝国扩张战争的一部分，具有历史的偶然性。蒙古统治者攻夏伐金，原无长治久安的统治计划，蒙哥汗猝逝于四川战场（1259），引发汗位之争，忽必烈经营华北甚久，以雄厚的人力物力资源为根基，和亲弟弟阿里不哥争夺统治者之位，这改变了"中原"（中国）在大蒙古国（Yeke Mongghol Ulus）内部的定位，元朝对南宋的战争性质也因此改变。忽必烈既立国于中原，自不以草原为中心，势必要顺应汉地形势，采用适合当地的统治制度来改造政府。而对于尚存江南一隅的南宋，降臣刘整（1211～1275）曾如此进言：

　　自古帝王，非四海一家，不为正统。圣朝有天下十七八，何置一隅不问，而自弃正统邪！①

　　对南宋的战争也从帝国崛兴初期以资源掠夺为主的"各分地土，共享富贵"，转变为糅入了儒家大一统的理念。这是蒙古游牧帝国向中原正统王朝的转变，亦是元朝政权双重性格的根源。我们可以从以下几个方面来看元朝统一之后的统合进展。

1. 国号和年号

成吉思汗到蒙哥汗的时期，蒙古帝国没有年号，主要采用十二生肖纪年，如《蒙古秘史》中经常出现"羊儿年""马儿年""鼠儿年"等。吐蕃也是如此纪年，这是东亚地区农耕和游牧民族经常使用的纪年方法。忽必烈即位之后，采用汉地王朝传统设置年号，出谋划策的人就是刘秉忠（1216～1274）等北方士人。"中统"是元朝采用的第一个年号，寓意"中华开统"，明显是出自儒家思维。

成吉思汗建立的国号是"Yeke Mongghol Ulus"（也可蒙古兀鲁思，汉译

____
① 《元史》卷一六一《刘整传》，第3786页。

为大蒙古国），汉人简称为"大朝"。忽必烈的第一个年号是"中统"，在打败弟弟阿里不哥后，采用改元来象征王朝的新气象，这是非常汉式的政治表现。元朝第二个年号为"至元"，和其不久之后采用的汉式国号概念类似。至元八年（1271），在汉族士人的建议下，取《易经》"乾元"之义，定"大元"为汉语国号。"大元"这个国号所承载的文化内涵是双重的，我们可以从以下这段话来理解：

> 世祖皇帝初易"大蒙古"之号而为"大元"也，以为昔之有国者，或以所起之地，或因所受之封，为不足法也，故谓之元焉。元也者，大也，大不足以尽之，而谓之"元"者，大之至也。[①]

蒙古语 Yeke（也可）所指也是"大"，象征成吉思汗创建的功业至伟，而"元"则是"大之至"，沿用的就是蒙古帝国的"也可"。元朝国号的创设，不仅是吸收汉地的政治文化，在外在形式上，可说比此前中原王朝的儒家色彩更为浓厚。为什么这样说呢？像汉（刘邦受封汉王）、隋（杨坚是隋国公）、唐（李渊是唐国公）、宋（赵匡胤曾任宋州节度使）等，都出自开国者所受之封爵或官衔，而蒙古人建立的元朝，汉语国号明确援引儒家经典，即使蒙古统治者本身不一定真正理解其文化意义，但对于终身追求成为所有民族的帝王（universal emperor）、所有宗教的宗师的忽必烈来说，这一国号明白表现出他希望自己和自己的帝国能够成为中国王朝正统序列的一员。

2. 都城和朝仪

蒙古原是游牧民族，统治者在何处，何处就是政治中心，即所谓的"行国"。第二任蒙古大汗窝阔台在位期间，除了发动对欧洲的攻击，以巩固蒙古帝国的成果之外，最重大的决定可说是建立固定都城，这是因应帝国发展的实际需要，以及吸收了西域和汉地政治文化的表现。窝阔台以蒙

---

① （元）苏天爵辑《国朝文类》卷四〇《经世大典序录》，元至正二年（1342）杭州路西湖书院刊本影印，页4b。

古腹地哈剌和林（今蒙古国杭爱省厄尔得尼召北）作为控扼帝国的中心，其中万安宫是大汗的居住之所，位于和林城的西南隅，仿照中原的宫阙形制建置。和林城内居住着中亚人、欧洲人和汉人，有佛寺、清真寺和基督教教堂，具体而微地展现着蒙古帝国的多元性。

忽必烈比他的伯父窝阔台更进一步。中统四年（1263），他将总理漠南事务时的藩邸也是即位之地开平府（位于今内蒙古自治区锡林郭勒盟正蓝旗上都镇的滦河畔）定为上都，隔年又将金朝燕京定为中都，后来改称大都。窝阔台建立的和林改设宣慰司治理，失去了都城的地位，帝国的中心转移到中原。元朝皇帝此后皆采用两都巡行制，这也是行国传统与中原政治文化的折中。

再说到朝仪。仪制是中原官僚制的精神外化，主要展现为官员觐见皇帝的各种规范和程序，举行的时间点有正月元旦、皇帝生日和其他朝会之时。元朝确立仪制之前，乱象丛生，大小官吏聚集在忽必烈帐殿之前，吵吵闹闹，有时太过混乱，执法者甚至会挥舞大杖驱赶震慑，汉族官员对此一直感到不满。

刘秉忠曾对忽必烈讲汉高祖用叔孙通立朝仪的故事，说汉高祖刚当上皇帝时，朝堂乱哄哄，待叔孙通制定朝仪后，汉高祖才真正感受到皇帝之贵。但忽必烈当下的反应是："汉高眼孔小，朕岂若是？"[①] 这是对刘邦的蔑视，因忽必烈是天之骄子成吉思汗的嫡孙，见惯了各族精英匍匐于大汗的面前，不若刘邦出身民间，从亭长到皇帝，感受落差自然极大。当然忽必烈也明白这些话的奥义，遂让刘秉忠（潜邸旧臣）、孛罗（蒙古亲贵）、许衡（理学家）和徐世隆（金朝遗士）等人，权衡古礼和金制，订立朝仪，在两年后忽必烈贺寿（天寿节）时正式启用。这使元朝与汉式王朝的统合又迈进了重要的一步。

3. 劝农和水利

蒙古虽然是地道的游牧民族，但为了稳定治理中原、江南，和历代汉

---

① （元）苏天爵辑《元朝名臣事略》卷七《太保刘文正公》，姚景安点校，中华书局，1996，第 113 页。

族王朝一样，也必须积极鼓励、恢复农业生产，以建立课税制度。窝阔台灭金后，全面统治华北，在耶律楚材的建议下，设置了十路征收课税所。最初蒙古统治者对于农耕文明与生产方式确实较为陌生，故耶律楚材以赋税来说服游牧君主保护农业生产优于将华北平原圈为牧场，这个过程可以视为游牧文明和农耕文明的文化适应，即涵化（acculturation）。

保护农耕在忽必烈即位后成为元朝治理的重心，各种措施也显示这一时期的蒙古统治者对于劝农有更深刻的认知。建年号、国号是政治文化的吸收，是政府架构的外在形式，而以国家的力量兴修水利、劝课农桑，则涉及内在统治思维的转变。中统二年（1261），当时南宋尚存，忽必烈就设立了劝农司，任命北方人士到各地去检查农业生产。至元七年（1270）二月将劝农司改为司农司，下辖四道巡行劝农司，任命邢州出身的潜邸旧臣张文谦（1217～1283）专门主持，他当时是中书参知政事、受信任的汉族官员之一。司农司本是传统汉族王朝的寺监机构，汉代以来就专掌天下农桑水利。而在同一年的年底，忽必烈正式把司农司提升为大司农司，首官大司农卿秩正二品，主掌农桑、水利、学校、饥荒之事，任务就是要让农事有成，同时在大司农司下添设巡行劝农使、副使各四员，任命重臣孛罗兼大司农卿。忽必烈言："司农非细事，朕深谕此，其令孛罗总之。"[1]

从1211年蒙古南下攻金到1234年金朝亡国，北方人口伤亡流离者众，农业生产受到很严重的破坏。华北地区的农业能够恢复，是元朝稳定统治的象征，也展现出元朝对于农业生产的重视。以汉地传统进行的官方劝农，还带有社会规训的功能，在统治文化上是一种系统性的进展。

除了中央有大司农司，地方上的路府州县长官都兼着劝农事的官衔，劝农成为考核官员的主要项目之一，每年都必须把当地农事的政绩向司农司、户部申报；三年任满，要在调任文书（解由）内标注任上劝农的成果。也就是说，劝农和地方官的政绩直接挂钩。廉访司的监察官员会固定对地方官劝农桑等政务进行体察和监督，将勤勉的官员申报中央，可能给予升官奖赏，反之，不认真劝农者也可能被降职。

---

① 《元史》卷七《世祖本纪四》，第132页。

元代有一部农书，称为《农桑辑要》，是忽必烈命司农司参考古今农书汇编而成的，颁布给各级地方官，作为恢复、推动农业的技术参考书。当时华北地区有蒙古、契丹、女真、高丽、党项和来自西域中亚的色目人定居，他们都可以参照这本技术手册来参与农业发展。

元代独特的劝农设置还有"立社"，即在农村以五十家为一社，从这五十家内推选年长、通晓农事的人担任社长。社长的工作和宋代以来乡都制下专门负责催收赋税的里正、主首不同，他专门劝农事、管理义仓、劝诫游手好闲之人以及宣导政府的政令等。同时，乡村也以社为单位，兴办社学，传扬儒家的孝悌伦理。

和农业生产恢复相辅相成的是水利建设。忽必烈在中统二年（1261）任命王允中和杨端仁在今天的河南济源、沁阳、孟州一带，修复广济渠，全长677里，可灌溉田地3000多顷。隔年，又命郭守敬（1231～1316）提举各地河渠，也就是掌管全国的水利兴修。郭守敬是一个全能型的技术官僚，精通天文、数学和水利技术，京杭运河在北京的通惠河段，就是由他主持开凿。可以说现今北京城内的水系，大致上是由郭守敬设计和奠定的；银川河套的唐来渠、汉延渠也是由他疏浚的，恢复了河套的灌溉系统。明代人也承认"元人最善治水"。

4. 官学和书院

设立地方官学和书院，是以往朝代就存在的传统。对于蒙古统治者来说，兴儒学是其文化适应的显著现象。唐代以来，地方的州县学就有不错的发展，宋代以私人讲学为主的书院开始兴盛，而蒙古入主后，不仅恢复、兴建各地的州县学，还将著名的书院都收为官学，由政府提供财政支持。

大多数人都知道，元代在忽必烈一朝没有举行科举，即使有很多儒士不断建言开科取士，但始终没有实现。然而从中央到地方，教导儒学的各级学校，受到统治者的支持，遍地开花。在儒士的建请下，中央设立了国子学，并任命北方著名的儒学宗师许衡（1209～1281）为第一任国子祭酒。国子学主要是选取贵族子弟入学，也招收部分平民子弟为陪读生，又设国子监负责掌管国子学的教育与规范。元朝所建的国子学就在今天北京雍和宫的西面，同时建有孔庙，至今还有碑刻留存。地方上，官办儒学校也非常普遍，在各路（地方的行政单位，机构称总管府）设提举学校官，由博学儒士担任，负责官学的工作。统一江南之后，忽必烈在南方设置省级的儒学提举司，专门掌管儒学教育，许多著名的江南大儒，如和国子祭酒许衡齐名的理学家吴澄（1249～1333）就担任过江西行省的儒学副提举。兴办儒学校是蒙古统治者理解文治的重要举措，等到元仁宗（1311～1320在位）恢复科举，各地的儒学提举司负责为乡试举子延请考官和命题。

书院是私人讲学和民间理学教育的重要机构，中国有白鹿、石鼓（嵩阳）、应天、岳麓四大书院，周敦颐、朱熹等大学者都曾在书院传道授业。书院是社会精英思想文化传承的摇篮，也是学习举业为主的官办儒学之外的另一种重要教育形式，所谓程朱理学，便是诞生于书院的自由讲学、传播。书院的发展对中国的思想文化建设贡献卓著。元代的书院则被官学教育体系收编，最主要的做法是书院的山长（校长）成为领取国家俸禄的教官，由政府提供财政支持；山长和路州县的官学教官可互相迁转，如县的教谕可以去担任书院的山长，山长也可以升迁为路、州的儒学教授，还能出职为行政官员。在国家力量的支持下，元代的书院发展远比宋代更盛。必须注意的是，书院的官学化，也使课程内容失去了原来的自由度，行政管理介入书院的发展，除保护书院的存续，也限制了思想的野蛮生长。由于书院本来就是传播程朱理学的重镇，元朝中央政府对书院投资，反倒成为程朱理学最强有力的保护者。在元仁宗举行科举时，就确立以程朱注释的四书五经为考试的教科书和标准答案，这意外地导致程朱理学成为明清科举的最高指导。

5. 儒学教官与儒户

对元代历史认识不深的人，常常提到元代儒士（读书人）的地位非常低，只比乞丐好一些，即"九儒十丐"之说，这其实是一个长期的曲解。儒学在唐宋以来，占据文化指导地位，可说定于一尊，但是到了元代，由于蒙古统治者对于儒学的理解较浅，将儒学、道教、释教视为一类，儒学遂从独尊成为诸教之一。另外，也因为元朝以游牧民族征服南宋，统治江南，这是亘古未有的变局，郑思肖、谢枋得等江南士人特别难以接受，故生发"九儒十丐"的感叹。这反映的是他们的心理落差与受到的冲击，但无法呈现事实。元朝统治者虽不独尊儒学，然如同上述，对于儒学教育有一套完整的官方系统，对儒户还有赋役上的优待措施，在没有科举的时期，读书人也能通过专业化的学官系统进入仕途。

元朝在兴办学校的同时，还有一个重要的举措，就是儒学教官的制度化。儒学教官，最早可以上溯到秦汉的五经博士，宋代因为科举规模扩张，落第者的数量也庞大，所以部分下第儒士就被安排去担任地方的儒学教官。元朝设立国子监和各行省儒学提举，职位大多由汉族儒士担任，路、府、州、县各级学校的教官也都是儒士。路有教授、学正、学录，州有教授、学正，县则有教谕。这套学官系统，可以依照资历升迁，达到教授就有转官资格，进入行政系统，可说是比宋朝更为规范的制度。

教官的待遇确实不高，升迁也耗费时日，但这并不是针对学官的阻碍，元代的基层官员都有类似困境。在没有科举的时间里，各级儒学校提供许多职位给读书人，学官也是一条仕途，职位清要，儒学的传承依然在各级学校中活跃，并未因为元朝统治而委顿。

忽必烈虽然对儒学一知半解，但是在金朝儒士元好问和张德辉的建议下，他乐于接受"儒教大宗师"的尊号。元朝政府对于儒士的优待，主要体现在独有的儒户制度上。元代户籍类别五花八门，儒户是诸色户计中的一种，举凡祖先父辈中有名儒或曾从事儒业者，都可定为儒户，这种户计身份是世袭的。对儒户的优待是免除徭役、差役，不过赋税还是要缴。整体而言，学儒的读书人确实失去了宋代的尊荣地位，但儒户也的确是对儒士的一种照顾。虽然儒户的户计身份是固定的，但元廷并不禁止非儒户子弟入学习儒，优秀者也可以当教官，能参加科举，唯一的差别是，非儒户不享受免役优待。

同样，我们不应该忽视有很多儒士很早就投靠蒙古政权，为元朝的统一与统合出谋划策，如许衡、郝经（1223～1275）这些硕学大儒，都在元朝的建立过程中，起着很大的作用。从文化上来看，他们认为"能行中国之道，则中国主也"，将道置于政之上，使"华夷之议"更具弹性，即使是少数民族入主，也能成为正统王朝。元朝统一江南之后，南方士人如吴澄等也进入朝廷，他的观点和北方的许衡、郝经一脉相承。吴澄是理学北传的关键人物。北方在金朝和元初理学发展并不兴盛，大一统之后，南方理学家大批到北方宣讲理学，南北学术产生交融，这也是元朝结束长期南北政局对峙的结果。

此外，对儒学在元代跨族群发展的意义也必须重视。各族人士儒化是一种显著的现象，明朝的开创者朱元璋曾这样说：

> 昔者圣人居中国而治四夷，来宾者甚多，效文者甚寡。自中国宋君靡政，天下不驭。北夷元世祖入主，其文武才能，不求备于一士，可谓之天人矣。若名能于一艺，当用之，时虽一艺不能备者，则不用焉。当是时，元得一士而立纲纪，明彝伦，半去胡俗，半用华仪，中国得生全者，我汉儒许衡是也。如此者不三十年之间，华夷儒风竞起。人虽不为名儒，昔之不效者，今识字矣。所以云从龙，风从虎，圣人作而万物睹。信有之。[①]

明太祖认为在众多汉人儒士的努力之下，元朝许多蒙古人、色目人都受到儒风的影响，最不济也能识得一些汉文，展现出儒学的跨族群传播。

三　多族士人圈的形成

元朝是一个由少数民族建立的大一统王朝，但在人口比例上，汉族仍占绝大多数。从文化发展的层次来说，汉文明的优势也显而易见，社会上早已形成知识精英阶层，并且有明确的群体认同，亦即所谓的儒士。从漠北、中亚和欧洲来到中原汉地的一批蒙古人、色目人，或出于政治发展的

---

① （明）朱元璋：《明太祖集》卷一六《辩答禄异名洛上翁及谬赞》，胡士尊点校，黄山书社，1991，第346~347页。

需要，或是个人对汉文化、广义儒学的喜爱，逐渐儒化，使得在元代出现了多族士人圈的现象。非汉民族学习或采用汉文化，元廷从未禁止，甚至在许多方面还有鼓励的措施。这是出于实用的目的，元廷乐见蒙古人、色目人多学习汉人有助于治理汉地的学问与方法。

元仁宗恢复科举，分左右两榜取士，蒙古人、色目人是右榜，汉人、南人是左榜，两榜试题的难度有不同。我们应该如何看待这个特殊的政策？过去许多人把它当作民族区别对待、压迫和不平等的证据，但是否真是如此简单？这种区分主要基于考试题目皆出自儒家经典，用汉文作答，汉族人士占有先天的优势。元朝政府为了优待蒙古人、色目人，录取名额采取族群、区域双重配额制，第一层乡试中每一大类族群各取 75 名，在大都会试时，则三中取一，各 25 名，共 100 名。但这样的配额设计，对于读书风气最盛的江南学子来说，就很不利，该地区录取率相对低，竞争也特别激烈，这也是为什么江南士人常有诗文流露对当时政府的不满。另外，如果从跨族群的涵化角度思考，有志参加科考的蒙古人、色目人则受到较大的鼓励，他们想取得好成绩，就必须深入研习儒学，精熟运用汉文书写，甚至前往江南接受儒学教育，这极大地促进了跨族群的儒学传播。元代中后期，已经涌现出一批书画经史造诣颇高的蒙古、色目儒士，这就是元代多族士人圈形成的主要背景。

1. 四类人与色目人的华化

关于元代的四类人，首先应当理解"色目"一词，这可不是"有颜色的眼睛"之意。以往认为元代社会有蒙古人、色目人、汉人、南人四等人的区分，但误解也很明显。首先，元代的法律从未明文规定有四等人，我们可以在文献上看到这几种称法，但实际上所谓"四等人"更贴切地说应是"四类人"，因为他们之间不是一种社会阶级的关系，可以混居、通婚、交游。这样的区分，主要是基于统治上的方便、征服的先后顺序和与蒙古政权之间的亲近关系。"蒙古人"被称为国人，指的是蒙古草原上由成吉思汗统一的各部落，这些部落人民本来的宗教信仰、语言和血缘也并不一致。"色目人"是泛指来自中亚、欧洲的族群，降服较早，其中的西域商人更因擅长理财，特别受到蒙古皇帝的信任。"汉人"不是单一族群，而是指华北地区的汉族、高丽、契丹、女真、渤海等，亦即原金朝治下的各族群；四川和云南的人民在科举考试的配额中，也被归入"汉人"一类，这是因为这两地在征服战争中，较早被纳入统治。"南人"则是指南宋政权治下百姓，因最晚归附，相对而言在任官的政策上，南人比较不受重视。总之，我们不应以印度的种姓制度或南非的种族隔离比拟元朝的族群政策，这并不符合事实，南人的许多不满，主要是相对剥夺感所致。

蒙思明先生指出"色目"一词源于中国典籍的"各色名目"，是各式各样、难以分类之意。元代官方文书中，色目人通常指来自中亚、欧洲的穆斯林和基督教徒等。关于色目人对于汉文化的接受，最经典的著作是陈垣先生的《元西域人华化考》，书中展示居住在汉地的色目人基于各种理由，在不同的领域展现所受汉文化的熏染和高深造诣。陈垣先生认为最高层次的华化，不仅是学习儒家经典，而且是放弃原有的文化认同。

元代有许多著名的诗人、画家、书法家等都是色目人，他们的作品很多都被收藏在博物馆中成为国宝。萨都剌（1272～1340）[1]、丁鹤年（1335～1424）、余阙（1303～1358）都以诗驰名，水平之高，很多汉人都望尘莫及。在平宋战争中居功厥伟的勇将阿里海牙（1227－1286）是畏兀儿人，他的孙子名为贯云石（本名小云石海牙，1286～1324），是一位出色的元曲家。高克恭（1248～1310）、康里巙巙（1295～1345）都是精通绘画和书法的西域人，元人诗提到"近代丹青谁最豪，南有赵魏北有高"，[2] "赵魏"指的是大名鼎鼎的南宋皇族、书画名家赵孟頫（1254～1322），而"高"便是高克恭，由此可见其绘画水平之高。巙巙的父亲不忽木（1255～1300）是忽必烈后期的宰相，不忽木受大儒许衡的教导，家族儒化甚深。巙巙在这种环境下成长，任职于翰林院，擅长书法，是元朝后期最杰出的书法家。这些各领风骚的色目精英，在汉文化上的造诣完全不逊于汉族人士。他们

---

① 萨都剌卒年系据王德毅等编《元人传记资料索引》，台北：新文丰出版公司，1982，第2072页。

② （明）张羽：《静居集》卷三《临房山小幅感而作》，上海涵芬楼影印江安傅氏双鉴楼藏明成化本，页17a。

的书画诗文并非只是展现域外民族个人的才气，也可视为族群相互涵化的结果。

穆斯林族群在色目人中华化的形式比较特殊，他们大多分散在中原、江南，采用汉文为共同语言，但依然保持本来的信仰，这可说是元朝对各种宗教采取各从本俗、包容并蓄的宽松政策的结果。也正因为这种文化环境，色目人自发性的华化，更具有意义。

值得注意的是，也有转变信仰的罕见特例。丁鹤年出身回教世家，经历元、明两朝，自身通《诗》《书》《礼》等儒学经典，他的姐姐是载入《明史》的著名女性丁月娥，据称丁鹤年的经史都是她亲自教导，其家族是一个深度儒化的家族。丁鹤年擅长唐律诗，有文集传世，晚年学习佛法，居住在宁波、杭州一带，不仕明朝，是元代的色目遗民。我们无法确定他是否因学佛而完全放弃伊斯兰信仰，但入佛（禅宗）绝对是其意识形态上的重大转变。

2. 蒙古人的华化

元代色目人多习汉学，从《元西域人华化考》发表以来，已成学界共识。关于蒙古人华化的情况，以往比较注重研究元朝皇帝的汉文化造诣，日本的吉川幸次郎、德国的傅海波（Herbert Franke）以及傅申、姜一涵等学者，都认为元代中后期的皇帝嗜爱汉人艺文，自身的汉学水平也颇高。萧启庆教授有两大名篇——《元代蒙古人的汉学》和《论元代蒙古人之汉化》，提出明确证据说明蒙古人对汉族的儒学、文学、美术研习已蔚为风潮。这种现象出于三个原因：一是蒙古和汉族共为邻里，姻娅相连；二是政府基于治理汉地需要，不希望完全依赖色目人、汉人，故提倡蒙古人研习儒学；三是对下层蒙古人的利益引诱，研习汉学对于不具备显赫家世的蒙古人来说，是敲开仕宦之门的一种途径。

研习汉学的蒙古人，阶层涵盖政治亲贵到社会人士，他们在经术文史各方面都取得了杰出的成就，甚至还成为儒学发展的积极推动者。元朝中期恢复举行科举，分为两榜，右榜名额专门提供给蒙古、色目族群，考题相对简单，有利于出身不佳的蒙古人入仕，他们有机会凭借对儒家经典知识的掌握，考上进士，攀登仕宦的青云梯。即便没能在科举上成功，也往往因研习儒学成为蒙古族雅士，落拓江湖，与社会中的汉族士人以文相交。

除了儒学书画等，我们还可以从哪些方面观察到蒙古人受汉文化的影响呢？元代有许多蒙古人已经习惯采用汉名、汉姓，甚至也有用字、号的习惯，他们即使还保留着蒙古名字，但与人交游时，都优先用汉名字号，显然这是士人圈中的惯例。某些儒家特有的道德规训，也影响了蒙古人。元代可以看到部分蒙古人接受汉人守孝的习俗，有些蒙古官员因守丧而主动去职，但法律上并未如此规定。原本流行于北方社会和北亚民族中的收继婚俗，即丈夫死后，寡妻由丈夫的兄弟或没有血缘关系的儿子收继，在汉文化影响较深的蒙古家庭中也被摒弃，妇女在丈夫去世以后，开始坚持守节不改嫁。

不过我们也应当承认，由于先天文化背景的限制，蒙古人的汉文化平均水平不及色目族群，主要的原因有几方面。首先，其原有文化与汉文化的差距过大，农耕文明和游牧文明在价值取向上南辕北辙，分歧颇深。其次，蒙古人以少数民族身份统治人数远胜于己的汉族，他们必须采取一些特殊政策来保持本族的优越，这种优越越往上层越明显，和清朝对旗人的优待类似。这也使得他们以居高临下的姿态看待汉地的各种文化，融合的阻碍较多。再次，元朝的统治者为了保证自身统治的合法性，不能仅以中国的皇帝自居，施政立法也要考虑蒙古"大汗"的角色，否则会引起严重的政治问题，动摇统治根基。最后，如同前述，元朝的文化政策是各从本俗、多元并蓄，例如畏兀儿知识人和中亚的伊斯兰精英都是汉文化的竞争对手。畏兀儿人较早降服于蒙古，深受蒙古人重视，他们之间语言相似，历史渊源深厚，最初的蒙古文就是畏兀儿知识人以回鹘字母拼写的。而吐蕃和伊斯兰的宗教文化，也同样受到蒙古统治者的欢迎。这些复杂的因素，造成元代蒙古人在面对汉文化时，较难放弃本来的文化认同，视汉文化为独宠。加上统治时间较短，未形成像清朝那样的"外满内汉"的格局。

尽管如此，有相当数量的色目人和蒙古人发生不同程度的汉化和儒化，蔚为风潮，亦是事实。从元朝成立开始，忽必烈就经常下令让通蒙语的汉人或畏兀儿人对儒家的经典进行翻译，翻译和阅读文本，是一种较为全面的文化浸润。而这些较早受到汉文化（儒文化）影响的色目人或蒙古人，则是突破不同文化的重要介质，他们和汉族中的杰出士人频繁交往，扩散影响，渐渐构成一个超越族群的多族士人圈，并逐渐成为多族士人圈的带头人。这显示出虽然民族之间有分别，政权之间有界线，但文化突破族群差异和国界的力量，不容小觑。多族士人圈的形成，是元朝不同族群之间的特有与重要现象。

3. 汉人的蒙古化

人类学者认为文化互动不只存在"同化"（assimilation）现象，更多时候是"涵化"甚至是"交叉文化"（transcultural）的过程。亦即不同文化的相遇，往往不是一种文化吞噬或消融另外一种，而是互有影响，最终也可能产生第三种文化。在色目人、蒙古人受汉文化影响的同时，汉人其实也在发生蒙古化的现象，不过元明鼎革之后朱元璋刻意地整肃风俗，使元朝时受到蒙古文化影响的汉人与留在汉地的蒙古人、色目人，都被迫或自愿地向汉文化倾斜。

有关元代汉人受蒙古文化影响的情况，学界的认识存在分歧，某些西方学者认为下层民众受蒙古文化的影响较多，上层精英士人则不太受影响。但根据《明实录》的记载，明初中国的"胡化"现象很显著，从语言、服饰到各种习俗，乃至国家的基本制度，都可见蒙古文化的浸润，上层精英也不太可能置身事外。那么，元代时汉族受蒙古文化影响情况如何？

首先，元代汉族人士的蒙古化，最先起于学习和掌握蒙古语言文字。这也是一种很正常的现象，因为官方使用的就是蒙古语言文字，要在各级政府工作或与达官贵人往来，都有学习的必要。汉族人士学习蒙古语大致有三个发展阶段。第一阶段是前四汗时期（成吉思汗、窝阔台、贵由和蒙哥统治时期），这一阶段学习蒙古语的汉人，主要局限于被蒙古军队和贵族掳掠的幼童及投降蒙古的汉军世家，还有原来金朝治下的中原士人等。第二阶段是元世祖忽必烈到成宗朝，此时随着蒙古统治的扩展和稳定，汉人学习蒙古语言文字，逐渐成为一种潮流，汉族通过官办的蒙古字学学习掌握蒙古语言文字（此时主要是八思巴字，又称蒙古新字，八思巴字最初颁行于北方，统一江南后也推广到了南方）。学习的人群不再局限于被掳掠或投降的群体，中下级官员及其子弟还有一些社会上的人，都开始学习蒙古语，主要是实用或者希望获得仕进的机会。第三阶段是从武宗朝到元末，这段时间学习八思巴字而掌握蒙古语的汉人遍布南北各行省，因为八思巴字颁行之后，各级官府的公文都用这种蒙古新字来书写，连官印上刻的也是八思巴字。但不通晓的官员还是不少，因此需要大量的翻译人才居中服务。许多汉族儒士子弟就去充当通事或译史，这是一条出路很不错的入仕途径。这一类吏员熬够年资，出职为官甚至能一举获得六品的中级官职，完全不逊于科举入仕。

民间为了因应学习蒙古语的需求，针对一些常用词进行蒙汉对译，编辑成册。如福建一带的民间书坊刻印、销售《至元译语》，又称《蒙古译语》，类似现代的外语速成书，在当时广泛流传。而蒙古用语也渗透进了民间市井，从一些元曲中就能找到例证，像是"霸都鲁""撒花"等。这些蒙古语进入民间戏曲，展现了两种语言的涵化现象。

汉族人士也常见改用蒙古名，如同蒙古人受汉文化影响，也有改用汉式名字，或者采用标榜德行、彰显个人风格的文人字号。在蒙古帝国时期，懂蒙语的人主要为被掳掠为奴或降蒙的军事家族及其子弟，其中大部分由大汗和贵族赐蒙古名。这种赐名并没有多大的深意，但受赐者的后人往往将之视为一种荣耀，在追载前人事迹时着意写入碑记之中，这使得改用蒙古名字所代表的文化和政治意义特别突出。元世祖立国中原之后，汉族军政官员子弟和担任怯薛宿卫士的汉族人，也大多改用蒙古名，下层官吏及平民改用蒙古名字的情况亦日渐增多，除了实际需要，也成为一种文化流行。此时还出现了汉姓拼合蒙古名的现象，例如王拨都、张察罕、赵哈剌等。从地域来看，用蒙古名的汉族人开始从北到南扩散。武宗朝到元后期，采用蒙古名字的现象更加普遍，地域遍及全国，尤其是地方上的中下层官吏。此时皇帝、贵族赐名的情况很少，基本上是自主更改。蒙汉合璧的取名方法甚为流行，有的人会找一个常见的蒙古名字，恰好发音符合自己的汉姓，可说取蒙古名成为一种市井城乡普遍的时髦。当然，其中有些汉人其实是想冒充蒙古人取得一些好处，而取蒙古名字的汉人，也并不一定通晓蒙古语言。

除了学习蒙古语言文字、取蒙古名，习俗方面也有蒙古文化的渗透。首先是婚俗。我们知道收继婚是北方民族的风俗之一，而在儒家文化指导下的宗法农耕社会，这有悖伦常，较难接受。但北方的汉族历经辽、金两朝统治三百余年，和北亚各民族的文化融合较深，收继婚俗在华北社会中已广为接受。元朝统一南宋前后，朝廷曾正式颁布容许汉族收继婚的诏令，汉人行收继婚的现象因此有所增加，甚至江南地区也开始出现。即使后来政府修改法令，按各从本俗原则，禁止汉族实行收继婚，但法令落实和地方行之有年的习俗之间存在距离，收继婚事实上并未禁断。不过也应当注意，这种现象主要集中在汉族中相对贫困的家庭，其中往往还有经济上的考虑。同时应当认识到，收继婚本质上和儒家传统礼法相悖，士人家族甚为排斥，因此在汉族社会中，一直受到主流价值观的批判。

元朝从未禁止不同族群之间的通婚，所以蒙古家庭中出现了许多汉人女子，有些是其自身蒙古化了，也有因为母亲的汉族背景，影响了蒙古家庭后代的文化倾向。同样地，也有少部分蒙古女子嫁给了汉族家庭，这种情况往往促进男方家庭的蒙古化。曾有一个叫郑鼎的人，他的儿子娶了一位蒙古妻子，他的孙子不仅通蒙语，用蒙古名，甚至"辫发胡服"。即使没有娶蒙古女子，当时南北方汉族中"辫发胡服"的例子也为数不少，重点是这并非出于政府的政策，是民间自主的选择。元朝政府对于服饰发式的要求同样是"各从本俗"，除官员有身份上的官品礼服规定外，一般民众并未受到干预。文化的影响也不是单向的，比如宫廷的怯薛宿卫士的服饰，主体是蒙古式，但细节上也加入了唐巾、幞头等汉式装扮。

这些蒙古化的汉族人，也有程度的差别。长期在宫廷中充当怯薛的汉人，因世代任职，部分蒙古化程度较深，比如在宫廷充博尔赤（司膳）的常姓和贾姓两个家族，原籍都在燕云十六州一带，因厨艺高超，从成吉思汗到元成宗朝，世代任博尔赤。蒙古统治者特别看重掌管御膳的博尔赤，毕竟这是一种需要取得特别信任的执事。常氏和贾氏与蒙古皇室的关系也很亲近，常氏家族成员能够出入大内，连续四代都使用蒙古名字，甚至皇帝后妃亲赐宫女婚配；有常氏后人被元成宗收为养子，住到宫中，皇帝还亲自给他办了婚礼。

结　语

国内外很多著名学者近年来都关注到宋元明之间的变化与延续，对元朝在其中的重要性已成共识。要真正理解近世的中华民族史，对元朝的历史意义在各方面的深入认识不可或缺。虽然明朝曾高举"驱逐鞑虏、恢复中华"的旗帜、强调蒙古统治的异质性，且在日本学界的影响下，网络上也流行"崖山之后无中华"的论调，但元朝和中国历史发展之间的关系是不能否定的，蒙古统治带来的不只是断裂，还有许多延续，尤其是在文化层面，这些应当受到重视。讨论中华民族的演进，如把元朝略而不论，或过度诠释元朝的异质性，都将使我们无法真正地把握中国历史的问题。例如所谓的君主专制发展，尽管宋代中央集权的程度已经很高，皇帝也有独断的一面，但制度文化上，皇帝必须和士大夫共治天下，何以到明清会走向皇权至上的发展道路，宰执大臣面对皇权越来越无能为力，沦为皇帝的奴仆？如果把蒙古原有政治文化对汉式官僚制度的渗透纳入思考，或许可以找到答案。

主要参考文献

李治安：《元史十八讲》，中华书局，2014。

萧启庆：《元代的族群文化与科举》，台北：联经出版公司，2008。

萧启庆：《内北国而外中国：蒙元史研究》，中华书局，2007。

萧启庆：《九州四海风雅同：元代多族士人圈的形成与发展》，台北：联经出版公司，2012。

〔德〕傅海波（Herbert Franke）、〔英〕崔瑞德（Denis Twitchett）编《剑桥中国辽西夏金元史》元代卷，中国社会科学出版社，1998。

Morris Rossabi, *Khubilai Khan: His Life and Times*, Berkeley: California University Press, 1988.

第七讲 藏人东行：元明时期藏族人 向内地的流动

罗　宏

历史上不同社会、不同族群之间的联系与发展，人群的流动是其中一个最重要的因素。人与人的接触和互动是不同文化交往、交流的基础。13世纪以后，青藏高原与内地之间在政治、经济、宗教、文化等方面的交流和联系较之前代逐渐增多，人员往来十分频繁，达到了一个历史的高峰。有元一代，藏传佛教在朝廷的支持下得到发展。元朝统治者普遍皈依藏传佛教，许多藏传佛教僧人因此远赴内地，涌入元大都、江南等地，并且长期留居。明代多封众建，召请藏地僧俗朝贡、游历，并给予各种优待，使得赴内地朝贡的藏传佛教僧人和地方首领成倍增加。元明两代，藏人在内地的政教活动十分活跃，达到了一个空前的高度。整体来看，这一时期藏人向内地的流动增进了藏人对于内地的认识和了解，为藏地财富的积累和社会变革、发展积蓄了力量，同时也丰富了内地的多元文化，增进了王朝国家内部政治、宗教、文化的交流和东西之间的互动与联系。这一点在倡导铸牢中华民族共同体意识的今天具有重要的启示意义。

一　历史背景及影响因素

元明两代青藏高原藏族人群向内地的大规模流动，有着深刻的历史背景和条件。

第一，就是大一统王朝国家的建立。元明两朝是中国历史上又一个大一统时期。1206 年，成吉思汗统一蒙古各部，建立大蒙古国。蒙古汗国先后攻灭西辽、西夏、金等政权。1247 年，萨迦派首领萨迦班智达·贡噶坚赞应阔端之邀赴凉州会谈，自此长期分裂的西藏地方被纳入蒙古统治。1260年忽必烈即位，1271 年改国号为大元。1279 年元灭南宋，结束了自唐末以来多政权并立的局面，实现了大一统王朝国家的巩固与发展。元末经历了短暂的农民起义和地方割据。1368 年，朱元璋称帝，建立明朝，在逐步结束中原内乱的同时，又派人前往藏地招谕归附，基本实现了国家的统一。13～17 世纪近四百年大一统局面的形成，一方面将西藏地区纳入王朝的统治，另一方面为青藏高原人群向内地的流动奠定了坚实的政治基础。民族交往、交流与交融因此进入一个空前活跃的历史时期。

第二，元明两代对藏传佛教的尊崇，极大地促进了藏人的东向流动。元朝统治者普遍尊崇和信仰藏传佛教，在宗教政策上对藏传佛教在青藏高原和内地的发展非常支持。根据《元史》的记载，元代建立后，作为统治阶级的蒙古族上层对佛教的崇尚程度，超过以往任何朝代。忽必烈即位之后，命萨迦首领八思巴为国师，后晋为帝师，统领全国佛教和吐蕃地区事务。八思巴之后，帝师这一职务多由萨迦昆氏家族成员出任。藏传佛教，特别是萨迦派因此获得了非常高的宗教和政治地位。1260 年，忽必烈在大都设立了中央一级的宗教机构——释教都总统所，随后又在地方各路也相应设立了诸路释教总统所，派驻僧人管理全国佛教事务。这些僧人中很多都是藏传佛教萨迦派高僧。明初洪武时期，出于统一天下和稳固统治的考虑，朱元璋对于藏传佛教在内地的活动持鼓励态度，多次诏令许允德等僧人及官员赴藏召请僧俗前往南京归附和朝贡，并在诏书中明确指出："今朵甘思、乌思藏两卫地方诸院上师，踵如来之大教，备五印之多经，代佛阐扬，化凶顽以从善，启人心以涤愆。朕谓佛为众生若是，今多院诸师亦为佛若是，而为暗理王纲，与民多福。敢有不尊佛教而慢诸上师者，就本处都指挥司如律施行，毋怠。"① 对于

---

① 《高皇帝御制文集》卷一《护持朵甘思乌思藏诏》，明嘉靖十四年刻本。

来归的藏传佛教僧人，明王朝按照等级高低，分别授予其法王、教王、灌顶大国师、灌顶国师、大国师、国师、禅师等封号。对世俗首领也同样授予相应的官职。与此同时，朝廷对藏地朝贡的时间、人数、礼仪等也做了规定，并且给予数倍于贡物的回赐。这些举措大大刺激了藏地僧俗来朝的积极性，使得藏地朝贡使团人数呈逐年上升之势。

第三，交通的改善为这一时期藏人向内地的流动创造了便利的条件。为了方便通达边情，布宣号令，元代曾大力修建从西藏到内地的驿道和站赤系统。藏人因此得以十分方便地往来于西藏和内地。据史料记载，当时驿路的主要利用者大多为藏传佛教僧人。他们穿梭往来，人数比朝廷及各行省派出的王公、官员还要多，以致"络绎道途，驰骑累百，传舍至不能容，则假馆民舍"。[①] 元代西藏赴内地的驿路主要是沿着唐蕃故道，由青海、陕西进出内地与西藏。当时的西北地区及邻近的康区北部一带因此成为朝廷、朵甘、乌思藏使者往来以及茶马贸易的要地。明初朝廷修缮和恢复了元代通往藏区的驿道。成化以后，经康区南部，连接内地与朵甘、乌思藏的川藏道被定为官道，逐渐成为明代藏地僧俗往来的另一交通要路。宪宗成化三年（1467），朝廷就下令凡是从乌思藏来的朝贡者，不得由洮州、岷州等地进入内地，而须取道四川，并以此为例。自此，川藏道真正成为内地入藏的正驿。成化六年（1470）四月，朝廷再次重申了乌思藏赞善、阐教、阐化、辅教四王朝贡俱由四川路赴京的规定。这一举措是自唐蕃时代以来朝廷在对藏交通问题上的一次重大转向，使得汉藏间交通的重心开始由西北南移至四川和康区。需要说明的一点是，藏地僧俗朝贡沿途所使用的马匹、车辆、船只及食宿等，都由朝廷承担。这些都为藏人流入内地提供了极大的便利。

第四，藏传佛教各派寻求外部支持成为西藏社会各人群流入内地的内在驱动力。上述三点都是基于元明两朝的立场，从史实层面对藏人东向流动的历史背景和条件等因素予以分析，这一点则是从藏族社会本身的角度来对这一时期藏人流入内地的内在原因进行阐释。10 世纪以后的西藏社会

---

① 《元史》卷二○二《释老传》，中华书局，1976，第 4522 页。

朝着宗教性社会方向发展，进而导致了西藏内部世俗政治力量的衰退和弱化，也使得其政权呈现出一种特殊和不完善的形态。这一现象在一些统一地方政权上表现得尤其明显。因而，西藏本土宗教力量及其所代表的政治势力，客观上产生了一种寻求与外部更强大的世俗政治力量相结合，以支撑其发展的内在需求和动力。元明两代西藏地方历史演变的大趋势基本遵循这一逻辑和规律。如 13 世纪藏传佛教萨迦派和噶举派，其宗教首领八思巴、噶玛拔希无不寻求与元朝宫廷之间的宗教和政治联系，以扩大自身在西藏社会内部的影响力。15 世纪初新兴的格鲁派建立之后，宗喀巴的弟子释迦也失两次赴汉地朝觐明朝皇帝。1578 年 12 月，三世达赖喇嘛索南嘉措亦曾在甘州地方致书明朝宰辅张居正，表达了他对皇帝和朝廷的关心。这些宗教领袖主动与中央王朝的接触，得到了朝廷的积极回应，对于提升各派在藏地的势力有着积极的意义。这一点无疑也是元明两代藏人向内地流动的内在驱动因素。

二 代表人物及相关活动

在上述历史背景和因素的影响之下，藏地僧俗大量涌入北京、五台山、江南等地，络绎道途，蔚为大观。这些人在内地的活动涉及传教弘法、任职、朝贡、游历等政教和社会生活的各个方面，在历史上留下了不可磨灭的印迹。兹就其中一些代表人物及其活动进行简要介绍。

1. 八思巴

1239 年前后，蒙古汗国阔端太子派部将多达率军前往西藏。杰拉康之战后蒙古开始寻求与藏传佛教主要领袖建立关系。京俄仁波且·扎巴迥乃向蒙古人推荐了萨迦班智达·贡噶坚赞。阔端于是写信并派人召请萨迦班智达前往凉州（今甘肃武威）。1246 年 8 月，萨迦班智达携八思巴、恰那多吉兄弟等人抵达凉州，并于 1247 年初代表吐蕃僧俗势力同阔端商谈西藏归顺蒙古之事，史称"凉州会谈"。会谈之后，萨迦班智达向阔端讲经说法，并为其治病，使得后者生发了对藏传佛教的信仰。此后，阔端在凉州为萨迦班智达修建了一座藏传佛教寺院——幻化寺作为其驻锡之地。1251 年，萨迦班智达在凉州圆寂，享年 70 岁。萨迦班智达圆寂后，17 岁的八思巴继任萨迦法主，并在凉州生活多年。1252~1253 年，忽必烈用兵大理前夕，在六盘山召请八思巴。1253 年，八思巴为忽必烈传授了喜金刚灌顶，并于次年前往内地。1257 年，八思巴赴五台山朝拜，并写有赞颂，开启了藏传佛教与五台山的宗教联系。1258 年，八思巴在忽必烈的支持下在开平府同道教举行辩论，扩大了其在内地宗教界的影响。1260 年，忽必烈即大汗位，同年以八思巴为国师，统释教。此后八思巴长驻大都，协助忽必烈处理朝廷佛教和西藏事务。1264 年，八思巴动身返藏，至 1268 年底或 1269 年初回到大都。1270 年，八思巴再次为忽必烈灌顶，并颁行创制的蒙古新字——八思巴文。忽必烈授予八思巴"大宝法王"的封号，晋升其为帝师，以乌思藏地区十三万户为其供养地。自此，帝师在元朝始成定制。帝师作为元朝皇帝在宗教上的老师，总领宣政院和全国佛教事务。该职位多由萨迦昆氏家族成员或八思巴弟子门徒担任，并且需在大都任职。八思巴在大都期间，主持内廷等佛事活动，向朝廷举荐佛教方面的人才，组织翻译经典，修建大护国仁王寺、西镇国寺、大圣寿万安寺等藏传佛教寺院。1271 年，八思巴出居临洮三年，至 1274 年在真金太子的护送下返回萨迦。1280 年，八思巴在萨迦寺圆寂。

2. 噶玛拔希

噶玛拔希是 13 世纪前半叶噶玛噶举派的一位重要代表人物，开创了藏传佛教活佛转世制度。他出生于康区哲垄丹巴却秋地方（今西藏自治区江达县境内）。1240 年，蒙古军队进入藏北时，他在康区地方传法。鉴于噶玛拔希在康区的巨大影响力，忽必烈在召请八思巴的同时，也邀请了他。1255 年，噶玛拔希到达忽必烈的营帐后不久就辞别，前往甘肃、宁夏、内蒙古一带传教，在甘州、凉州等地修缮了许多残破的寺院，在西夏嘎地耗时 101 天建造了幻化寺，在蒙古和西夏交界处调伏了毒蜂之灾。1256 年，噶玛拔希受蒙哥汗邀请而至漠北。蒙哥汗皈依藏传佛教，并赐给噶玛拔希一顶金边黑色僧帽。此后噶玛拔希一直留在漠北，并与阿里不哥关系密切。阿里不哥与忽必烈争夺汗位失败后，噶玛拔希被忽必烈拘留迫害，至 1264 年获释。随后噶玛拔希返藏，至 1283 年在楚布寺圆寂。

3. 胆巴

元代活动于朝廷的藏族僧人中，除八思巴外，地位和声名显赫，对元朝宫廷影响最大的当推胆巴国师。胆巴原名功嘉葛剌思，西番突甘斯旦麻人，幼年随叔父在萨迦寺学经，1253 年受命前往西印度学佛。至元七年（1270），胆巴随八思巴返回内地后，在五台山建立道场，作诸佛事，并为忽必烈祈雨演法，祠祭摩诃伽剌。八思巴居临洮时，胆巴一直代为处理朝廷的宗教事务，直至八思巴异母弟仁钦坚赞到京任职。1281 年，胆巴奉忽必烈之命，参加长春宫举行的第二次佛道辩论。1282 年，因不容于宰相桑哥，返回家乡。1289 年，胆巴再次回到大都，后又因被桑哥排挤，谪贬潮州。在潮州期间，胆巴为枢密使月的迷失之妻治病，使后者皈依藏传佛教。1290 年，在月的迷失的支持下，胆巴组织重修净乐寺，促进了藏传佛教在当地的传播。1291 年，桑哥失势，胆巴再次被召回大都。元成宗铁穆耳继位后，对胆巴尊崇备至。1303 年，胆巴圆寂。仁宗皇庆年间，被追封为帝师。

4. 达尼钦波桑波贝

关于达尼钦波桑波贝，很多藏文史籍对其生平事迹都有较为详细的记载。达尼钦波桑波贝出身萨迦昆氏家族，为帝师八思巴的异母弟意希迥乃之子。意希迥乃因母亲是侍女出身，地位较低。在八思巴的推荐下，意希迥乃被忽必烈之子云南王忽哥赤拜为上师而随行去了云南，后于当地去世。八思巴去世后，达尼钦波桑波贝赴大都活动。因在萨迦继承权的争斗中失败，被朝廷以违反追荐八思巴规矩的名义流放到江南。《萨迦世系史》对达尼钦波流放之后的去向和活动做了记载："先是被流放到离京城海路二十多程站的一座大城苏州，后来又有圣旨将他流放到再离七程站的一座大城杭州，此后他又到离杭州十程站的普陀山修习瑜伽行。他还曾娶有一汉女，生有一子。主要由一个名叫本钦贡噶沃色的康巴人担任近侍来服事他。"[1]

---

① 阿旺贡噶索南：《萨迦世系史》，陈庆英、高禾福、周润年译注，西藏人民出版社，1989，第 174 页。

这一记载明确说明了达尼钦波桑波贝被流放之后曾在江南地方的苏州、杭州及普陀山修行的经历。而他与汉人女子结婚生子的史实也得到许多藏文史籍的印证。

达尼钦波桑波贝被流放江南地区十五年。至 1287 年萨迦法主恰那多吉之子答耳麻八刺刺吉塔去世，萨迦昆氏家族的事业无人继承，"喇钦扎巴沃色和丹巴则波等人告诉皇帝说：'达尼钦波也是上师八思巴的侄子。'皇帝听后改变了心意，下令说：'如是这样的话，请派人将他从蛮子地方找回来。'"[①] 1298 年达尼钦波桑波贝回到萨迦，继承萨迦法主宝座。其后，他的几个儿子，如贡噶洛追坚赞、贡噶勒贝迥乃坚赞、贡噶坚赞等都先后赴大都担任元朝帝师。

5. 攘迥多吉

第三世噶玛巴·攘迥多吉 1284 年生于后藏的芒域贡塘地方（今西藏自治区吉隆县），5 岁时学经于楚布寺，被噶玛拔希的弟子邬坚巴·仁钦贝认作为噶玛拔希的转世。1292 年，邬坚巴曾应忽必烈之邀赴大都，为忽必烈等人传授了时轮灌顶等教法，后不辞而别返回西藏。1331 年，元文宗遣使召请萨迦派贡噶坚赞到大都担任帝师，同时又派人到楚布寺迎请攘迥多吉一同前往。1332 年，攘迥多吉抵达大都，此时元文宗已逝。攘迥多吉为新立的元宁宗懿璘质班传授了灌顶。其后妥懽帖睦尔即位，攘迥多吉为其赞颂吉祥。1334 年攘迥多吉动身回藏，并在回程中赴五台山等地朝拜、传法。1336 年，元廷再次召请攘迥多吉。攘迥多吉于 1337 年第二次抵达大都，受到盛大欢迎，并为妥懽帖睦尔等人传授灌顶和佛法。1339 年，攘迥多吉离开大都赴上都，6 月 15 日圆寂于上都。

6. 若贝多吉

第四世噶玛巴·若贝多吉 1340 年生于工布阿拉绒地方（今西藏自治区洛隆县境内），1350 年被迎请至楚布寺。从 1357 年起元顺帝及太子爱猷识理达腊多次召请若贝多吉前往大都。1358 年若贝多吉启程，途经朵甘思、朵思麻地方，至 1360 年抵达大都，为元顺帝父子讲经传法。居留一年多后，

---

① 阿旺贡噶索南：《萨迦世系史》，第 174～175 页。

若贝多吉一行准备返回西藏。回程途中，若贝多吉曾前往六盘山、北五台山、凉州、甘州、莫高窟等地朝圣，并修建了百灵寺等噶举派寺院，广做利他之事。

7. 得银协巴

第五世噶玛巴·得银协巴，《明史》称"哈立麻"。永乐元年（1403），朱棣即位之初，便遣使赍书持币前往乌思藏，召请其入朝。永乐四年（1406），得银协巴时年23岁，应诏赴南京晋谒。到了南京后，居住在当时著名的灵谷寺。十二月得银协巴赴奉天殿拜见了永乐皇帝。其后明成祖又在华盖殿设宴款待得银协巴。第二年，得银协巴"建普度大斋于灵谷寺，为高帝、高后荐福。……帝益大喜，廷臣表贺，学士胡广等咸献《圣孝瑞应歌》诗。乃封哈立麻万行具足十方最胜圆觉妙智慧善普应祐国演教如来大宝法王西天大善自在佛，领天下释教，给印诰制如诸王，其徒三人亦封灌顶大国师，再宴奉天殿"。[1] "大宝法王"在元代是忽必烈赐予帝师八思巴的封号。明朝以其封赐得银协巴，足见当时噶玛噶举派在藏地的影响力。得银协巴在南京停留一年多，此后曾往山西五台山建大斋，为明皇室荐福，并长期留驻内地，至1409年才返回藏地。

8. 贡噶扎西坚赞

元朝帝师贡噶坚赞之孙，《明史》称"昆泽思巴"。元末，萨迦派在与帕木竹巴政权的斗争中失势，萨迦大殿亦被帕木竹巴控制。萨迦势力被迫迁至达仓宗。贡噶扎西幼年学佛，精通显密经论，在前后藏颇有影响。永乐年间，明成祖听闻萨迦派"昆泽思巴有道术，命中官赍玺书银币征之。其僧先遣人贡舍利、佛像，遂偕使者入朝。十一年二月至京，帝即延见……封为万行圆融妙法最胜真如慧智弘慈广济护国演教正觉大乘法王西天上善金刚普应大光明佛，领天下释教。……明年辞归，赐加于前，命中官护行"。[2] 大乘法王在京期间亦多广利众生，讲说佛法。后奉永乐帝的旨意前往五台山朝拜，并广传萨迦教法。

---

① 《明史》卷三〇四《宦官一》，中华书局，1974，第7768～7769页。
② 《明史》卷三三一《西域三》，第8575页。

9. 释迦也失

15 世纪初格鲁派兴起，宗喀巴大师在藏传佛教各派中声名远播。1408 年和 1413 年，永乐帝两次遣使召请宗喀巴。宗喀巴因年老体弱，遣其弟子释迦也失入朝觐见。后者于永乐十二年（1414）入朝，次年受封为"妙觉圆通慈慧普应辅国显教灌顶弘善西天佛子大国师，赐之印诰。十四年辞归，赐佛经、佛像、法仗、僧衣、绮帛、金银器，且御制赞词赐之"。[①] 1429 年，释迦也失携弟子阿摩嘎和索南西饶再次进京觐见，为明宣宗治愈重病，还在北京法渊寺为宣宗祖父祈福。1434 年，宣宗派人持节前往释迦也失的驻地，敕封其为"万行妙明真如上胜清净般若弘照普应辅国显教至善大慈法王西天正觉如来自在大圆通佛"。其弟子也被封为大国师。1435 年，释迦也失圆寂。

除上述藏传佛教各派宗教领袖外，元明两代朝廷涉及宗教、民族事务的机构（如元代总制院[②]、地方各路释教总统所，明代翰林院下属的四译馆等）中亦有许多藏族人任职。以明代为例，比较有代表性的人物有太监侯显、僧人班丹扎释等。侯显为洮州藏族，通藏、汉语，又因其族属和身份，在永乐年间迎请得银协巴的过程中扮演了重要角色。据《明实录》的记载，侯显还曾多次代表朝廷赴乌思藏及尼泊尔等地。班丹扎释原为岷州大崇寺僧人。明成祖时被朝廷征召入京，永乐三年班丹扎释被任命为哈立麻的翻译，永乐十一年，因乌思藏地区"传说王扎坚巴因没有遵从皇上的旨意，将派兵征讨"，[③] 班丹扎释又奉旨赴藏，以平息谣言，稳定乌思藏政局。

三　藏族人向内地流动的特点

元明两代藏族人群向内地的流动呈现出一些值得注意的特点。

第一，藏族人群流动规模大。元朝从大都到萨迦的驿站系统的使用者

---

① 《明史》卷三三一《西域三》，第 8577 页。

② 后改为宣政院。

③ 智观巴·贡却乎丹巴绕吉：《安多政教史》，吴均、毛继祖等译，甘肃民族出版社，1989，第 641 页。

多为藏传佛教僧人。根据元成宗大德九年至十一年（1305～1307）的统计，三年赴京的藏族僧人达850多人，乘马计有1540匹。西藏僧人赴京人数频增，以致驿站疲于供给，且扰民现象时有发生。面对这一情况，元朝不得不屡次采取措施，限制赴内地的西藏僧人数量，然而收效甚微。明代以后随着川藏道的开辟，出入藏地的交通更加便捷。不仅如此，除僧人外，许多地方首领和头人等也加入了朝贡的队伍，使得赴内地的人群数量和规模进一步扩大。从景泰年间开始，藏地往内地朝贡的人数呈现逐年递增的趋势，如成化元年（1465）礼部的奏报称："宣德、正统间番僧入贡，不过三四十人。景泰间，起数渐多，然亦不过三百人。天顺间，遂至二、三千人。"① 与元朝类似，明朝廷也不得不屡次对来朝藏地僧俗的人数进行限制。然而许多限制的措施并不能严格地执行，藏地来朝队伍的规模依旧在扩大。

第二，以教派而论，元代萨迦派在朝廷和西藏地方占据着主导地位，因此赴内地的藏族僧人也多出自萨迦派，噶举各派亦多参与。元末至明代，萨迦派地位有一定程度的下降，新兴的格鲁派逐渐崛起，西藏地方各教派力量较元时更加均衡，明王朝因之对藏地各宗教及教派采取一种多封众建的宗教政策。这在明代赴内地的僧人群体中也有较为明显的反映，噶举、萨迦、格鲁等派宗教领袖及弟子纷纷来朝。另外，临近川边的一些本教僧人也有朝贡的记载。

第三，元明两代藏族人群向内地流动的主动性高。元明两代统治者普遍尊崇藏传佛教并鼓励其发展，笼络和优待来朝的藏族僧俗，给予其较高的政治地位和经济利益，这些都极大地增强了藏地僧俗向内地流动的主动性。以明代的朝贡为例，为了获得朝廷的赏赐，一些近边地方僧俗时常违例朝贡，并且在回程时采办大批私茶，甚至伪造印信、私增批文、冒名进贡的情况也屡有发生。由此不难看出藏地僧俗对于入朝的积极性。

第四，藏族人流入后，其在内地活动的地域范围广。元代藏族人在内

---

① 《明宪宗实录》卷二一，成化元年九月戊辰条，台北中研院历史语言研究所，1962，第420～421页。

地的活动范围以北方为主，形成了大都、五台山、西北汉藏蒙古毗邻地带等一些主要的活动中心。而在南方地区，特别是江南一带，除去朝廷派驻到当地弘法的一些藏族僧人外，许多僧人都是以流放的形式到当地的，比较典型的如前述达尼钦波桑波贝，以及萨迦派西院的衮墨和衮噶哲两位上师。明初南京为首都，因此成为当时朝贡僧俗的首要目的地。永乐十九年迁都北京，宣德、正统以后朝廷在政策层面对僧人自在游方不设限制，明中后期以四川为正驿，这些措施大大拓展了藏地僧俗的活动空间，有利于藏人在内地的自由流动。可以看到，这一时期除南北两京、五台山之外，西北甘青、川藏道等通往京城的驿路，包括四川至南京的长江水路及大运河沿线都有藏地僧俗的活动。

第五，藏族人在内地的活动，内容涉及政教和社会生活的各个方面。元代赴内地的藏族僧人多参与朝廷宗教和政治事务，并且形成了独具特色的帝师制度。至明代，藏人在内地的影响更加扩大。宣德、正统以后，朝廷在政策层面不再限制僧人的活动地域，使得流入内地的许多藏传佛教僧人可以四处自由弘法，促进了藏传佛教在内地基层地方的传播和发展。这一时期内地许多文学作品中开始大量出现藏传佛教僧人的形象和灵异事迹，亦可反映出藏族僧人在内地社会生活中影响的扩大。

四　藏族人流入内地的影响及意义

元明两代藏族人向内地的流动，无论是对藏地本身，还是对内地，甚至是对整个中国，都有着非常深远的意义和影响。

首先，藏人流入内地对于藏族社会本身有着重要的影响。13～17 世纪正是西藏社会处于重大历史转折的关键时期。藏人向内地的流动及其相关活动对西藏社会的整合与发展具有至关重要的作用和意义。一方面，藏族人通过与内地社会的联系，借助中央王朝的力量增强了自身实力，平息社会矛盾和争端，从而推动和实现了藏族社会内部政治、宗教变革，由此带来了自身社会的进步和发展。元代萨迦派在中央王朝的扶持之下，地位和实力迅速提升，结束了吐蕃王朝崩溃以来西藏近四百年分散、割据的状态，并且使藏传佛教传入蒙古社会，获得了突破性的发展机遇。另一方面，藏人赴内地进行的朝贡等活动受到朝廷丰厚的封赏，并且在回程中，藏人通常会沿途采办大量的物资，甚至有人"假进贡之名，潜带金银，候回日市买私茶等货。以此沿途多用船车、人力，运送连年累月，络绎道路"。① 这些封赏的财富和大量物资不断流入藏族社会，为藏地社会的发展积累了物质基础，如拉萨色拉寺就是释迦也失用明朝赏赐的资金所建的。

随着藏地僧俗向内地的流动，藏人本身对于内地的了解在认识层面也在发生显著的变化。这一点可以从 14 世纪以来藏文文献对于内地的历史叙事中发现端倪。元代以前成书的藏文史籍对内地的描述有很多虚构和失实的内容。14 世纪以后，《红史》等藏文史籍开创了对中原王统历史书写的范例，关于内地的历史记载逐渐增多。另外，如《贤者喜宴》《汉藏史集》《萨迦世系史》等史书中对大宝法王、大乘法王进京朝贡做了大量详细记录。这些都反映出藏族人对于内地认识的不断加深。

其次，藏人向内地的流动对于内地也有着积极的意义。随着藏人不断涌入内地，藏传佛教在内地产生了广泛的社会影响，丰富了内地的多元文化。这一点在元明时期佛教艺术和工艺美术方面有突出的表现。现在的北京、五台山、杭州等地保留了大量元明时期藏传佛教遗迹和遗物，如杭州飞来峰藏传佛教石窟雕像、宝成寺大黑天像、《碛砂藏》大藏经木刻等。在这些元代的文化艺术作品中，汉藏风格融为一体，是藏文化和汉文化互相交流、互相影响的明证。同样，藏传佛教对于明代宫廷和内地民间工艺美术也有重要的影响。以瓷器为例，永乐时期的宫廷瓷器流行梵文、藏文、西番莲、八吉祥纹饰。民间瓷器方面，八吉祥、十字杵纹饰也十分常见。由此可见元明时期的藏传佛教在内地的传播对于文化艺术的深刻影响。

最后，藏人向内地的流动对整个国家产生了影响。一个统一王朝内部，不同地区、不同族群的人群流动并不仅仅是简单的你来我往，而是与国家意志、政治和宗教文化密切相关。唐人吕温出使吐蕃，曾有诗云："明时无

---

① 《明英宗实录》卷一七七，正统十四年四月辛亥条，第 3408 页。

外户，胜境即中华。况今舅甥国，谁道隔流沙。"吕温的诗句一定程度上反映了唐代以来朝廷部分士人希望在统一国家框架之下，整合青藏高原与内地，重塑中华的政治和文化理想。元明两代近四百年的历史进程中，在中央王朝的主导之下，青藏高原藏人向内地的持续流动，无疑是对上述理念的最好诠释。以元代为例，朝廷在流放达尼钦波桑波贝到江南的同时，对南宋少帝赵㬎也有类似的做法，将其流放到当时西藏地方统治的核心萨迦。史书对于后者在藏地的活动多有记述。《红史》载："伯颜丞相攻取南宋地方，将其皇帝送往萨迦寺，出家称合尊大师。"[1] 二人的经历似乎成为元代朝廷从国家层面沟通内地与西藏的标志性事件。明代朝廷在政治上大力召请藏地僧俗赴南京晋谒、朝贡，藏人积极响应，并且受益颇多。这些举措和活动直接拉近了青藏高原和内地在地理空间和文化上的距离，促进了中国东西之间政治、文化的交流与发展，对于 13 世纪以来中国民族关系的演变和统一王朝国家的发展有着积极的意义。

结　语

　　元明两代藏族人大规模向内地的流入是自唐蕃时代以来青藏高原与内地交往交流交融的一个历史高峰。这一时期统一王朝国家建立和不断发展，统治阶级上层重视藏传佛教在边疆民族地区治理中的重要作用，并给予藏族僧俗极高的政治地位，同时交通等客观条件也得到大力改善。这些因素进一步刺激了藏族人群寻求外部力量以支撑其社会发展的驱动力，导致其不断东向。在这一背景之下，以八思巴、得银协巴等为代表的大批藏族精英赴内地从事政治、宗教等相关活动。他们的活动一方面提升了其自身在藏族政治宗教生活中的实力和地位，为藏族社会的发展积累了物质财富，促进青藏高原的政治和社会变革；另一方面也使得藏传佛教文化传入内地，为内地多元的宗教、艺术、文化增添了一抹亮色，并且产生了深刻的社会影响。从统一王朝国家发展的角度而言，元明两朝藏族人群向内地的流动

---

① 蔡巴·贡噶多吉：《红史》，陈庆英、周润年译，西藏人民出版社，2002，第21页。

对于消弭国家内部东西之间的距离感，实现统一国家框架之下的政治和文化交流、发展、整合也有着不可估量的重要意义，极大地影响了 13 世纪以后中国民族关系演变的历史进程。

主要参考文献

王森：《西藏佛教发展史略》，中国藏学出版社，2010。

石硕：《西藏文明东向发展史》，四川人民出版社，2016。

熊文彬：《元代藏汉艺术交流》，河北教育出版社，2003。

石硕：《历史上藏人向中原地区的流动及与西藏社会发展的关联》，《中国藏学》2012 年第 2 期。

邓锐龄：《〈贤者喜宴〉明永乐时尚师哈立麻晋京纪事笺证》，《中国藏学》1992 年第 3 期。

陈庆英、周生文：《元代藏族名僧胆巴国师考》，《中国藏学》1990 年第 1 期。

张云：《元代宣政院历任院使考略》，《西北民族研究》1995 年第 2 期。

安海燕：《大慈法王释迦也失两次进京相关史事新证》，《民族研究》2018 年第 6 期。

第八讲　物见青史：明朝中央政府经略西藏的考古学观察

李　帅

　　位于青藏高原上的西藏是中国不可分割的一部分，其以独特的自然环境和人文风貌吸引着世人的关注。最新的考古发现显示，人类至少在旧石器时代晚期就已经踏上这片土地，在漫长的历史岁月中，逐渐形成了独具特色的区域文化，并与周邻地区保持着密切的文化联系。随着吐蕃王朝的建立，西藏的社会和历史发生了重大变化，不仅实现了高原内部社会和族群的整合，而且与周边诸文明发生了激烈的互动。随着吐蕃王朝的崩溃，西藏地区进入分裂割据时期，直到 13 世纪中叶被纳入元朝前身蒙古汗国的管辖，才再次形成较为统一的社会局面。随后，西藏地区的历史和政治亦进入了新阶段，被正式纳入元朝中央政府的管辖。明承元统，因统治阶层的思想观念及所面临现实形势的不同，明朝的疆域范围和民族政策较元朝发生了诸多改变，但对西藏的经营和管理并未中断，而是因时制宜，形成了具有明代特色的治藏方略。本讲主要立足于文物考古材料，从考古学视角对明朝经略西藏的举措和策略进行初步考察。

一　明朝在西藏设置的机构与职官

　　明代早期在西藏进行的机构建设和职官设置是明朝建立和维系其在西

藏统治秩序的重要基础，也是明代早期经略西藏的主要手段之一。为尽快建立与西藏地方的政治关系，明朝最初采取了"承元旧制"的策略，对元代在西藏地方设立的相关机构进行续设，对元代封授的职官进行续封，从而较快实现了对西藏统治名义和权益的承袭，获得了西藏地方主要政治势力的认同和归属。西藏自治区档案馆有一件洪武六年（1373）的圣旨，其内有"今设俄力思军民元帅府"的内容，这里的"俄力思"为"阿里"的音译，其范围应涵盖西藏西部的阿里及周边部分地区。据《元史》记载，元代在阿里地区设有纳里速古儿孙（古鲁孙）元帅府，此中的"纳里速"也是阿里的音译。可知元朝已在西藏西部设有军政机构，明初续设。西藏布达拉宫有一枚"乌思藏宣慰司分司印"，从印文和字体来看应为明代官印。元朝在西藏设有乌思藏纳里速古鲁孙等三路宣慰使司都元帅府（简称乌思藏宣慰司）来管理卫、藏及阿里地区，下设"宣慰使五员"。上述印章表明明初在西藏续设有乌思藏宣慰司这一机构。西藏博物馆有一枚铜质"必力公万户府印"，此中的"必力公万户"即藏文文献中的"止贡万户"，其在元代已经存在，明朝亦是续封。

　　与此同时，明朝亦续封了一批元代旧官，如元帅、万户、宣慰使、司徒、国公等，他们是明代早期西藏官僚系统的重要组成部分。前文提到的洪武六年圣旨中有明廷敕封㧪思公失监为俄力思军民元帅府元帅的内容，证明明初在西藏续设有元帅一职。西藏博物馆有一份洪武十二年（1379）的制诰，其上有一段附文："考到端竹监藏年五十一岁，乌思加麻人，元朝万户府世袭万户，洪武十二年二月准授世袭加麻万户府万户。"这说明端竹监藏是元朝加麻万户府的世袭万户，明朝继续"准授"（图8-1）。西藏博物馆还有一枚带"永乐十年"款的银质"司徒之印"，印主不明。封授西藏僧俗首领以"司徒""大司徒"名号始于元代，明代续设。西藏罗布林卡有一枚银质"赏巴国公之印"，印背有"礼部造永乐十二年正月 日"等款识。赏巴为地名，在今西藏日喀则南木林县一带，明太祖承元旧制续封其首领公哥列思监藏巴藏卜为国公。

　　明朝在西藏进行的军政体系建设经历了从"承元旧制"到新朝新制的

转变，反映了明朝治藏策略的发展过程。文物材料显示，明朝主要在西藏推行具有自身时代特色的都司卫所这一军事系统的疆土管理机构，[①] 包括都指挥使司、行都指挥使司、卫指挥使司和千户等。西藏博物馆有一枚永乐五年的银印，印文为"朵甘卫都指挥使司印"（图8-2），为官司印。据《明太宗实录》记载，永乐五年（1407）春三月丁卯，"命馆觉头目南葛监藏、阿屑领占俱为朵甘卫行都指挥使司都指挥使"，[②] 这与上述银印显示的信息完全吻合。明代的"朵甘"大致包括今四川西部阿坝、甘孜，西藏东部昌都以及青海、云南的部分区域，即传统地理概念上的"安多"和"康"两个地区。该印是明朝在上述地区设置军政机构的证明。西藏博物馆有一份永乐十一年（1413）明廷命挫失吉承袭其父官职的制诰，其中提到有"乌思藏卫都指挥使司"这一机构，该机构是明朝在西藏地方设立的最高军政机构，其与前文提到的朵甘卫都指挥使司是两个平行的机构。西藏博物馆还有一份永乐十四年（1416）的诰敕，内有"今特设领思奔寨行都指挥使司"的内容。上述制诰中的"领思奔寨行都指挥使司"并不是该机构的全称，其全名应为"乌思藏卫领思奔寨行都指挥使司"，见于西藏博物馆一件宣德元年（1426）的袭职诰命中。"领思奔寨"即仁蚌宗，辖地在今西藏仁布县一带。除上述两个行都指挥使司外，明朝还在西藏设立了牛儿宗寨行都指挥使司、俺不罗行都指挥使司。上述两个机构的名称前均加有"乌思藏卫"，即乌思藏卫都指挥使司的简称，以表现其与相关机构之间的统属关系。西藏博物馆还有一枚明代象牙狮钮印，印文为"果累千户所印"，印背有"大明万历己卯年制"和"钦赐大觉禅师图记"的汉文款识。这枚印章是明朝在西藏地方设有千户所的证明。

明朝在西藏的都司卫所机构之下对应封授了一批职官，有都指挥使、都指挥同知、都指挥佥事、指挥佥事、千户等，以实现机构与职官之间的协调对应。前述西藏博物馆所藏"朵甘卫都指挥使司印"的印背有"朵甘

---

① 顾诚：《明帝国的疆土管理体制》，《历史研究》1989年第3期。
② 《明太宗实录》卷六五，永乐五年三月丁卯条，台北中研院历史语言研究所，1962，第918页。

图8-1　洪武十二年敕封端竹监藏为信武将军加麻万户府万户诏书

资料来源：西藏博物馆编《历史的见证——西藏博物馆馆藏历代中央政府治藏文物集萃》，四川美术出版社，2015，第70~72页。

图8-2　朵甘卫都指挥使司印

资料来源：《宝藏：中国西藏历史文物》第3册《元朝时期 明朝时期》，朝华出版社，2000，第140~141页图50。

卫都指挥使司印 赐南葛监藏”的款识，可知该印主人为南葛监藏，他的官职是朵甘卫都指挥使司的都指挥使。四川邓柯原林葱土司家有一份宣德五年（1430）的诏敕，其中提到明廷封星吉儿监藏“为朵甘卫行都指挥使司指挥使”。都指挥使之下为都指挥同知和都指挥佥事，其中后者是明朝在西藏地区设置最多的高级别职官。西藏博物馆有两份宣德元年的诏敕，特征和行文格式基本一致，内容为明廷敕封劄葛尔卜寨官领占巴和公哥儿寨官忍昝巴为昭勇将军、乌思藏都指挥佥事。前文提到明朝在乌思藏卫都指挥使司下设有俺不罗、领思奔寨和牛儿宗寨三个行都指挥使司，它们的最高长官也是“都指挥佥事”。西藏博物馆有一件永乐十一年明廷颁给挫失吉的袭职诏书，其内提到明廷续封挫失吉为明威将军、乌思藏卫都指挥使司指挥佥事一职。

除上述职官外，明朝还在西藏新封了五位教王，受封者为兼管宗教和世俗事务的政教首领。第一位为阐化王，他是明代西藏地方最大势力帕木竹巴地方政权的首领；西藏博物馆所藏一枚龙钮象牙质的“灌顶国师阐化王印”即与之有关。第二位是来自萨迦派都却喇让的辅教王，他于永乐十一年受封，其受封诏敕现在仍保存在西藏博物馆。第三位是阐教王，明廷颁给他的鎏金银印亦收藏在西藏博物馆，为驼钮鎏金银印。第四位是赞善王，其名号见于一件嘉靖朝颁布的承袭诏敕之中。第五位为护教王，位于朵甘馆觉地方，目前仅见于文献记载。由此看来，明朝在西藏推行的军政体制之内容较为复杂，既有元代旧制的延续使用，又有新朝新制的布局和安排，显示出明朝治藏策略的延续性和创新性。

二 明朝在西藏建构的藏僧等级体系

明朝的治藏重心在永乐时期开始发生明显变化，从注重世俗军政体系建设转变为注重宗教制度建设，即重点通过对藏传佛教及其人员的经营和管理来经略西藏。藏僧等级体系是基于藏僧等级制度，通过敕封方式建立起的一个由不同等级藏僧所组成的人员系统，这是明朝经略西藏的基本宗教政策。据文物与文献材料可知，明代藏僧等级具体分为七个等级，从低到高依次为剌麻（喇嘛）—都纲—禅师—国师—大国师—西天佛子—法王。基于这套藏僧等级体系，明朝不仅实现了藏僧之间的秩序排列，而且也将他们纳入自身的封赐与管理体系中，实现了对藏传佛教的管理以及彼此政治关系的维系。

　　法王是明代藏僧等级体系中地位最高的一级，始封于明成祖时期，以三大法王最为著名。西藏博物馆有两枚明朝颁发的玉印，印文分别为"如来大宝法王之印"（图8-3）和"正觉大乘法王之印"，它们的主人分别是噶玛噶举派黑帽系活佛得银协巴（1384～1415）和萨迦派首领昆泽思巴（1349～1425）。西藏博物馆有一幅明代高僧像唐卡，其上绣有藏、汉双文的"至善大慈法王大圆通佛"，此高僧即大慈法王释迦也失。法王之下为西天佛子，亦始封于明成祖时期。西藏楚布寺原有一件正德十一年（1516）明武宗给八世噶玛巴的致书，内有"议仍升高弟锁南坚参巴藏卜为佛子"的内容，表明武宗时期仍在封授西藏僧人为西天佛子。大国师在藏僧等级序列中排位第三，始封于明太祖时期。西藏档案馆有一份永乐五年的礼单，其中提到的大国师有"灌顶圆修净慧大国师字隆逋瓦桑儿加领真"、"灌顶通悟弘济大国师高日瓦领禅伯"和"灌顶弘智净戒大国师果栾罗葛罗监藏己里藏卜"，他们均是五世噶玛巴之徒。国师亦始封于明太祖时期，是明朝敕封较多的名号。西藏博物馆有一枚镀金银印，印文为"灌顶净慈通慧国师印"。该印制作于永乐九年（1411），颁赐对象为簇尔卜（楚布寺）掌寺端竹斡薛儿巴里藏卜。

图8-3　如来大宝法王之印

　　资料来源：《宝藏：中国西藏历史文物》第3册《元朝时期 明朝时期》，第138～139页图49。

　　明太祖时期虽然已经封藏僧为禅师，但当时的"禅师"可能还只是尊称，其真正作为一个固定的等级名号被授予藏僧应该在明成祖时期。西藏博物馆有一件永乐十三年（1415）的敕谕，系明廷封高日斡锁南观为慧善禅师。另外西藏还保存有不少带禅师名号的印章，如"弘善禅师图书""普应禅师"等。禅师之下为都纲，明代的"都纲"有两种性质，一种是僧官名，为内地各府僧纲司之长官；另一种是作为藏僧等级制度中的一级等级名号，不具有实际职权。资料显示，洪武时期已开始封藏僧为都纲，永乐及之后继续封授。《明季史料零拾》中收录了一件天顺三年（1459）明英宗颁给都纲锁南坚参的敕书，其中提到"尔锁南坚参夙修善道，恪守毗尼，今特升尔前职，给与印信"。[①] 此中的"都纲"应即等级名号。剌麻，即喇嘛，该词来自藏语音译，本为藏传佛教中对高僧的称谓，意为"上师"、"尚师"或"上人"。明初也被用来指称藏族高僧，不具有等级意义。"剌麻"作为藏僧等级制度中最低一级名号可能始于永乐时期。西藏发现不少明廷颁给藏僧的象牙图章，如"圆修般若""精进修行"等，这些图章背面的款识中均有"剌麻"名号，应是指这一等级的藏僧。

　　明朝构建的这套藏僧等级体系是明代治藏宗教政策的核心，也是明朝治藏政策的新创举。这套体系成功地将西藏不同教派、寺院、地域、身份和势力背景的藏僧纳入同一个等级体系之中，实现了藏僧身份的定位与相互之间等级关系的对应和连接，符合明朝多封众建的治藏策略。同时，这套体系具有很强的包容性和开放性，为明代西藏地方教派的多样性发展与宗教繁荣局面的出现创造了制度条件。为了维系这套藏僧等级体系，明朝采取了在边疆民族地区普遍推行的"承袭"模式，这种模式既保持了中央政府的权威，又有效地制约和管理了藏僧；同时也有利于西藏地方各宗派和明朝中央政府政治关系的延续，维护了各教派的利益以及各教派内部宗教权力与法脉的有序传承，充分体现了明朝治藏策略的灵活性。

---

① 《明代藏事史料汇编》第 4 辑《〈明实录〉藏事史料增补》，张羽新、张双志主编《唐宋元明清藏事史料汇编》第 6 册，学苑出版社，2009，第 273 页。

三　赐贡体系下的汉藏物品流通

朝贡制度是中国古代王朝经略边疆地区与处理和周边藩国关系的重要策略，既是对内的民族政策，又是对外的交往政策。赐贡制度是朝贡制度的重要组成部分，而赐贡体系又是基于赐贡制度发展起来的以"赏赐"和"进贡"为主要表现形式，以具体物品流通为支撑的一套思想、制度、人员与行为体系。明代汉藏之间的赐贡体系是"维系和加强西藏地方和中央政府政治隶属关系的特定形式"，[①]　"可以说是明朝全部西藏政策的核心"，[②]甚至有学者认为"这几乎成了（明代）汉藏关系的唯一内容"。[③] 赐贡体系的内涵与外延虽然复杂，但其依赖的媒介和最终的承载却明确而具体，那便是各种物品。在明代汉藏赐贡体系之下流通的各种物品不仅承载着双方社会的文化、技术与思想等信息，而且被赋予了一定的政治意涵，是明朝经略西藏的物质见证。

据《明会典》记载，西藏向明廷进贡的物品主要有铜佛、画佛、铜塔、舍利、各色足力麻、各色氆氇、各色铁力麻、珊瑚、犀角、毛缨、左髻、酥油、明甲、明盔、刀和剑等。现存部分明代诏敕文书中有西藏向明廷进贡物品的信息，如西藏档案馆藏永乐五年四月明成祖致大宝法王得银协巴的书信提到噶玛巴让其弟子"以佛舍利及阿罗汉骨进"。西藏档案馆还有一件正统十年（1445）明英宗给尚师哈立麻的敕谕，其内提到贡使锁南泥麻"以佛像并马匹、方物来贡"。上述文物材料显示西藏向明朝进贡的物品至少有马匹、佛像、舍利和阿罗汉骨等"方物"，具有西藏特色。西藏之所以将藏传佛教物品作为向明朝进贡的优先物品，是因为佛教在西藏地位崇高，与之相关的宗教物品被视为西藏层次最高、最优秀精深与最具代表性的

---

① 黄玉生、车明怀、祝启源等编著《西藏地方与中央政府关系史》，西藏人民出版社，1995，第96页。
② 石硕：《西藏文明东向发展史》，四川人民出版社，1994，第261页。
③ 沈卫荣：《"怀柔远夷"话语中的明代汉藏文化交流》，《想象西藏：跨文化视野中的和尚、活佛、喇嘛和密教》，北京师范大学出版社，2015，第122页。

"方物"，能够充分表现自身对明朝的尊崇和认同。

明代内地物品输入西藏的方式和途径比较多样，包括赏赐、贸易、供奉布施等。从文物材料来看，明朝内地输入西藏的物品远较文献记载丰富多样，大致可以分为政治类物品、生活类物品、宗教类物品以及其他物品四大类。政治类物品主要指明廷颁给西藏的印章和诏敕，这类物品是受赐者权力的凭证和地位的象征。西藏保存有不少由明朝直接颁赐的印章，有玉印、鎏金银印、银印、铜印和象牙印等，不同质地的印章代表了受赐者不同的等级地位。根据性质的不同，可将这些印章分为宗教名号印、封爵印、官印和图章四类。其中宗教名号印有"如来大宝法王之印""正觉大乘法王之印"等，封爵印如"司徒之印"、"赏巴国公之印"和"阐教王印"，官印有"必力公万户府印""乌思藏宣慰司分司印""都纲之印"等。另外还有兼具宗教名号印和封爵印双重特点的印章，即"灌顶国师阐化王印"。图章主要是明廷颁给低等级藏僧的印章，如"妙缘清净"图章、"妙智崇善"图章等。诏敕也是明朝赏赐西藏人员的一类重要政治物品，是授予对象地位和身份合法性的象征。西藏现存的诏敕实物有明太祖封搠思公失监为俄力思军民元帅府元帅的圣旨、英宗封朵儿只领占为辅善翊教国师诰命、嘉靖四十一年封剳思巴剳失坚参承袭其父阐化王之职的诰书等。上述印章和诏敕是明朝经略西藏举措的直接物证。

明代内地输入西藏的生活类物品有茶叶、瓷器、织物、服饰和服饰用品、金银玉石器具、金银宝石饰件、鞍马仪仗、文房用品等，它们与西藏的社会生活密切相关。茶叶是藏族人民生活的必需品，是内地输入西藏的大宗物品。现存文物中经常可见明廷赏赐西藏人员茶叶的记载，如永乐五年三月明廷颁给乌思地面促儿卜丹萨瓦国师端古禄丹竹斡薛的诏书中就提及赏赐"茶五十斤"。瓷器是明代内地传入西藏的重要物品之一，常作为日常生活用具和宗教生活用具（图8-4）。西藏档案馆藏永乐六年（1408）正月明成祖给大宝法王的赏单中就有"白磁八吉祥茶瓶"和"白磁茶钟"。织物也是明廷赏赐西藏人员主要且常规的物品之一，基本涉及每次赏赐活动。例如，西藏日喀则那塘寺原有两件永乐年间明廷颁给该寺堪布竹巴失刺的诰敕，均提及织物的赏赐。西藏的一些寺院中目前仍能见到明代内地传入的织物，如大昭寺的云龙纹锦缎、梵字龙纹锦缎（图8－5）以及云鹤花草纹绸缎和"喜"字团龙纹锦缎等。除赏赐织物外，明廷还直接赏赐西藏人员服饰，如西藏博物馆藏明廷颁给端古禄丹竹斡薛的诏书中提到的服饰就有纻丝袈裟禅衣、高顶帽、经祇、手帕、鸾带等。

图8－4　青花藏文瓷僧帽壶

资料来源：《宝藏：中国西藏历史文物》第3册《元朝时期 明朝时期》，第304～305页图117。

图8－5　梵字龙纹锦缎

资料来源：拉萨大昭寺民管会编《大昭寺》，中国民族摄影艺术出版社，2000，第99页版。

　　明代内地输入西藏的宗教类物品主要有造像、经书、唐卡（图8－6）、法器和供器等，其中不少物品是明廷为经略西藏而专门制作的。文物材料显示，明代内地传入西藏的造像数量甚多，类型丰富，质地有金、银、铜、玉石、木及陶等。其中以金铜造像最为显著，题材有祖师、佛陀、菩萨（图8-7）、密修本尊、护法、女尊（佛母等）等，刻有"大明永乐年施"款的造像就达56尊之多。法器有钹、铃、海螺、钟、碰铃等称赞类法器，塔、曼陀罗等供养类法器，铃杵、数珠等持验类法器。西藏档案馆有一份成化五年（1469）明宪宗命公哈领占着即坚参巴藏卜承袭阐教王的诏书，其中记载的赐物就有"法器"一项。西藏一些寺院和文博机构保存有不少永、宣时期内地造法器，如山南博物馆藏"大明宣德年施"铜法铃，萨迦寺藏"大明永乐年施"钢剑、"大明永乐年施"款"善逝八塔"等。西藏

图8-6　"大明永乐年施"双身红阎魔敌唐卡

资料来源：周炜、索文清主编《吉祥宝藏：西藏珍藏的中原及皇家瑰宝》下册，中国藏学出版社，2015，第114～115页。

布达拉宫和色拉寺各有一部永乐八年（1410）版朱砂《甘珠尔》，这是西藏第一部藏文印刷品，是由明朝赏赐给西藏的。唐卡是具有西藏文化特色的一种图像艺术与宗教物品，不仅西藏向明朝进贡此物，而且明廷也制作此物回赐西藏。西藏保存有近30幅明朝内地制作的唐卡（佛画），时代为永乐、宣德、正德、万历等时期。此外，明朝还曾赏赐西藏地方皇帝御容像、万岁牌、寺名匾额等。

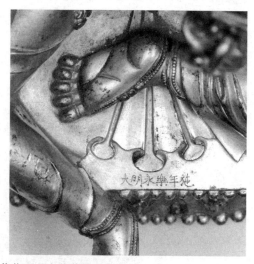

图 8 - 7　莲花手观音菩萨鎏金铜像

资料来源：中国历史博物馆、西藏博物馆编《金色宝藏——西藏历史文物选萃》，中国藏学出版社，2001，第 186～187 页。

从西藏保存的明代内地文物的类型、性质及特点来看，其中大部分文物都带有明显的官方色彩，因此明代汉藏之间的物品流通本质上是在明朝主导的赐贡体系下展开的政治交往与文化互动，是一种引导西藏向明廷朝贡和内向的治藏手段，对于构建和维系明朝与西藏之间的政治关系起到了重要作用。明朝赏赐西藏的物品不仅承载着内地的文化与技术，而且寄托了明朝治藏的思想和策略。明朝赏赐西藏的一些政治类、生活类及宗教类物品在许多方面都不同程度地根据西藏文明的特点和传统做了调整，如选择的赏赐品尽量符合西藏社会和宗教的习惯与需要，在赏赐物品的设计和制作上有意加入与西藏文化和藏传佛教相关的元素，这是明朝面对西藏社会和宗教现实而从物质文化角度采取"因俗制宜"的治藏策略之体现。同时，明朝赏赐西藏的部分物品存在不少具有象征意义的汉地元素，如龙纹、八卦纹、汉字与年号款，以及代表明朝统治者的万岁牌和御容像等。这些元素不仅是明代汉地文明的典型代表，而且蕴含着一定的政治意义，一是向西藏传播汉地的文化和思想观念，二是利用这些元素及其承载的理念向西藏宣扬内地文明的优越性与先进性，以及明朝在汉藏政治关系中的主导和正统地位，从而促进西藏对明朝的认同。

四　明朝经略西藏中的内引与外联策略

明朝经略西藏并非只着眼于西藏本身，而是注意从整体上把握西藏与周边相关区域和文化的联系，做到了内外兼顾，不仅通过对内地藏传佛教的经营来引导西藏向明朝靠拢，而且借鉴和利用相关外部因素来促进西藏对明朝的认同，以此达到以"文"治藏的整体目标。

明朝经略西藏的内引策略主要表现为通过对内地藏传佛教及僧人的支持和优待来向西藏社会展示明朝对藏传佛教的接受和支持，以此引导西藏对明朝的认同和内向，为明朝经略西藏创造条件。明朝对内地藏传佛教的经营是明朝治藏政策与行为的内在扩展和延伸，主要表现为对留居内地藏僧的优待，以及对内地涉藏寺院的支持和建设。文物和文献材料显示，明朝对部分留居内地藏僧予以特殊优待，不仅封以高等级名号，而且任命为僧官。北京护国寺内有一通宣德十年（1435）的《西天佛子大国师班丹扎释寿像记》碑，碑文提到藏僧班丹扎释赴京后被"馆留京寺"，到明宣宗时获封为"西天佛子大国师"，驻锡于北京大隆善寺，之后又于景泰三年（1452）获封大智法王。北京海淀区管家岭出土过一通《敕建大护国保安寺圆寂大善法王墓志铭》，其内提到明武宗曾敕封留居大护国保安寺的藏僧星吉班丹为"大善法王"。相较于西藏地方藏僧而言，明廷对留居内地藏僧的封授显得较为宽松，其中仅法王就封了20多位，西天佛子、大国师、国师及以下各级所封数量更多。除了封以相应的等级名号外，留居内地的藏僧还常被明廷任命为僧官。据《西天佛子大国师班丹扎释寿像记》碑记载，藏僧班丹扎释曾被明成祖"授以僧录阐教";该事件在《西天佛子源流录》中也有记载,具体为"擢僧录司右阐教"。① 前述西藏档案馆藏明宪宗命公哈领占着即坚参巴藏卜承袭阐教王的敕谕,其内有"正使右觉义藏卜监参"的内容。上述材料中提及的"阐教"和"右觉义"均是明朝中央机构僧录司下的僧官职名。除了观念层面的示范和引导外,明朝对留居内地藏僧进行优待的另一个目的是利用这些人员参与明朝经略西藏的具体事务。

据文物材料,明朝在两京(南京、北京)地区、五台山地区及靠近藏族地区的西北边地等区域建设和支持了不少藏传佛教寺院。以作为明朝政治中心的北京为例,该地在明初时已有藏传佛教寺院近二十所,其中大隆善寺、大能仁寺和大慈恩寺并称为明代北京三大藏传佛教寺院,不仅规模宏大,藏僧数量众多,而且与明朝官方关系密切。作为三大寺之首的大隆善寺位于北京市西城区护国寺街路北,即今之护国寺,元代称大都崇国寺,宣德二年(1427)改为大隆善寺,是元、明时期北京最大的藏传佛教寺院,也是明朝官方召请藏僧入京后通常的驻锡之地。据北京护国寺内的《西天佛子大国师班丹扎释寿像记》碑记载,著名藏僧班丹扎释于永乐年间被征召赴京,"馆留京寺",于"宣宗皇帝践祚之初……敕修大隆善寺"并新建丈室供其居住。据《护国寺僧众职名碑》记载,明代曾在大隆善护国寺内留居的著名藏僧有法王著肖藏卜、乳奴领占、那卜坚参、舍剌扎、绰吉我些儿、领占班丹、星吉班丹,以及西天佛子、国师、禅师等众多人物。上述涉藏寺院之所以受到明廷的重视和支持,是因为这些寺院中的藏僧是明朝派往西藏公干的主要人员来源。

靠近藏族地区的内地沿边重点地带也是藏传佛教在明朝内地的主要分布和影响区域,其中以西北地区最为显著。该地区有很多得到过明朝官方支持的藏传佛教寺院,尤以瞿昙寺为代表。瞿昙寺位于今青海乐都区,规模宏大,在布局上具有汉地宫廷的样式。该寺有《瞿昙寺永乐六年皇帝敕谕碑》《御制瞿昙寺碑》等五方明代碑刻,这些碑文显示,瞿昙寺是由剌麻

---

① 张润平、苏航、罗炤编著《西天佛子源流录——文献与初步研究》,中国社会科学出版社,2012,第171页。

三罗创建，得到了明太祖的大力支持，专门派官选址并参与建造，又赐予"瞿昙寺"匾额。宣德二年所立的《御制瞿昙寺后殿碑》显示，明成祖继续支持该寺建设，专门派钦差孟太监、指挥使田选等到瞿昙寺负责修建了宝光殿、金刚殿、两廊、前山门及禅房等，并立碑一块。关于明廷大力支持瞿昙寺的原因，可从洪熙元年（1425）的《御制瞿昙寺碑》中窥见一斑："西宁接壤天竺，乃佛所从入中国者也，而独寥寥希阔焉，岂称崇奖之意……自是中国之人往使西域，及西域之人入朝中国者，至此而欲摅诚徼福，有归依之地焉。"据上述碑文可知，明廷支持修建瞿昙寺的目的，一是向藏族地区表明明朝对佛教的"崇奖之意"，二是为前往西域之明使和入贡的西域使者提供归依停歇之地。[①] 由此可见，明廷在内地相关区域进行的藏传佛教寺院建设活动在本质上是为经略西藏等边疆地区服务的。

综上所述，明朝采取了多种措施来经营内地的藏传佛教，包括对留居内地的藏僧进行敕封，支持内地及汉藏交界地带的涉藏寺院建设等。这些措施从表面看只是对内地藏传佛教的支持，但实际上与明朝经略西藏的大局密切相关。第一，明朝通过对内地藏传佛教的经营，培植了一批联系和沟通西藏与内地的藏僧，如班丹扎释、藏卜监参、张桑节朵儿只、领占藏卜等，他们都是明朝治藏政策的重要执行者。第二，明朝对内地藏传佛教的支持和优待可以对西藏的内向起到示范和引导作用，向西藏社会展示明朝统治者对藏传佛教的支持，汉地社会对藏传佛教的接纳，从而使其从宗教与心理上认同明朝和内地，以此为明朝经略西藏创造条件。第三，明朝对西北沿边地带寺院建设的支持有利于维护汉藏交界地带的稳定，保持西藏和内地交往道路的畅通，为明朝经略西藏提供良好的前沿格局。

明朝经略西藏的外联策略之一表现在经略西藏的策略中有意加入相关南亚因素，由外及内地牵引西藏对明朝的认同和内向。由于地理位置的原因，西藏有着多样的周边文化环境，这些周边地区对西藏历史的发展都曾产生过重要影响。随着西藏地方在元代被正式纳入中央政府的管辖，西藏与周边政权或地区的关系已不只是西藏地方的对外关系，而且牵涉中央政

---

① 这里的西域包括且主要指西藏。

府与周边政权或地区的关系，以及中央政府与西藏地方的关系。据现有资料可知，明朝在经营西藏过程中并非只关注西藏本身，而是将周邻相关区域也纳入了考虑，其中明朝与南亚之间的联系就与其经略西藏有关，是明朝经营西藏策略的重要内容之一。

明朝在经略西藏过程中已然注意到西藏的社会状况以及南亚在西藏宗教中的地位和影响，因此在治藏措施中有意使用一些南亚因素，借此为经略西藏服务。据文献记载，明朝和与西藏接壤的尼八剌在明代早期曾有密切的联系和交往，不仅明朝多次派使者出使尼八剌并赏赐、封授其国王，而且尼八剌也经常派人到明朝朝贡。除此之外，明朝对尼八剌的交往和赏赐也常与西藏一同进行，尼八剌使者亦常与西藏人员一起赴明朝朝贡。明朝早期之所以积极与紧邻西藏的南亚尼八剌等国建立联系，一是可以扩大明朝在南亚及西藏的政治影响，二是有助于引导西藏统治阶层对明朝的认同和归附。在明朝派往西藏公干的人员中，有一类被称为"西天僧"的佛教人员，他们来源多样，包括来自南亚的"梵僧"和修习该派教法的中国僧人等。由于"西天僧"与南亚及藏传佛教之间有着天然的联系，他们在明朝经营西藏的过程中也扮演了非常重要的角色。据北京西竺寺塔下宣德十年（1435）的《智光塔铭》碑记载，汉人出身的"西天僧"智光先后两次被明太祖派往西藏和尼八剌等地"宣传圣化"，"并西番、乌思藏诸国相随入贡"；明成祖时又派其"俾迎大宝法王葛哩麻"。从智光的经历来看，他作为一个"西天僧"有明显的宗教和语言优势，可以更好地执行明朝经略西藏的任务。

作为明代对外交往活动中的伟大壮举，郑和下西洋的部分动机或结果可能也与明朝治藏有关，其试图通过对南亚的联系和了解来为明朝经略西藏服务。西藏博物馆有一件永乐十一年明成祖给大宝法王得银协巴的致书（图8-8），由内官侯显赴藏送达。这件致书的信息非常丰富，其中包括明成祖向五世噶玛巴·得银协巴讲述郑和下西洋到锡兰山迎取"佛牙"回中国的故事。据明代藏文文献《贤者喜宴》记载，得银协巴收到了这件致书并知晓了郑和获取佛牙的情况。明成祖之所以将郑和下西洋中的相关事迹以及南亚的社会与宗教状况告知西藏人员，其目的应该是以此来弱化和改变西藏社会对南亚的旧识和宗教情结，从宗教层面来引导西藏宗教人员对明朝及汉地的倾向和认同，拉近双方的心理和文化距离。值得注意的是，上述致书中提到亲赴西藏给得银协巴送金像和书信的侯显主要负责"率使"西番，但同时他又先后四次从海路出使南亚，对南亚的情况应该也比较了解。2010年在南京市祖堂山南麓一座明墓中出土过一方墓志铭，名为"大明都知监太监洪公寿藏铭"，该墓志的主人为太监洪保，他也曾先后到南亚和西藏公干。上述人员的南亚经历应该有助于他们在西藏的经略活动。除此之外，明朝在赏赐西藏的物品中还有部分来自南亚或带有南亚因素，亦是明朝借以经略西藏的策略体现。明朝之所以在经略西藏的举措中注意南亚因素的使用，是由于西藏与南亚之间存在地缘与信仰上的联系，因此才采取了上述诸多直接和间接的措施来保持明朝对西藏的影响与吸引力，以便从心理和宗教层面引导西藏对明朝的了解、认同及"慕向"。

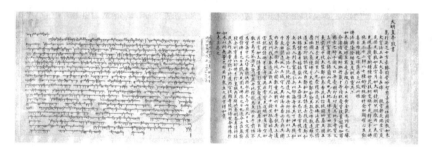

图8-8 明永乐十一年成祖致大宝法王书

资料来源：西藏博物馆编《历史的见证——西藏博物馆藏历代中央政府治藏文物集萃》，第60~61页。

结　语

由于明朝经略西藏的方式、手段显得十分的"柔软"，目前有关明朝和西藏关系的认知还有一些分歧，但主要存在于中、外学者之间，这与研究者的政治立场和研究取向、研究史料的选择与解读的差异、研究者的身份及其所秉持的天然的历史情感与责任感，以及中、外研究者对中国古代国家和文明的内涵、特点及其理论认知的差异等诸多因素有关。本讲基于文物考古材料的实证，就明朝中央政府经略西藏的策略及其反映的相关历史信息进行了考察，在此基础上对西藏与明朝关系的历史定位进行初步认识，认为可以用明朝官方自身使用的一个名称来定位，即"属番"。①

"属番"是具有中国传统文明特征的一种族群和疆域关系，主要是对那些归属于自身疆域，但又保持一定特殊"政治地位"的族群的泛称，它是中国古代国家民族结构和疆域形态中特殊而重要的组成部分，对现代中国边疆格局的构建和形成具有重要的历史意义。"属番"的内涵和表现形式比较多样，且随着时代变迁而不断发生变化，从表面理解即从属或归属之"番族"或"番地"，是产生于中国古代民族和天下观念之下的一种族群和疆域理念。作为"属番"之族群或地域，他们相对于中央政权而言处于一种"不内不外"的状态，其自身不是一个独立且完整的国家实体，虽然基本保持了内部事务的自主性，但同时又认同并从属于中央政权。明朝对西藏"属番"的定位与当时的历史环境以及明朝统治者的民族属性和天下观念密切相关，也与明朝的国家战略有一定关系。在这样的定位之下，明朝经略西藏的目标就是保持汉、藏间的和平以及西部边疆的稳定，确保西藏对明朝政权的认同和归属，并不谋求疆域扩张以及经济利益。而作为"属番"的西藏也在明朝国家和民族结构中保持了特殊的地位，但又没有割裂与明朝的政治归属关系，这应该是在明代历史阶段的最佳结局。

主要参考文献

中国藏学研究中心等合编《元以来西藏地方与中央政府关系档案史料汇编》（1），中国藏学出版社，1994。

西藏自治区档案馆编《西藏历史档案荟萃》，文物出版社，1995。

西藏博物馆编《历史的见证——西藏博物馆藏历代中央政府治藏文物集萃》，四川美术出版社，2015。

---

① 《明会典》卷一二五《兵部八》，万有文库本，商务印书馆，1936，第 2586~2587 页。

周炜、索文清主编《吉祥宝藏：西藏珍藏的中原及皇家瑰宝》，中国藏学出版社，2015。

熊文彬、陈楠主编《西藏通史·明代卷》，中国藏学出版社，2015。

巴卧·祖拉陈瓦：《贤者喜宴·噶玛岗仓史》，周润年译注，青海人民出版社，2017。

李帅：《以文治边：文物考古视阈下明朝对西藏的经略》，社会科学文献出版社，2021。

第九讲　"同文之治"：清前期多语文政治实践中的民族交流

李志英

有清一代，不但充分吸收汉文化传统，还致力于调和多元民族文化，形成统合中原、蒙古、西藏和新疆的大一统王朝。具体而言，即对今天的新疆、蒙古、西藏等地采取因地制宜的策略，不仅充分利用政治军事手段进行一统事业，而且在文化和文字上采取同文之治的政策。在一统蒙古和西藏地方的基础上，清人依凭这样的族群政策和文化理念，着重于民族语文的教育和翻译人才的培养，促进了满、蒙古、藏、汉等多民族的交流与融合。

一　实行同文之治的背景

1. 清前期的蒙古诸部和藏传佛教在蒙古地区的兴起

清廷对蒙古和西藏地方的一统过程，有两个十分重要的特点：一是满蒙之间一直保持着密切的往来，清廷通过联姻、八旗制及藏传佛教等，将蒙古逐渐纳入自己的统治中；二是 16 世纪以后，藏传佛教尤其是格鲁派在蒙古地区的传播，成为清廷与蒙古、西藏之间密切互动的重要因素。

明末清初，蒙古分为三大部：漠南蒙古、喀尔喀蒙古（又称漠北蒙古）

及卫拉特蒙古（又称厄鲁特蒙古）。其中，卫拉特蒙古又分为和硕特、土尔扈特、杜尔伯特和准噶尔四部，各部互不统属，形成了松散的联盟。满洲此时被称为女真，与蒙古保持着密切的互动，二者以结盟、联姻等形式来加强彼此之间的联系。在努尔哈赤统一女真的过程中，始终伴随着联姻，他的两名后妃便来自蒙古。其子皇太极、莽古尔泰等都有娶蒙古贝勒之女为妻妾，其后的继位者基本保持了这一传统，直到乾隆末年，仍旧有许多皇家格格嫁入蒙古诸部。清军入关（1644）前后，漠南蒙古全部归附，清廷根据其归附的先后顺序和亲疏关系，采用不同的管理方式，将一部分来归附的蒙古人编入牛录，隶属八旗，为内属旗，直接由清廷管理，委任流官；另一部分则编为外番，使其成为藩部，授予札萨克头衔，统领原来的部属，建立札萨克旗。

漠南蒙古归附后，喀尔喀和卫拉特蒙古尚未归附，处于割据状态。17世纪早期，卫拉特各部的发展情况各有不同：土尔扈特西迁至伏尔加河；和硕特南下进入青藏高原；准噶尔留在原来的牧地；杜尔伯特则衰微，一蹶不振。①

宗教方面，16世纪下半期，格鲁派兴起，传入蒙古诸部。格鲁派乃是藏传佛教派别之一，由宗喀巴创立，因为其僧人通常戴尖顶黄帽，故又称黄教。黄教的传播首先归功于土默特部的俺答汗。16世纪，俺答汗在统一内部势力并向青海、甘肃等地区拓展的过程中，与藏族及藏传佛教接触，熟悉并皈依了黄教。万历六年（1578），俺答汗与三世达赖喇嘛索南嘉措在青海湖旁的仰化寺正式会面，双方互赠尊号，黄教在俺答汗的支持下，在蒙古地区广泛传播。而后，俺答汗之孙苏密尔之子被认定为三世达赖喇嘛的转世灵童，成为四世达赖喇嘛。

万历十四年（1586），喀尔喀蒙古的阿巴岱到归化寺，亲迎三世达赖喇嘛，被授予"瓦齐赉汗"的称号，并回漠北建立了自己的藏传佛教寺院。后来，四世达赖喇嘛之弟图门又率兵入藏支持格鲁派，被五世达赖喇嘛授予"赛音诺颜"的称号。到了土谢图汗衮布之时，藏传佛教已在喀尔喀广

---

① 见乌云毕力格等主编《卫拉特蒙古史纲》，第 133～152 页。

泛传播。

大约在 17 世纪初，在和硕特部首领拜巴噶斯的倡导下，卫拉特四部也正式信奉藏传佛教。1637～1639 年，和硕特南下进入青海地区，击败却图汗所部，和硕特顾实汗及其部众迁入青海。1637 年，五世达赖喇嘛封顾实汗为持教法王，其成了格鲁派的坚强后盾。尔后，顾实汗继续征进，先后击败康区白利土司和藏巴汗丹津旺布，确立了黄教在西藏地方的统治地位。在青海地区，顾实汗则将诸子分封在青海游牧。和硕特蒙古贵族通过布施和修缮寺庙，与格鲁派保持着密切的联系。一些藏族僧侣也前往蒙古地区建立寺院和传法。

16 世纪中期，藏传佛教特别是黄教在蒙古地区的传播，使得蒙藏地区形成了密切的政教关系。17 世纪 30 年代，在顾实汗的支持下，格鲁派迅速发展，在经济和宗教方面都取得了绝对优势地位。

2. 清前期对蒙藏地区的治理与经营

由于蒙藏之间这一紧密的宗教联系，清中央政府将利用和扶持藏传佛教成为一项基本的民族政策。在此背景下，1652 年，顺治帝邀请的达赖喇嘛、班禅喇嘛及顾实汗的代表从拉萨启程，并在第三年抵京完成使命。返藏途中，顺治帝在今内蒙古凉城赐予了五世达赖喇嘛金册金印，并赐封号，同时册封顾实汗为"遵行文义敏慧顾实汗"，间接地将顾实汗势力下的广大藏地纳入中央王朝的统治。清中央政府正式确立达赖喇嘛在蒙藏地区的宗教领袖地位和顾实汗在政治方面的领袖地位，二者职权范围分明。朝廷在政治、经济上都给予格鲁派大力支持，格鲁派势力大增，不但加强了西藏地方与清中央政府的关系，密切了西藏地方与蒙古诸部的交往，也为清廷安定西北和西南边疆奠定了基础。

五世达赖喇嘛（1617～1682）时期，是蒙古与西藏政治、宗教和文化关系最为密切的时期：一是蒙古贵族们纷纷前往拉萨朝圣后，民间以宗教联系为纽带，也增加了许多交往活动；二是和硕特顾实汗在西藏地方建立了蒙藏联合统治，对西藏的政治、经济和文化都产生了巨大影响；三是顾实汗逝世后，和硕特部的力量逐渐衰微，五世达赖喇嘛利用自己的宗教影响力调解蒙古诸部纠纷，与蒙古诸部保持着密切的联系，除青海和硕特部外，新疆地区最强大的蒙古部落——准噶尔部也与格鲁派上层联系紧密，如噶尔丹曾被送往拉萨出家，成为五世达赖喇嘛的弟子之一，与桑结嘉措是同学。

但这种局势很快在五世达赖喇嘛圆寂后被打破，藏族历史上出现三位六世达赖喇嘛，蒙藏贵族围绕真假达赖喇嘛，展开了一场政治斗争。1682年，五世达赖喇嘛圆寂，主持西藏地方事务的桑结嘉措为控制西藏地方政局，限制蒙古和硕特汗的权力，决定秘不发丧，借达赖喇嘛名义行事，并秘密寻找到出生在门隅地区的仓央嘉措作为转世灵童。1697年，在昭莫多战役中，桑结嘉措秘不发丧之事曝光，清廷因为忙于西北蒙古事务，无暇顾及西藏地方，只能暂时让仓央嘉措举行"坐床"典礼，日后再授予印信。1705年，和硕特拉藏汗因不满桑结嘉措，将其杀害，并夺取西藏地方政权，另立益西嘉措为五世达赖喇嘛转世灵童，欲通过达赖喇嘛独掌西藏地方大权，号令蒙古诸部。拉藏汗此举遭到拉萨三大寺以及青海和硕特部的强烈反对，清廷经过一系列调查，最终册封了益西嘉措为六世达赖喇嘛。1708年，三大寺僧人和青海和硕特部将理塘出生的格桑嘉措确立为五世达赖喇嘛的转世灵童，并于1716年将其转移至青海塔尔寺。1717年，准噶尔蒙古部的策妄阿拉布坦又兵分两路袭扰西藏，并试图劫持格桑嘉措，以此号令蒙古诸部，但最终被清军击败，格桑嘉措被确立为六世达赖喇嘛（后来被人们当作是七世达赖喇嘛）。

驱准保藏之战的胜利，不但终结了和硕特汗廷对西藏地方的统治，同时也促使中央政府加强对西藏地方的直接管理和统治。康熙五十九年到雍正五年（1720～1727），清廷在西藏地方的事务主要由阿尔布巴、隆布鼐、康济鼐等几位噶伦负责。其间，平定了罗卜藏丹津叛乱，和硕特在青海、西藏、四川、云南等藏地近百年的统治随之结束，清廷划定了川藏、青藏政区边界，并在蒙藏地区实行改革，设立了驻藏大臣制度，一直延续到清末。

此外，乾隆时期还通过平定准噶尔、阿睦尔撒纳以及大小和卓之乱，将新疆纳入中央的直接统治，设置伊犁将军管辖。这为同文之治政策的推行奠定了基础。

二　清前期的同文之治与同文之盛

1. 同文之治

在中国历史上，秦始皇提出"书同文"，即规范和统一文字的使用。在儒家经典中，国家对文字规范和统一，是在有德君王的治理之下，礼乐与教化的规范和有序，是圣王盛治的表现。到了元代，这一适用于单一语文政治结构的解释模式遭到了挑战，传统夷夏秩序的易位，使儒家经典中的"同文"已无法适用于多族群和多元文化交错的世界。于是，元世祖颁行八思巴创制的"新字"，希望能以此沟通各族语言。从单语文的秩序转换为多语文共存的秩序，为"同文"赋予了新的含义，这种转变意味着"同文"并不是文字的统一，而是多族群与多元文化的共存。到清代，"同文"含义更加丰富，统治者认为文教义理的本质并无不同，在共奉清朝声教的前提下，不同族群可在多元的政治结构中相调适。其强调不同语文间的互相翻译，主要表现在两个方面：一是多语文合璧的行政文书体系，包括满汉合璧、藏满蒙合璧等文书在内地和边疆地区得到推广；二是对少数民族语言人才的培养。因此，除军事联合、建立姻亲关系外，清代满、蒙古、藏、汉各民族的交往、交流、交融关系亦可在语言文字方面体现出来。

2. 多语文行政

清代所谓的多语文与元代略有不同。元代多语文主要有汉、蒙、藏文三种语言，清代在此基础上新增了满文、回文，甚至有时嘉戎语也被纳入其中，留下许多两体、三体、四体、五体合璧的多语碑文、文书、辞书。这些语言间的互译实际上是清廷治理边疆地区、收取情报的重要手段，也是对边疆民族地区实行有效治理的重要条件，不但沟通了中央和地方之间的关系，更间接促进了各民族间的交往、交融。

（1）满文

清代将满文称为"清文"或"国语"，是中央认可的官方行政语言之一，其创制大致经历了两个阶段。

第一阶段是 1599 年，这一时期的满文后来被称为"无圈点满文"或"老满文"，由兼通蒙古文和汉文的额尔德尼和盖噶二人遵照努尔哈赤的指示，仿照蒙古文字母，并结合女真语音义特点创制。共有元音字母 5 个，辅音字母 24 个，共计字母 29 个。满文也像蒙古文一样，有独立、字头、字中、字尾等类型（图 9－1）。满文的创制以蒙古文为参照，主要原因有两个。一是女真人曾创制女真字，有大字和小字之分，明中叶以后，使用范围十分有限，到努尔哈赤祖父时期基本被弃用。在长期的生产和生活过程中，女真与蒙古族关系密切，交错杂居，相互通婚，在语言上也相互影响。于是，在女真字失传后，女真人多以蒙古文作为沟通工具。二是女真语与蒙古语同属于阿尔泰语系，在语法和使用上极为相似，易于用蒙古文拼写。

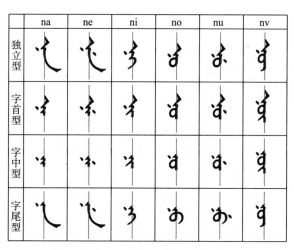

	na	ne	ni	no	nu	nv
独立型						
字首型						
字中型						
字尾型						

图 9－1　满文字母 na 行

第二阶段大约在天聪时期，这一时期创制的满文后来被称为"加圈点满文"或"新满文"。随着社会的发展，在后金通行了 30 余年的老满文，已经远远不能满足人们的日常需求，于是皇太极任用达海改制老满文。达海通过在原字母旁增加圈和点，统一满文字母形式，并增加相应的借词辅音，编制了新的十二字头。这一套新满文字母于天聪六年（1632）颁行使用。虽然满文进行了改革和厘定，但蒙古文的影响依旧存在，这主要表现在蒙古文的借词大量出现在顺治、康熙、雍正的行政文书中，如在满文中使用蒙古文借词，像"誓言"（tanggirik）、"赐予"（ūklige）等。

汉语借词也越来越多地出现在满文中，特别是清入关后，顺治、康熙、雍正、乾隆朝汉语借词愈益丰富。满文中汉语借词的表现形式主要有以下几种。

第一种是直接音译，即把汉语原词的语音和意义一成不变地借用到满文中，主要是人名、地名、称谓、官署名称、职官名称、公文名称等名词。如 king（顷）、mu（亩）、li（厘）、hao（毫）、hū（斛）等。

第二种形式是音译加注，即在直接音译的基础上再加上满文词的注释。如 wenšu bithe（文书），其中 wenšu 为汉语"文书"的音译，bithe 则为满文的注释，意为文书、文件等。

第三种是半音译半意译。如 funglu bele（禄米），其中 funglu 为汉语"俸禄"音译，bele 则为满文"米"的意译。

第四种为意译，即采用汉语的词义，构成满文新词。如 dzungdu（总督）在乾隆时期就被意译为"uheri kadalara amban"。

大量汉语借词的使用，极大地丰富了满文的词汇，强化了满文在清代作为国书的功能。除汉语借词外，一些成语以及谚语，也会借鉴汉语的格式和韵律，尤其是在翻译汉文中的诗、词、歌、赋、铭等文体时，会特别注意借鉴汉语的格式和韵律，以增强满文的节奏感和韵律美。

乾隆十三年（1748），乾隆皇帝又仿照汉文三十二篆体，创制满文三十二篆，并以《盛京赋》为例进行缮写流传，规定官印、宝玺也使用篆体形式重铸发行。

（2）蒙古文

蒙古文不但为满文的创制提供了来源，对满文有深刻的影响，而且在清朝满、蒙古、藏等多民族的交往中发挥了桥梁和中介作用。这主要表现在两方面。

一是蒙古文作为行政文书主要用语之一，是清中央政府与蒙古地方往来的重要语言媒介。通常而言，在与蒙古的交往中，中央会将满文或汉文敕书等翻译为蒙古文再行寄送。伴随着蒙古文书的还有附带的满文文书，满文也因此在蒙古地区被广泛使用。满文的爵位名称及职衔名称被借用到蒙古文中，以音译、意译、半音译半意译混合三种形式出现在蒙古文公文中。

二是蒙古文作为行政文书的主要使用文字之一，在清中央政府治理西藏地方过程中扮演着十分重要的角色。西藏地方从蒙元时代就开始使用蒙古文写作公文，在西藏自治区档案馆中保留了许多这样的文书（见图9－2）。

在清代早期，清廷给予西藏地方的各种书信和敕书，全部用蒙古文写成，前往送信的使者也均为蒙古僧人或者会说蒙古语的藏僧。藏传佛教的高僧特别是格鲁派高僧被赐予各种蒙古称号，如"达赖喇嘛"就来源于俺答汗给三世达赖喇嘛索南嘉措的封号，其意为"大海"。为了传教需求，许多藏族僧人学习蒙古语。许多蒙古人也前往西藏地方朝圣、修法和经商，双方交往涉及社会各个层面。顺治时期，清廷基本通过蒙古文向达赖喇嘛、班禅喇嘛等颁发敕令，以蒙古文作为双方沟通的媒介。康熙时期，则在强调以满文为国文的基础上，使用满、蒙合璧文书作为沟通西藏地方的行政文书。满蒙藏三体合璧的文书（见图9－3）在康熙末年才开始出现。康熙五十六年（1717），准噶尔部策妄阿拉布坦派遣大策零敦多布等五人率数千军潜入拉萨，杀死拉藏汗，和硕特汗廷覆亡，西藏地方政权旁落准噶尔之手。应西藏地方请求，1720年，清军入藏驱逐准噶尔，册封塔尔寺的新呼必勒罕为达赖喇嘛，确立了清廷对西藏地方的直接统治。驱准保藏期间，清廷将藏文也纳入行政文书体系中，表明清初很长一段时间通过和硕特蒙古间接统治西藏地方的时代由此结束。此后，清廷的西藏地方公文诏书基本为满蒙藏三体合璧，并且成为定制。

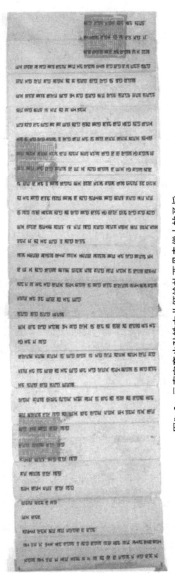

图9-2　元泰定帝也孙铁木儿颁给扎西丹寺僧人的圣旨

资料来源：西藏自治区档案馆编《西藏历史档案荟萃》，文物出版社，1995，第3页。

图9-3　康熙时期满蒙藏三体合璧文书

资料来源：西藏自治区档案馆编《西藏历史档案荟萃》，第37页。

（3）藏文

藏文自唐代以来，一直是中央政府和西藏地方政府往来文书的重要用语之一。唐代，便有大量的汉藏合璧碑铭及经书出现。元明两代在此基础上，将藏文纳入中央政府的公文体系中，给西藏地方的公文和书信，均被译为藏文后寄送。藏文到了清代也被纳入行政文书体系，与元明两代略有不同的是，清代在西藏地方推行的公文文书语言除了少部分是双语合璧或单语，通常是满蒙藏三语合璧。

（4）回文及嘉戎语

1759 年，清廷平定大小和卓叛乱后，天山南北均被纳入版图，乾隆将其命名为"新疆"，"回文"也被纳入清人的多语文序列中。为了促进满人学习回文，乾隆在《四体清文鉴》的基础上，增加回文一体，修订了《五体清文鉴》，以便帮助驻扎新疆的满汉官员学习回文。此外，在大小金川战役中，乾隆也收集和整理了嘉戎语，编纂了《满蒙藏嘉戎维语五体字书》，收录词条七百余。

3. 多语文辞书的产生与使用

大约从康熙初年开始，民间便有满汉辞书流行，比较著名的有《大清全书》《满文同文全书》《同文广汇全书》。

《大清全书》是清代最早刊行的满汉合璧注解词典，大约成书于康熙二十二年（1683）。其编纂者为沈启亮，生活在顺治、康熙年间。其时，清廷实行"满汉同文之治"，以满文翻译了大量的汉文典籍。为了便利满人子弟学习，沈启亮在《字汇》词条的基础上，以满文字母编排满文词语，编纂刊行了《大清全书》，收录词条约 1.4 万。

官方层面的御制"清文鉴系列"全书主要包括康熙年间所修的《御制清文鉴》《御制满蒙合璧清文鉴》、乾隆年间所修的《御制满蒙文鉴》《御制增订清文鉴》《御制五体清文鉴》。《御制清文鉴》作为首部"清文鉴系列"辞书，是清朝最早的官修满文字典，自康熙十二年开始编纂，到四十七年成书。这是一部满—满词典，即以满文解释满文，分门别类，以儒家典籍为释词句例。《御制增订清文鉴》则以《御制清文鉴》为基础，增补而成，共计四十六卷，增补的内容主要包括词汇扩充、满汉切音，同时用日常语替换了原来从儒家经典中择选出来的例句。《御制满蒙合璧清文鉴》为《御制清文鉴》的满蒙合璧字典。《御制清文鉴》成书两年后，1710年，康熙下令将其翻译为蒙古文，直到康熙五十六年（1717）完工，历时八年。其流传甚广，对京城八旗蒙古学习蒙文十分有帮助。《御制满蒙文鉴》则是根据《御制满蒙合璧清文鉴》改写重刻而成。

《御制满珠蒙古汉字三合切音清文鉴》是满蒙汉三语对照词典。此外还有《御制四体清文鉴》《御制五体清文鉴》等多语文字典陆续出现，作为语言文字学习的重要工具书，为清代行政公文提供极为重要的支撑。

4. 翻译机构的设立与翻译人才的培养

清代的同文之治和同文之盛还表现在翻译机构的成立、科举考试的设置以及翻译者地位的提高三个方面。清代比较著名的译馆是四译馆，隶属于翰林院，设有西番、高昌、缅甸、回回、百夷、西天、八百及暹罗八馆，主要负责翻译朝贡文书。乾隆十三年（1748），四夷馆更名为会同四译馆，隶属礼部，改八馆为西域、百夷二馆，负责招待朝贡者在京食宿和翻译工作。除四译馆外，理藩院也承担了重要的翻译工作。随着归附蒙古部落的增加，后金设立了专门的机构进行治理和管辖，这一机构叫"蒙古衙门"，专管蒙古事务。1638年改为"理藩院"，成为清廷的八大衙门之一，掌管外藩事务和八旗察哈尔蒙古事务，并逐渐成为清代处理满蒙藏等周边少数民族事务的重要机构。理藩院隶属礼部，设置有满档房、蒙档房、汉档房、蒙古翻译房，并设有几十名满洲和蒙古的笔帖式进行翻译工作。凡是蒙古地区和西藏地方的来文、题本，先经驿站传到理藩院，由理藩院翻译为满文后经堂官修改再呈送皇帝御览。回文以及原文则由内务府存档。在乾隆时期，也曾临时设清字经馆，主要负责满文大藏经的翻译。此外还设有经咒馆，主要为了翻译《御制满汉蒙古西番合璧大藏全咒》。

清廷还设有多语文的官学，举办相应的翻译考试。八旗蒙古官学在每一旗设立一所，配置助教八名，招收有一定满文基础的学生，以学习蒙古语为主，成绩优异者，可到各部院做笔帖式。各部均设有一定名额的笔帖式，掌管文书整理和翻译工作，边疆民族地区的军政机构也多设有笔帖式。国子监中也有蒙古馆，专门培养高级满蒙翻译人员。蒙古馆的蒙文教习主要有翻译教习和蒙古助教，翻译教习主要负责蒙语和蒙文的翻译，助教则负责教习蒙文语法等；教习均须通过吏部和理藩院严格考核方能执教。此外，乾隆十三年（1748），在北京还设置了咸安宫蒙古官学、托忒学等，隶属理藩院。学生主要来自国子监蒙古馆，主要学习蒙文翻译、蒙文书法、蒙文经书，学制十年，每五年一考；托忒学则主要学习托忒文翻译，学制五年。在各地驻防地，也设置有八旗蒙古官学，主要培养满蒙翻译人员，比较著名的有盛京蒙古官学、热河蒙古官学等。雍正元年（1723），在科举考试中特设了满文翻译科，雍正九年（1731）又特设蒙文翻译科。蒙古八旗既可参加满文翻译科的考试，也可参加蒙文翻译科的考试，这不但反映了满蒙文在八旗蒙古中的普及，还反映了清人对满蒙文翻译人才培养的重视。通过科举的学生可以进入各部院做笔帖式，从事翻译和文书整理工作，或者去官学当教习。

在藏文翻译方面，顺治三年（1646），清廷曾拣选京师八旗子弟学习藏文，但结果不太理想。十四年后再度拣选八旗子弟学习藏文，并授予唐古忒教习六品职衔，以资鼓励。顺治十八年（1661）又派遣八旗子弟前往达赖喇嘛处学习藏语、正字法和翻译。康熙、雍正及乾隆年间，亦有八旗子弟前往拉萨学习藏语。五世达赖喇嘛曾经亲自为这些前往西藏学习的学员撰写藏文教材，除世俗内容外，还有"白色文殊修习法""祈愿文"等宗教内容。乾隆年间，还拣选生童前往藏地学习逐渐成为定制。这些选定的学生被赏给八品笔帖式职衔，前往当地学习藏文，学制为五年，期满后由达赖喇嘛进行考试。

在派遣学员前往西藏达赖喇嘛处学习藏文的同时，清廷还成立了唐古忒学，但顺治年间的唐古忒学并没有实际的职官体系，教习大多有俸禄但没有品级。大约在康熙二十年，康熙皇帝确立"司业—助教"体系，使唐古忒学迈出职官化的第一步。此外，清廷也会从僧侣中挑选一些喇嘛作为司业喇嘛或副教习喇嘛。

结　语

历史上的中国不但地理空间纷繁复杂，族群也非常多元。历代中央政府面对广袤的边疆和多元的族群，采取了各种有效的统治措施。其中，自北方南下入主中原的清王朝除将满文和汉语作为主要的行政工作用语外，还将民族语言文字包括蒙古文、藏文、回文也纳入中央王朝的行政公文体系中。这固然与族群本身的语言认同和时代背景密切相关，同时也是清王朝对传统"同文之治"的全新理解和实践。这一理解和实践使得不同族群在多元的政治结构中相互适应、共存，且不同语文间的互相翻译对促进不同民族间的交往也极有帮助，亦为今日的民族交往交流留下了有益经验。

主要参考文献

石岩刚：《清朝前期藏文文书翻译实践、译员及译员培养》，《中国藏学》2018 年第
　　2 期。
马子木、乌云毕力格：《"同文之治"：清朝多语文政治文化的构拟与实践》，《民族研究》
　　2017 年第 4 期。
马子木：《唐古忒学考》，《清史研究》2016 年第 3 期。

第十讲 从"华夷之辨"到"天下一家"：
清代的族群分治与夷夏交融

徐法言

费孝通先生曾将中华民族的形成划分为"自在民族"与"自觉民族"两个阶段。他认为中华民族作为一个自在的民族实体是在几千年的历史过程中形成的，但作为一个自觉的民族实体，则是在近百年（晚清以来）中国和西方列强的对抗中产生的。然而若不拘泥于"中华民族"的名称，在晚清以前实质上已形成了一个以满、蒙古、汉、回、藏五族为主的"政治共同体"雏形。这一"共同体"的形成与清代统治者推行的族群治理政策及其夷夏观念有关。

一　"华夷之辨"与清王朝的统治合法性危机

清朝作为中国帝制时代的最后一个王朝，与前朝相比有许多不同之处，其中尤为特殊的一点是清朝统治者以"异族"身份入主中原，成为天下共主。须注意的是，这里所说的"异族"，与我们今天讲的满族、汉族等现代民族身份的差异不同，是指中国传统政治文化下的华夷有别，我们一般称之为"华夷之辨"（或作"夷夏之辨"）。

中国自先秦时期就有关于"华夷之辨"的论述，最初的华夏与夷狄只是指中央与四方的不同人群（所谓东夷、南蛮、西戎、北狄），活动在华夏文明周边的部族都被视为夷狄，基本偏向于地域和血统族类之分。随着华夷之间冲突的加剧，"华夷之辨"逐渐演变为一种以中原地区的衣冠、语言、习俗、礼仪等文化表征区分不同人群的判断准则，居于"天下之中"的"华夏族"相信，自身无论是在思想文化、伦理道德还是政治制度、社会经济等方面，都远胜于周边的"夷狄"，强调华夏高于夷狄的等级秩序。如司马迁在《史记》中记载，匈奴人的习俗是"贵壮健，贱老弱"，健壮的年轻人优先享用肥美的食物，老弱者只能吃残羹剩饭；又说"父死，妻其后母；兄弟死，皆娶其妻妻之"。① 上述习俗在将儒家伦理秩序视为"天理"的华夏族人看来，自是"犬羊之性"、禽兽之所为了。这种强烈的价值褒贬延伸至政治领域（尤其是魏晋以降"异族入侵"甚烈时），就产生了一个与"华夷之辨"紧密相关的统治合法性问题。所谓"普天之下，莫非王土；率土之滨，莫非王臣"，中原之地只应由华夏之人统治，此为"正统"；周边的夷狄即使以强大的武力入主中原，也不具备统治华夏的大义名分。朱元璋在讨伐元朝的檄文中称"未闻以夷狄居中国，而制天下也"，② 就是以"华夷之辨"为武器否定蒙古人的统治。这种集文化、政治、血缘、地域等内涵为一体的"夷夏之辨"，或者说"华夏中心观"，构成了中国古代的天下国家秩序，是历代王朝认识和处理与周边族群关系的基本准则。

女真人于明末崛起以前，只是臣服于明朝的边疆部族。万历十七年（1589）九月，明廷授努尔哈赤都督佥事，用建州左卫之印，努尔哈赤在接受敕封时就自称"女直国建州卫管束夷人之主"，"保守天朝九百五十余里边疆"。万历三十五年（1607）三月努尔哈赤致书朝鲜国王时，又自称"建州等处地方的夷王佟呈"，为夷情事告朝鲜国王。若只是想在明朝与朝鲜的夹缝中求得生存空间，这一"夷"的身份并无太大问题。然而甲申之变，满人以"夷狄"身份入主中原，改变了既有的华夷秩序，其统治的合法性与正当性均受到明遗民强烈的质疑，从夷夏有别衍生出的"族群意识"与"故国情怀"是后者反抗"异族"统治最锐利的思想武器。此时，清廷所依赖的八旗总人

---

① 《史记》卷一一○《匈奴列传》，中华书局，2013，第3461页。
② 《明实录·太祖实录》卷二六，吴元年十月丙寅条，上海书店出版社，2015。

口数不过二十余万，而明朝遗民数百倍于此。新朝若想长久统治中原，就不得不应对"华夷之辨"思想所带来的统治合法性危机。

　　清朝统治中原之初，根基未稳，面对明遗民高涨的反清意识，只能刻意回避夷夏的身份问题。顺治二年（1645）五月，多铎攻占南京，以顺治帝名义发布上谕：今天中外一家，君主如父，百姓如子，父子一体，岂能违逆？若不能同心，不就像不同国家的人一样吗？此事无须朕多言，天下臣民皆知的道理。[①] 谕旨中强调"中外一家"（此时更多的是指"满汉一家"），更以儒家文化中的君臣父子之伦作为自身统治的合理依据，显然有意淡化"华夷之别"。这一理论在此后很长一段时间内，成为清廷维护其统治正当性的一个重要凭据。康熙帝也据此塑造其"天下共主"的形象，他曾多次表示："朕统御寰区，一切生民，皆朕赤子，中外并无异视。"[②]

　　与顺、康两帝对"夷狄"身份遮遮掩掩的态度不同，雍正皇帝要坦率得多。雍正六年（1728），发生了著名的曾静案。湖南书生曾静以清初大儒吕留良"华夷之分大于君臣之伦。华与夷是人与物之分界，为域中第一义"为据，指斥清朝的统治是"夷狄盗窃天朝，污染华夏"，"八十余年以来，天地昏暗，日月无光"，呼吁人们起而反抗满人的统治。曾静案的发生促使雍正帝对汉人心中旧有的华夷之辨思想进行公开反击。他在《大义觉迷录》一书中坦然承认自身的夷狄身份（"本朝所不讳"），同时也承认"华夷"之间的确存在地域与文化上的差别，但他同时指出，按照商周以来的政治传统，衡量王朝统治的合法性依据主要在于"德"，所谓"皇天无亲，惟德是辅"，"盖德足以君天下，则天锡佑之，以为天下君，未闻不以德为感乎，而第择其为何地之人而辅之之理"。他特别强调满洲身份犹如一个人的籍贯，并无贵贱之分。儒家所说的上古圣王中，舜为东夷，文王为西夷，难道他们的出身有损于他们的德行吗？因而"惟有德者乃能顺天，天之所与，又岂因何地之人而有所区别乎？"清朝创立以来，存仁心，行仁政，事事效

---

① 参《世祖章皇帝实录》卷一七，顺治二年六月丙寅条，《清实录》第 3 册，中华书局，1985 年影印本，第 151 页。

② 《圣祖仁皇帝实录》卷六九，康熙十六年十月甲寅条，《清实录》第 4 册，中华书局，2008，第 888 页。

法古之贤明君主，故满洲因德有天下，"上天厌弃内地无有德者，方眷命我外夷为内地主"。[①] 王朝的正统性既与地域无关，文野之分更是后天可变（韩愈有言："中国而夷狄也，则夷狄之；夷狄而中国也，则中国之"），何况"华夷"之别在于居处不同，语言文字不通，而非文化的高下之分。[②] 故地域无关乎尊卑贵贱，王朝统治的正当与否，也不应由统治者的"华夷"身份来判定。若站在今天反对"文明优越论"、反对"民族沙文主义"的立场上来看，雍正皇帝的观点可谓相当进步与超前。

除了以子之矛（惟德是辅）攻子之盾（华夷有别）外，雍正还将清朝对中国特殊的贡献纳入讨论的重点。他认为，从前的华夷之说，往往盛行于魏晋及宋代等中原王朝偏安之时，彼此都是"地丑德齐"，谁也不比谁好到哪儿去，因此北人诋毁南人为"岛夷"，南人指斥北人为"索虏"。古代中国之所以有"华夷之辨"的思想，不过是因为历代人君能力不足，不能使中外一统，如汉、唐、宋、明全盛之时，仍始终无法完全解决北部边患，也不能使"异族"臣服而统治他们的土地，故宣扬这样的观念区分疆界，作茧自缚。而清廷统治下的中国则完全不同，东南极边番彝诸部并蒙古极边诸部俱归版图，"是中国之疆土开拓广远，乃中国臣民之大幸，何得尚有华夷中外之分论哉"。[③]

雍正帝提出"从来华夷之说，乃在晋、宋六朝偏安之时"，是敏锐地察觉到"华夷之辨"狭隘排他的一面——这显然又与中国传统政治文化中的"大一统"思想相悖，故以此为突破口对传统的华夷观念进行批判。但他提出中国历代君主由于实力不足，"不能使中外一统"，而"自作此疆彼界"，则未必与事实相符。盖中国传统的夷夏观念中，"圣王制御蛮夷之常道"在于"外而不内，疏而不戚，政教不及其人，正朔不加其国，来则惩而御之，

---

① 参见《大义觉迷录》卷一，中国社会科学院历史研究所清史研究室编《清史资料》第 4 辑，中华书局，1983，第 3、5、22 页。

② "禽兽之名，盖以居处荒远，语言文字，不与中土相通，故谓之夷狄，非生于中国者为人，生于外地者不可为人也。"《大义觉迷录》卷一，中国社会科学院历史研究所清史研究室编《清史资料》第 4 辑，第 54 页。

③ 参见《大义觉迷录》卷一、卷二，中国社会科学院历史研究所清史研究室编《清史资料》第 4 辑，第 5~6、84~85 页。

去则备而守之。其慕义而贡献，则接之以礼让，羁縻不绝，使曲在彼"，[①]即使"远人不服"，也应"修文德以来之"。那种以武力征服"四夷之地"，凭借军事力量统一天下的思想，基本不在"华夏"一方（至少从来不是主流）。[②] 以此而论，雍正帝将王朝的实力与统治"中国"的正当性相联系，是对传统华夷观念中"重文轻武"一面的改造，他把满洲固有的尚武精神巧妙地融入华夷观念，通过强调康、雍两朝所取得的武功远迈历代中原王朝，树立清朝统治中国的正统地位。然而仅有"武功"是不够的（元朝即是前车之鉴），清朝开拓之疆土，大都是位于中原北部与西部的边疆地带，上述地区居住着与汉地在生产方式与文化形态上迥然不同的各类人群。清廷能否有效地统治由诸多不同人群构成的臣民，并将之纳入"中国"的政治秩序之中，同样是关乎其统治合法性的重要方面。

二　清代对周边族群的多元治理模式

在中国历史上，汉、唐两朝都曾向周边地区拓展疆土，如汉朝设有西域都护府，唐朝更是在边疆地区设立六大都护府（安东、安北、单于、安西、北庭、安南）。但维持这样的统治不仅需要巨大的经费支持，而且因为缺乏有效的治理手段，中央政府事实上也难以把那些没有以汉家"编户齐民"作为统治基础的地区完全地纳入国家版图。王朝一旦陷入衰弱，便无力维持都护府的运作，它在当地统治过的痕迹也很快湮灭（简言之就是无法把这些地区变成"中国"）。清朝的一大不同之处在于，它对于其版图之内的汉地社会以及汉地边缘地方基本上沿用汉唐式的专制君主官僚制模式，但对分布在今日中国国土面积一半以上的北部与西部各主要人群实施的治理体系，则源于汉地以外的传统。

---

① 《汉书》卷九四下《匈奴传赞》，中华书局，1962，第3834页。
② "凡所谓'华夏'之朝，通常是外拒四夷，内修'文德'以巩固其统治。反之，夷狄尚武，倾向于武力扩土者，多为与夷狄有某种文化联系或干脆是异族入主者。故中国历代版图之大，首推元而次属清，亦良有以也。"参见罗志田《民族主义与近代中国思想》上编，台北：东大图书公司，1987，第26页。

在清中央政府内，负责处理上述各人群、地区日常政务的机构是理藩院，其满文名为 tulergi golo be dasara jurgan，直译过来就是"治理外部地区的部门"。此处所说的"外部"，正是与中原汉地（内地）相对的边疆地区。但值得注意的是，理藩院所辖的这些"外部地区"，并不等同于传统华夷观念里中原之外的边缘地带，事实上在汉唐国家建构模式里，无论如何也找不到一种类似清代理藩院治理功能的中央政务机构。

理藩院最初被称为"蒙古衙门"，是皇太极于1636年称帝后为管理漠南蒙古（内蒙古）事务而专门设立的行政机构，1638年以后才更名为"理藩院"。蒙古人在清代拥有仅次于满人的政治地位和社会地位，尽管蒙古文化的影响力远不如汉文化那么大，但在官方定位中仍不低于后者。蒙古人的许多权利和待遇是通过理藩院获得的。虽然随着清朝版图的扩大，理藩院的管辖范围越来越广，喀尔喀蒙古、西藏、新疆（漠西蒙古与回部）乃至青海、甘肃、四川的一些土司部落都相继隶属于理藩院，然而处理蒙古事务始终占据理藩院全部工作的七成以上，对于蒙古各部实施的行之有效的各类政策，也为"教化"其他族群提供了有效的借鉴。

（一）蒙古

清廷对蒙古的统治最能体现其族群治理策略的灵活多变。虽然我们常说，有清一代满蒙族群上层之间形成了血缘、政治甚至文化上的一体关系，但由于蒙古的各个分支与朝廷的亲疏不同，内部仍然存在着巨大的差异。按照亲疏关系，可做如下排序。

与清廷关系最近的是努尔哈赤与皇太极时期被纳入八旗的蒙古人。天聪九年（1635）皇太极正式建立蒙古八旗，这一部分蒙古人从此成为旗人，属于统治阶层中的一分子。

次之是后金时代与女真人临近的漠南蒙古（内蒙古）诸部，但其中也有较大差异。蒙古大汗嫡系的察哈尔部（达延汗后裔）首领林丹汗因与皇太极争夺对漠南蒙古各部的控制权，被列为军事打击的重点目标——皇太极也是在彻底击败林丹汗后才被漠南蒙古十六部四十九位大、小领主共同尊奉为蒙古的"博格达·彻辰汗"。但对于漠南蒙古中的其他部族则通过联姻、盟誓、贸易、交换质子等多种方式拉拢、控制。其中，科尔沁部与爱新觉罗家族联姻最为频繁。努尔哈赤曾娶科尔沁部首领明安之女为妻，其继任者皇太极的两任皇后（孝端文皇后与孝庄文皇后）与三位妃子（最著名者是宸妃海兰珠）均出身科尔沁部，其他与科尔沁部联姻的阿哥还有很多。据学者统计，入关前，女真部与科尔沁部联姻共达 33 次，占同时期满蒙联姻总数的 39%。该部在清代的地位极为特殊，康熙帝称为"朕的舅家"。我们一般所说的"满蒙统治集团联盟"中的"蒙古"就是指科尔沁这样与清皇室频繁联姻、保持亲密关系的部落。

再次是漠北蒙古喀尔喀诸部（外蒙古）。1688 年，漠西蒙古准噶尔部首领噶尔丹率军东侵，欲一统众蒙古。喀尔喀蒙古的车臣汗、土谢图汗与札萨克图汗均无力阻挡，遂向清廷求援。康熙二十九年（1690），清军在乌兰布通击败准噶尔军队，喀尔喀蒙古请求内附清廷。次年，康熙皇帝与喀尔喀王公在多伦淖尔举行会盟，喀尔喀各部正式纳入清朝版图，其归附的时间要远远晚于漠南蒙古。

最后，漠西蒙古（明朝时称瓦剌，清朝时称卫拉特）与清廷的关系最为疏远。尤其是卫拉特蒙古中实力称雄的准噶尔部，曾长期与清廷处于敌对状态。直到乾隆二十三年（1758）清军消灭准噶尔部，卫拉特蒙古才彻底臣服于清廷的统治。

大致而言，清廷按照与蒙古各分支的亲疏关系，秉持"蜜枣"（联姻与封爵）和"大棒"（武力征伐与禁止贸易）相结合的大政方针，针对整个蒙古的族群特性，制定与之适应的治理策略。最重要的有如下两方面。

第一是设立盟旗制度。这是基于成吉思汗创立的"万户制"与蒙古的"会盟制"，并结合清人的八旗制度形成的一种行政建制。"会盟制"原本是蒙古各部首领会盟决议大事的惯例，曾被称为"忽里台""楚固兰"。清廷沿用这种形式，通过派遣大臣与蒙古各部首领集会处理蒙古事务，按照会盟地点的不同形成诸"盟"；又依照八旗制度在"盟"下设旗，将分散在草原上的部落组织以编制札萨克旗的方式固定在"盟"下；旗下再设"佐"

（牛录，niru）作为最小的基层组织。每一盟选有盟长，负责召集盟内各部首领集会，处理如颁布诏令、议定法规、注册新生人口、审理案件、操练军队等政务。盟有相当的自治权，但遇有外交事务、重大事件或部落间出现严重冲突时，仍须上报清廷派驻各地的驻扎大臣（表10-1），再由大臣根据事情的轻重缓急上报理藩院或直达御前，等待中央政府的指示与裁决，由此形成了一套纵向治理的行政体系（图10-1）。

表 10-1　蒙古各地主要驻扎大臣简况

漠南蒙古（内蒙古）	察哈尔都统、热河都统、绥远将军、归化城副都统
漠北蒙古（外蒙古）	乌利雅苏台将军、库伦办事大臣、科布多参赞大臣、阿尔泰办事大臣、布伦托海办事大臣
青海地区（卫拉特蒙古）	西宁办事大臣
新疆地区（卫拉特蒙古）	伊犁将军、乌鲁木齐都统、哈密办事大臣及帮办大臣

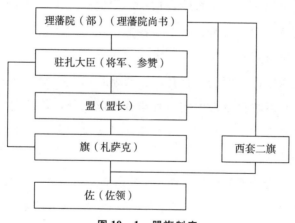

图 10-1　盟旗制度

　　盟旗制度不仅使得曾经散漫的游牧部族有了固定的编制，政令得以统一，也将庞大、复杂的蒙古草原细分为无数小单位，便利清廷统治。

　　以内蒙古为例，其下分为六盟：哲里木盟、卓索图盟、昭乌达盟、锡林郭勒盟、乌兰察布盟、伊克昭盟。其中哲里木盟下分十旗：科尔沁部六旗、扎赉特部一旗、杜尔伯特部一旗、郭尔罗斯部二旗。科尔沁部六旗又分左翼三旗与右翼三旗，每旗都有严格的游牧边界。如右翼中旗札萨克和硕图什业图亲王领地，其边界东至那哈泰山，接右翼前旗界；南至查罕莽哈，接左翼中旗界；西至塔勒布拉克，接左翼中旗界；北至巴音和硕，接乌拉穆沁左翼旗界；东南至巴朗济喇坡，接右翼前旗界；西南至格伦哈古沁城，接左翼中旗界；东北至木勒推山，接右翼前旗界；西北至博罗活吉尔山，接左翼中旗界。

　　各旗都照此方式被严格限定在规定的地域内，原则上禁止越界进行任何军事、民事活动。这一制度的制定源于清初统治者对蒙古游牧习性的深刻了解。努尔哈赤就认识到，蒙古人就像天边的云一样，合在一起就是狂风骤雨，形成可畏的战力，分则"犹如雨收云止"，毫无威胁。因而盟旗制度不仅解决了各个部落之间因利益冲突引发的问题，而且使得蒙古部族因无法随意迁徙放牧而丧失机动力优势。正如拉铁摩尔所说，在原来的部落社会，可以用部落战争来解决边界及社会争端，而现在，只能用调解的方法来解决争端。统治者不允许争执双方有任何一方得胜而吞并另一方，他只是将土地分割，而令双方都成为一样的王公。换言之，这一制度不仅防止了蒙古内部的纷争，更阻止了联合。蒙古各部落集合在一位有力可汗的领导之下，挑战中原王朝的历史场景不复重现。

　　第二是利用藏传佛教来笼络与控制蒙古。1573 年，二世达赖喇嘛与蒙古土默特部首领俺答汗在青海仰华寺相会并结为供施关系，以此事件为标志，藏传佛教在元代以后再一次在蒙古高原大规模地传播开来。尤其是宗喀巴创立的新教格鲁派（僧人皆穿戴黄衣黄帽，俗称黄教），受到蒙古社会上至王公、下至平民的一致崇奉。清廷因而制定了推广黄教以安抚、控制蒙古各部的国策。乾隆帝就曾直白地表示："兴黄教以安众蒙古，所系非小，故不可以不保护之，非元朝之诏敬番僧也。"[1] 承德避暑山庄可以说是清朝中前期的第二个政治中心，清朝皇帝每年都会在此居住一段时间，[2] 处理政务，会见蒙古各部首领，率满蒙王公、朝廷大臣及八旗将士围猎，举行木兰秋狩等。为进一步笼络前来朝觐的蒙古王公，清廷在承德大肆修建

---

① 《高宗纯皇帝实录》卷一四二七，乾隆五十八年四月辛巳条，《清实录》第 27 册，第 84 页。
② 雍正皇帝除外，他是个"工作狂"，在位期间很少离开北京。

喇嘛庙，提供礼佛场所。今天我们去承德旅游，除避暑山庄外必去的景点便是外八庙，这都是清朝宗教政策的遗留。民间说"明修长城清修庙"，就非常清楚地说明了明、清两朝应对蒙古的不同方式。

除了在承德，清廷还大力支持藏传佛教各教派在蒙古各个地区广泛地修建寺庙。据统计，至清代中期，内蒙古的藏传佛教寺庙有 1800 多座，外蒙古地区有 747 座，青海、甘肃、新疆和四川等地蒙古人聚居区有寺庙 600 余座。蒙古家庭皆以男丁出家做喇嘛为荣，同时期，仅内蒙古的喇嘛人数就多达 15 万人左右，整个蒙古地区的喇嘛占总人口 12% ~30%，占男丁人口总数约 40% ~50%，个别地区甚至达到了 60%。这一数据随着时间的推移逐步升高。至清末民初，根据蒙藏委员会的调查报告，蒙旗青年，若以一旗为单位，喇嘛占全旗青年人口数十分之六七，所占男性人口比例更是达到了惊人的地步。要知道在蒙藏社会中，喇嘛被认为是受尊敬且具有知识的人，极受优待，不服兵役，不交赋税，可以理解为汉地社会中的士大夫阶层。但如此庞大的僧侣群体，皆以成年男丁为主，极大地削弱了蒙古

图 10－2　承德普陀宗承之庙（仿照拉萨布达拉宫修建，有小布达拉宫之称）
资料来源：2010 年 9 月，笔者摄于承德外八庙。

的社会活力与军事能力,使得本已因盟旗制度而受到限制的蒙古更加顺服于清朝的统治。

(二) 西藏

如前文所言,清廷对西藏的重视与蒙古有密切的关联。早在入关以前,清统治者已开始有意识地利用喇嘛教笼络漠南蒙古诸部。1635年,皇太极在征服察哈尔部后,用时三年,耗资两万余金修建了规模宏大的喇嘛庙实胜寺。他又派出使者远赴西藏,延请高僧至满洲传播佛教。定都北京后,清廷为加强与西藏的联系,连续三次派专使入藏,邀请五世达赖喇嘛进京。此时的西藏地方政府称为甘丹颇章政权,是由格鲁派领袖五世达赖喇嘛与卫拉特蒙古和硕特部首领顾实汗共同领导的。顺治九年(1652),达赖喇嘛率领班禅喇嘛、顾实汗代表及藏官侍众三千人前往北京。顺治帝正式册封格鲁派宗教领袖达赖喇嘛为"西天大善自在佛所领天下释教普通瓦赤喇怛喇达赖喇嘛",册封手握西藏军政大权的顾实汗为"遵行文义敏慧顾实汗"。两者虽名义上臣服于清廷(从藏人的视角而言,双方的关系更接近一种供施关系),但清廷对西藏的实际影响力有限。和硕特部与格鲁派的联合统治一直持续到康熙朝末期。

康熙五十五年(1716),卫拉特蒙古准噶尔部派兵奇袭西藏,击败了和硕特部与西藏的联军,杀死了和硕特部首领拉藏汗,占领西藏。清廷以"驱准保藏"的名义派军入藏,不仅驱赶了准噶尔军队,更借机取缔了和硕特部在西藏的所有权益。在清廷的主导下,对西藏既有的行政体制进行了变革,废除独揽行政大权的第巴一职,建立起由数位西藏贵族集体负责西藏地方事务的噶伦制度。乾隆十五年(1750),西藏发生珠尔默特那木札勒之乱,动乱平息后,乾隆皇帝颁布《西藏善后章程》十三条,正式在西藏建立噶厦政府。设噶伦四人,由三名俗官与一名僧官充任,地位平等,秉承驻藏大臣和达赖喇嘛的指示共同处理藏政。此章程扩大了达赖喇嘛与驻藏大臣的权力,使得中央政府对西藏的控制力大大增强。

乾隆五十七年(1792),乾隆帝派遣军队击败了入侵西藏的廓尔喀(今尼泊尔），并且兵临廓尔喀首都加德满都城下，迫使廓尔喀向清廷朝贡。乾隆皇帝借机进一步加强对西藏的控制，颁布了《藏内善后章程》二十九条，详细规定西藏的宗教事务、外事、军事、行政和司法权力，达赖、班禅喇嘛的转世程序，地方政权的组织结构，并划分了西藏、青海、四川和新疆等省的边界。

综上可见，清廷对西藏的治理从名义上的册封发展到实际上的直接管理，经历了一个漫长的过程。

（三） 回部

回部指天山以南的回民聚居地（今新疆南疆），因信奉伊斯兰教，故称"回部"。明朝时，察合台后裔赛依德汗在此地创立叶尔羌汗国，实际上仍是由伊斯兰化的蒙古人建立的地方政权。康熙十九年（1680），叶尔羌汗国被天山以北日益强盛的卫拉特蒙古准噶尔部所灭，其首领大、小和卓——布那敦、霍集占作为人质被长期囚禁。乾隆二十年（1755），清军平定准噶尔叛乱后，释放大、小和卓，派兵护送布那敦南归治回，留霍集占管辖伊犁地区的回民。帮助清军平定准噶尔叛乱的辉特部首领阿睦尔撒纳因不满清廷的战后处置，率部发动叛乱，霍集占亦参与其中。1757 年，清军击败阿睦尔撒纳，霍集占逃回南疆与布那敦合兵一处继续抵抗，杀清廷回部招抚使阿敏图。次年，清军攻占叶尔羌城，布那敦、霍集占兵败身亡。叛乱平息后，乾隆帝下令在南疆喀什噶尔驻参赞大臣，在其他重要城市设立办事大臣或领队大臣，天山以南的回部地区遂纳入清人的直接统治。

平定回部后，清廷根据当地复杂的族群与信仰状况采取了不同的方式予以治理。南疆东部内地移民较多，这一地区居住的汉、回百姓无论在生产、生活方式上，还是在政治、经济、文化状况上，都与同时期内地的汉、回百姓基本相同，因此，清廷在这些地区实行了与内地相同的郡县制。在天山南部塔里木盆地边缘以及伊犁地区，延续了当地传统的伯克制度。"伯克"即回部对贵族、头领的称谓，清廷将"伯克"进行了官制化的变革，作为自己的统治代理人。对哈密、吐鲁番地区的回民，以及哈萨克、蒙古的游牧民，清廷仿照内、外蒙古采用盟旗制度进行管理。对于各级伯克、札萨克王公等，清廷给予丰厚的物质赏赐，保留其原有的经济利益与政治特权，实行年班朝觐制度，即每年轮班进京朝觐皇帝，以此进行笼络、抚绥。同时，派赴各地的驻扎大臣不直接管理地方政务，但对伯克、王公等有直接的监管职责，能够决定伯克、王公等的升迁降黜。

南疆信仰以伊斯兰教为主。清廷深知伊斯兰教在回民社会中的重要影响，因此对回民正常的宗教活动实行保护和利用，以此作为巩固统治的重要手段。清廷在平定大小和卓叛乱后，清廷不仅没有破坏南疆喀什噶尔地区的旧和卓坟墓，还派专人看守保护，拨给土地作为维护、修缮的经费。对当地众多的清真寺和其他宗教场所，也一概给予保护，不干预回民的正常宗教活动。在此基础上，推行政教分离政策，尽力消除和卓家族的政治权威，严禁和卓、阿訇干预行政和司法（伊斯兰教法仅保留在民事纠纷的审断中），剥夺了他们监督责难伯克的权力。乾隆帝还再三明令，禁止任用阿訇为伯克，或者由伯克兼任阿訇。除伊斯兰教外，天山南北的蒙古部落大多信奉黄教，内地移民则信奉道教或其他汉地民间信仰，清廷均采取保护和鼓励政策。这种宽松的宗教政策使清廷治理新疆相当长时间里，没有再发生大的教派斗争。

由于篇幅有限，我们无法在此一一罗列清廷的边疆治理方略。大体而言，无论是何处地域，何种人群，何样的文化习俗，清廷都是以"修其教不易其俗，齐其政不易其宜"为基本原则进行因地制宜、因俗施治的治理，其在经略边疆方面的成功经验应该得到肯定。当然，清代的族群治理也有颇受争议的"民族隔离政策"，如禁止汉人与疆域内的非汉族群进行自由的经济来往与文化交流，只有少量的内地商人被允许在边疆地区进行贸易，但必须得到政府颁发的许可，凡未得许可而私自进入边疆地区的汉人，在清代被称为"汉奸"。清廷此举自然是为了提防人口数量居绝对优势的汉人群体，防止汉文化大规模地渗入非汉族群之中，其背后的逻辑与"满汉大防"应该是一致的。客观而言，这一隔离政策维持了非汉族群社会的传统体制，有利于保持其文化传统与宗教传统的完整，也在一定程度上保证了各个族群的地方利益（如对生产资源的占有）。虽然"隔离"限制了各个族群之间的深度交融，但这不应被视为清廷有意识地阻碍治下各个族群的统一，实际上，清朝统治者致力于建立的是一个各族群既维持自身特有的政治体制、生产方式、宗教习俗，又同属清朝臣民的"多元一体"的政治共同体。

三　清中叶"五族一体"的政治建构

在理藩院管辖下的各族人群，大都与蒙古事务相关，并不等同于传统夷夏观念里中原之外受歧视的边缘人群，其身份地位已与内地民人无异（有的还略高些）。最为特殊的例子是川西北的嘉绒地区。该地本实行土司制度，受川省地方政府管辖，因两次耗费巨大的金川战役获得了特殊地位，转由理藩院兼管，实际是抬升为"享受蒙藏待遇"。乾隆帝还仿照新疆伊犁将军之例，设成都将军管理这一地区。他认为这里的土司总是抗拒不法，皆因内地官员自高自大的文化观念作祟。官员对众土司轻慢无礼，唯对地域接近内地、汉化程度较深的明正土司加以礼待，遂致"众番久怀不平"，毫无忌惮。乾隆帝之论透露出内地官员在传统华夷观念影响下的文化优越感在边疆治理中的负面作用，其目的之一就是要利用汉地之外的资源打破这种文化上的隔阂与歧视。因而在善后处置中，他一面下令沿边"土司番众"无须改变其固有的风俗旧习，甚至不强制剃发，更换衣饰；一面宣称"沿边各土司，无不隶我版宇，所有番众即与内地民人无异"。[①] 正如雍正皇帝在《大义觉迷录》中所言，各个族群的差别在于居处不同，语言文字不通，而非有高下之分，文化上的差异性无碍于各个族群同属于清朝臣民的政治身份。[②]

对曾被视为"西南蛮夷"的嘉绒部族尚且如此，理藩院管辖下的其他族群更不会再有"夷夏"优劣之分。乾隆帝曾降谕驳斥以"夷"称呼蒙古的满洲大臣，"蒙古、汉人，同属臣民。如有书写之处，应称蒙古、内地，不得以

---

① 《高宗纯皇帝实录》卷一一〇一，乾隆四十五年二月壬申条，《清实录》第22册，第741页。
② 当然，这不代表清代就成功地消除了民族歧视与文化优越感，实际上，这种歧视与优越感从未消失。

蒙汉字面混行填写",① 强调不能视百年内属之蒙古为"夷狄"。后来又有驻藏官员在奏报中称达赖喇嘛使者为"夷使",乾隆帝再次驳斥说:"国家中外一家。况卫藏久隶版图,非若俄罗斯之尚在羁縻,犹以外夷目之者可比,自应以来使堪布书写为是。"② 按照乾隆皇帝的逻辑,纳入理藩院管辖的蒙古、西藏、回部、嘉绒等"外部地区"的各个族群都属清廷治下的平等臣民,"夷狄"的名称与身份更多地被转移给了俄罗斯以及随后而来的西洋诸国。

以往的清史叙事中,我们很容易陷入某种单一的文化中心论,或强调清代非汉族群的"汉化",或强调清代统治者的满洲特性(以海外学者为主),从而忽视了清代还有超越狭隘单一族群的一面。乾隆朝首席军机大臣阿桂在安排嘉绒土司的朝觐事宜时,就特意将土司进京的时间选在蒙古札萨克王公与回城大小伯克齐聚京城之时:"在各土司等得见王会辐辏,既使其益生震叠,而轮班之王公伯克等又见各土司新赴阙廷,益知无远不服之盛。"③ 显然,这不仅仅是对清朝皇帝的单方面"朝圣",这些来自天南地北之人,虽语言不通、服饰各异、文化信仰不同,但齐聚一堂朝拜同一对象的行为,应能有助于其产生同属清朝臣民的共同体意识。④

与此相应,每当取得重大战事的胜利,清帝都要依例勒碑于太学,讲述战争的原因、过程及意义。乾隆朝时进一步在拓展的疆土上立碑纪念,如平定嘉绒地区的大、小金川后,就在大金川的勒乌围与噶拉依、小金川的美诺分别立有《平定金川勒铭勒乌围之碑》《平定金川勒铭噶拉依之碑》《平定金川勒铭美诺之碑》,讲述战役的经过。此三碑皆以满、汉、蒙、藏四种文字书写。金川地区并无与此对应的四种族群存在,⑤ 从读懂碑文的层面来说,似乎没有必要齐书四种文字。乾隆帝此举更像是一种对嘉绒众土司的政治宣告,即四种形态各异文字背后的满、蒙古、汉、藏族群皆为大清臣

① 《高宗纯皇帝实录》卷三五四,乾隆十四年十二月戊寅条,《清实录》第13册,第884页。
② 《高宗纯皇帝实录》卷一二九二,乾隆五十二年十一月壬申条,《清实录》第25册,第340页。
③ 《平定两金川方略》卷一三二,乾隆四十一年二月癸卯条,《清代方略全书》(二〇),北京图书馆出版社,2006,第90页。
④ 与宗教仪轨的作用类似。
⑤ 即使有满、蒙旗人,数量也极少。

民，以此给当地人营造一种不分夷夏、中外一体的"共同体想象"。准噶尔部与回部的情况同样如此，只是碑文所书文字略有不同，如《平定回部勒铭伊西洱库尔淖尔之碑》，碑文为满、汉、蒙、察合台文①四书合璧。这也提示我们，在清人的认识中，"共同体"内并非必须消除彼此间的差异而同化为"一"，反而是在保持差异的前提下，将各族群的多元特征与中原王朝传统的天下观相容，从而建构一个内外有别又多元一体的"新中华"。②

图 10 - 3 平定金川勒铭噶拉依之碑
资料来源：2012 年 9 月，笔者摄于金川县安宁乡御碑亭。

18 世纪中叶以降，清朝逐渐步入全盛时期。在统治者看来，大清幅员

---

① 曾广泛流行于中亚地区，是采用阿拉伯字母的拼音文字，我国新疆地区直到 20 世纪初仍在使用，后经改革成为现代维吾尔文。

② 清代文献中一般称为"皇清之中夏"，其思路已接近后来"多元一体"的中华民族。

之广，文治武功之隆盛，已超过历代中原王朝，这让他们在面对夷夏身份及清王朝的正统地位等问题时较前人更为自信。以乾隆帝为代表的满洲统治者不再以"夷"自居，转而将满洲融入"中华"概念之下。为了改变过去夷夏观念中以中原和边疆为二元对立的传统认识，清朝官方（尤其是乾隆朝后期）有意拓展了"中华"概念所涵盖的地理空间与人群范围，不仅是满与汉，归属理藩院管辖的蒙古、藏、回等"外部"地区也同样融纳其中。至少乾隆帝已尝试建构一个包含满、蒙古、汉、回、藏等多族群，既各有差异又内外一体的"政治共同体"。

以现代的眼光来看，这一"政治共同体"的局限性也十分明显。在皇权社会与首崇满洲的政治氛围下，五族难以实现真正的平等，一小部分满蒙贵族仍享有特权。并且，在五族之外还有许多族群，如西南地区的苗族、瑶族等，同样受到歧视与不公正的待遇。但我们也应该看到，清朝兼顾族群多元特性与政治一体化的尝试在破除华夏文化中心观、消除民族歧视、维护国家统一方面起到了一定的积极作用。民国时期的"五族共和"正是在清代"五族一体"的基础上演变而来，后来多元一体"中华民族"的形成，也得益于此。

结　语

清朝是以来自东北地区的满洲人为统治核心建立的大一统王朝，与传统的中原王朝不同，其统治合法性始终受到儒家观念中"华夷之辨"或明或暗的挑战。清朝统治者一方面强调满蒙族群的"纯朴"特性，与汉文化保持距离，以维持少数族群的独特地位与特殊权益；另一方面又竭尽所能地消弭"华夷"边界，以摆脱曾为"夷狄"的历史记忆。乾隆朝以降，清廷在取得一系列边疆战役的胜利后，尝试将王朝疆域内的数个主要族群纳入相对平等的政治秩序中，以共同的臣民身份消弭"华夷之别"。这一满、汉、蒙古、回、藏五族一体的政治建构对后世有很大的影响。

清朝亡后二十余年，抗日战争爆发。面对日本侵略者割裂中国境内民族、削弱抵抗力量的企图，各族的大部分民众都以实际行动牢牢团结在一起，共赴国难。如蒙古王公伊克昭盟盟长沙克都尔扎布（沙王）无视日本的极力拉拢，于1939年飞往重庆发表声明，称蒙古是整个中华民族的一分子，蒙旗同胞对于抗战具有义不容辞的责任。他还将成吉思汗皇陵迁往内地，以表明蒙古族誓不屈服的决心。[①] 宁夏省政府主席马鸿逵亦称回人"信仰了回教，仍然还是中华民族"，"我们只知道我们是中华民族，是四万万人的一部分。我们世忠国家，不能忘其祖宗，不能忘其国家。无所谓回，无所谓汉，同是被人欺凌的弱小民族"。[②] 西藏虽处于大后方，十三世达赖喇嘛与九世班禅额尔德尼也以其巨大的宗教影响力，号召蒙藏民众"与我全国同胞同立一条战线，赴汤蹈火，在所不辞"。[③] 抗战能够取得最终的胜利，与各族同胞团结一心是密不可分的。如果没有清代"共同体意识"的塑造，仅靠民国时期有关"中华民族"的理论建设与宣传，恐怕难以产生如此强大的凝聚力，将内地与边疆牢固地连接在一起。

主要参考文献

《大义觉迷录》，中国社会科学院历史研究所清史研究室编《清史资料》第4辑，中华书局，1983。

石硕：《西藏文明东向发展史》，四川人民出版社，2016。

王珂：《民族与国家：中国多民族统一国家思想的系谱》，中国社会科学出版社，2001。

〔日〕宫胁淳子：《最后的游牧帝国——准噶尔部的兴亡》，晓克译，内蒙古人民出版社，2005。

〔美〕拉铁摩尔：《中国的亚洲内陆边疆》，唐晓峰译，江苏人民出版社，2005。

姚大力：《不再说"汉化"的旧故事》，收入《殊方未远——古代中国的疆域、民族与认同》，中华书局，2016。

---

① 《蒙旗同胞的责任》，《中央日报》1939年2月17日。
② 马鸿逵：《西北之两大问题》，郭维屏主编《西北问题研究会会刊》，正中书局，1934，第6页。
③ 《蒙藏旬刊》1939年第1期。转引自钟宇海、喜饶尼玛《国家认同与全民抗战——以藏族民众的抗日活动为例》，《中国藏学》2017年第3期，第76页。

第十一讲　清宫梵华：从清宫藏传佛教文物 看多民族交往、交流与交融

张长虹

西藏地方与中原地区的交往交流源远流长，早在8世纪吐蕃时期兴建的第一座寺院桑耶寺就是按照汉、藏、印三种样式修建的，文成公主和金城公主入藏更是带去了大量中原的文化技艺。元代藏传佛教萨迦派高僧担任帝师，八思巴推荐尼泊尔艺术家阿尼哥到元大都为朝廷服务，任工部诸色人匠总管，主持修造创作了大量藏、汉、尼风格融合的佛教建筑、雕塑和绘画，并培养出了著名的汉族徒弟刘元，继续进行藏传佛教艺术的创作。元代西藏夏鲁寺的扩建得到大量来自中央政府的赏赐和汉地工艺技术甚至匠人的输入。明代朝廷多封众建，对藏传佛教各教派的首领封赐法王、教王、国师、禅师等众多封号，前往京城朝贡的藏族僧俗首领使团不绝于路。明代内府御用监设有专门造作佛像的机构"佛作"，司礼监设有"番经厂"，负责宫中的藏传佛教佛事活动。第一部藏文大藏经的刻本是明成祖永乐八年（1410）在南京刻印的《甘珠尔》。清代对藏传佛教的重视与明代相比有过之而无不及。顺治皇帝时期，五世达赖喇嘛入京觐见；雍正皇帝规定了达赖、班禅隔年进贡的年班制度；乾隆皇帝更是尊崇、扶持藏传佛教，发表著名的《喇嘛说》，阐明自己"兴黄教以安众蒙古"的主张。清初扩建布达拉宫红宫时，康熙皇帝派114名汉族工匠参与建设；紫禁城内的原状佛堂雨花阁据称是仿照遥远的西藏阿里托林寺修建而成。西藏地

方和历代中央政府的密切交往留下了大量的文物考古遗存，大量贡赐文物保存至今，不仅是历代中央政府对西藏地方实施有效管辖的历史见证，也是历史上多民族交往交流的物质文化载体和中华文化瑰宝。本讲将聚焦于今天仍然保存较好的清宫藏传佛教文物，透物见人，通过文物来观察西藏地方政教首领与清统治者之间的密切往来，造作这些精美文物的匠人之间的协作交流，以及文物所反映出的多民族交往交流交融的具体实践和历史事实。

一　清宫藏传佛教文物的分布与价值

清宫即清代宫廷，有狭、广二义：狭义的清代宫廷指紫禁城以内，即今故宫博物院所在；广义的清代宫廷是指以紫禁城为主体的整个清代皇家建筑，如颐和园、圆明园、天坛、承德避暑山庄与外八庙等，都属于皇宫内务府直接建造、管理的建筑。这些建筑物所存藏的文物都与宫廷有关，或直接来自宫廷，因此也属于"清宫文物"的范围。由于清代前期和中期统治者重视文物珍宝的收藏，清宫文物极其丰富，至乾隆皇帝时期达到极盛。然而，随着清朝后期国势衰败及随之而来的战乱，大量清宫文物以各种形式流出紫禁城和其他皇家建筑，散佚于国内外。其中大规模的流失主要有以下几次。一是19世纪中后期，第二次鸦片战争中英法联军对圆明园的野蛮劫掠和焚毁，以及1900年八国联军对皇室珍宝的抢劫与破坏。二是清朝覆亡后，溥仪及其家人将清宫收藏盗运出宫。1911年辛亥革命后，逊帝溥仪仍"暂居宫禁"，直到1924年溥仪及其眷属被逐出紫禁城，在这13年内，大量精美文物被赏赐、拍卖抵押甚至偷盗出宫，损失巨大。三是抗战时期故宫文物的南迁。其中2972箱、597423件故宫南迁文物被运到台湾，约占台北故宫博物院现有文物总数的86%。南迁文物中还有不少留在了南京，现收藏于南京博物院。四是1949年以后故宫文物的外拨。从1949年至1980年，故宫大量宫廷藏品及珍贵文物被调拨给其他博物馆、图书馆和相关机构，如给国家博物馆、沈阳故宫博物院、承德外八庙等单位，文物外拨数量超过 2000 件；清宫慈宁宫大佛堂的 2900 余件文物于 1973 年被迁运河南洛阳。① 因此清宫文物主要的存藏地除了北京的故宫博物院和台北故宫博物院，还有沈阳故宫博物院、南京博物院及承德、洛阳等地的文博机构，这些地方的宫廷文物均出自清宫旧藏，同根同源，一脉相承，同为中华民族绵延不绝历史文化的载体和见证。此外，国外不少博物馆以及国内外私人也收藏有清宫文物。

　　清宫文物浩如烟海，仅就故宫博物院的最新数据，现有文物藏品 1863404 件（套），② 若加上因各种原因从清宫流散出去的文物，则更是宏富无比。清宫文物上迄新石器时代，下至近代，囊括了此时段中国各个地域的文明精华，包含了中华民族的艺术精粹。从类别上看，清宫文物涵盖了中国古代艺术的所有门类，各主要类别文物本身就可以构成该类文物从萌芽、发展到辉煌的文化链。清宫的文物还有着特殊的崇高地位，被称为"国宝"，因为其是皇家的收藏，与王朝的命运息息相关，因此这些文物也成为皇权的象征，是中国明清时期宫廷文化和典章制度的见证。

　　清宫文物品类丰富，体系完备，各收藏单位根据保护管理的需要，有不同的分类方法。以故宫博物院为例，依据文物的质地、形式，分为陶瓷、绘画、法书、碑帖、青铜、玉石、珍宝、漆器、珐琅、雕塑、织绣、铭刻、家具、古籍善本、文房用具、帝后玺册、钟表仪器、武备仪仗、宗教文物等共 25 大类，下面又再细分为 243 小类，可谓丰富多彩；台北故宫博物院的分类方法与之类似，分为 19 大类。其中除了清宫档案和古籍文献外，占大宗的文物类别为陶瓷器、书画和青铜器，历来备受关注，无论是展览、出版、研究还是历次清宫文物的整理，这几类文物都是工作的重点。藏传佛教文物在清宫文物中不属主流，长期受到忽视，20 世纪 80 年代之前历次清宫文物的整理均未对之给予足够的重视，甚至抗战时期故宫文物南迁时也没有受到关注，不过也因此保存了清宫原状佛堂的完整性。

――――――――――

① 郑欣淼：《清宫文物散佚与征集》，《华中师范大学学报》2016 年第 5 期。
② 故宫博物院官网数据，https://www.dpm.org.cn/Home.html，2024 年 4 月 28 日。

藏传佛教文物属于清宫文物中的宗教文物类。清宫宗教文物包括佛教文物、道教文物和萨满教文物，其中藏传佛教文物约占宗教文物总数的80%。最重要、最集中的收藏地为故宫博物院，有约5万件之多，承德避暑山庄与外八庙也有大量遗存，此外，颐和园、沈阳故宫、台北故宫也有一定的收藏。清宫藏传佛教文物的来源主要由两部分构成。一是以历辈达赖、班禅为代表的蒙藏地方政教首领敬献给清中央政府的贡物、礼品。这部分文物不完全是在藏地或由藏人所造，也包括来自新疆、蒙古等藏传佛教流行的地区和四川、甘肃、青海等汉藏混居区所造作的汉藏融合的文物，甚至有来自印度和尼泊尔的艺术品。二是清宫制造的藏传佛教文物，主要是用于皇室的佛事活动、赏赐蒙藏政教首领或王公大臣。由此可以看出，清宫藏传佛教文物是蒙藏地方与清中央政府密切往来的见证，是清中央政府处理民族关系、治理蒙藏地方的见证。文物的贡赐往来不仅是物与物的交换，而且是物质技艺的交流，精神思想和文化理念的交流。清宫藏传佛教文物也成为各民族交往交流交融的重要物质文化载体。

在中国历史上，藏传佛教并不是一个局部的地域性宗教，其流行范围除了广袤的青藏高原，还包括蒙古和东北地区，新疆、青海、甘肃等西北地区，以及青藏高原东缘的云南、四川等地，甚至首都北京和江南的杭州等地都有大量元、明、清时期的藏传佛教遗存，传播辐射范围极广。再有，藏传佛教也不是一个单一民族信奉的宗教。从7世纪起，佛教开始从中原汉地和印度、尼泊尔两个方向传入西藏，此后，佛教逐渐在西藏本土化，演变为适合青藏高原自然、人文环境的宗教，被称为藏传佛教。随着西藏文明的几次大规模东向发展，藏传佛教也传播到了汉族地区和其他各民族中，成为藏、蒙古、汉、满、土、门巴、裕固等多民族信仰的宗教，是藏族与各民族发生交往交流的重要渠道与方式。藏传佛教在构建中华文明格局中发挥过重要的文化纽带作用。元朝时期，藏传佛教取得国教的地位，历代帝师均由藏传佛教僧人担任。明朝中央政府以招抚手段召请藏传佛教各教派首领来朝，根据他们各自的地位和影响给予封号、印诰和赏赐，同时他们有义务定期进京入贡。由于朝廷对藏族僧人礼遇有加，越来越多的僧人要求留京，最多时达数千人，以至于朝廷不得不进行限制。清中央政府支持、扶植藏传佛教，继续发挥其宗教、文化作用，借此加强对蒙藏地区的统治。乾隆皇帝以藏传佛教格鲁派高僧三世章嘉·若必多吉为国师，有清一代，大量蒙藏地方政教首领向中央政府敬献贡物和礼品，以示恭顺输诚。五世达赖、六世班禅亲自进京朝觐皇帝，不仅加强了蒙藏地方与清中央政府的密切联系，也促进了多民族交往交流交融。

二　清宫藏传佛教文物造作工匠的多元化

　　清宫藏传佛教文物的一个重要来源是清宫制造的用于皇室佛事活动或赏赠蒙藏地方首领、王公大臣的物品。从造作机构来看，清宫藏传佛教文物主要由清宫造办处制造或督办，其他机构也有参与。清宫造办处设立的各类专门作坊达 60 余个，有玻璃厂、如意馆、裱作、金玉作、牙作、珐琅作、铜作、匣作、木作、灯裁作、盔头作、累丝作、镀金作、皮作、漆作、镶嵌作、錾花作、刻字作、画样作、画院处、绣活处、仪器处、造经处、造屏风宝座处、织造处等，门类众多，分工细致，涉及皇室生活起居的方方面面。清宫造办处同其他机构，如圆明园、雍和宫、热河和以"京外九处"为核心的分布于地方的作坊，一起构成全国性的制造网络。"京外九处"指"两盐政、三织造、四监督"，即两淮盐政（位于今扬州）、长芦盐政（位于今天津），苏州织造、杭州织造、江宁织造（位于今南京），九江关监督（位于今九江）、淮关监督（位于今淮安）、凤阳关监督（位于今凤阳）、粤海关监督（位于今广州）。其中的"江南三织造"、粤海关监督和江西景德镇是京外制作地中承办任务最多者，工匠以汉人为主。另外，西藏拉萨和新疆和田两地也时常与京内造办处有匠物往来。这些分布于全国各地的御用作坊构成了清代皇家生活器用和国事公用制造的生产系统，汇集了各行各业技艺精湛的匠师高手，制造出了既反映帝王审美情趣和政治意志，又体现多民族技艺交流交融成果的宫廷制品。

　　清宫造办处工匠的来源有两种：一是来自北京城内的旗人和宫廷太

监,称"旗匠"或"家内匠"、"某匠太监";二是各地选送的匠人,称"南匠""西洋人""外雇匠""招募匠""藏里人""回子匠""额尔忒匠"等。第一种匠人以满、汉工匠为主,内务府有些工匠指定须是满汉八旗人。第二种中的"南匠"一般以广东、苏州、江西等地的汉人巧匠为主,如苏州的玉工、山东的玻璃工;景德镇、苏杭、广州等地的御用作坊均是以汉人工匠为主。"西洋人"是指会技艺的外国传教士,如熟谙天文舆图的蒋友仁,熟精钟表的李俊贤,精于丹青的艾启蒙、郎世宁,等等。"藏里人""回子匠""额尔忒匠"等是指少数民族工匠。"藏里人"是指西藏向清宫选送的工匠。清代,大量精于金属造像铸造的尼泊尔工匠在西藏的作坊工作。乾隆九年(1744),清宫造办处要求拉萨选送擅做佛像的工匠,拉萨派送的 6 名工匠在档案中被称为"藏里人",但实际上是尼泊尔工匠,[①] 他们将其所擅长的锤揲锻打、模制锤打等工艺传到清宫,用于制造佛像,得到乾隆皇帝的赞赏,还让造办处的匠役"跟藏里人学着做佛"。[②]乾隆二十二年(1757)清廷平定准噶尔叛乱收复新疆后,新疆的工匠也开始进入造办处工作,被称为"回子匠""额尔忒匠"。清宫造办处活计档中有记载"额尔忒呢吗做莲花钵盂一件、金小刀鞘一件,回子做得秋辔什件、金银线等持进",额尔忒和回子匠人的做工得到皇帝的肯定和奖励,"呢吗勤谨,做的活计又好看,着赏缎一匹"。[③] 乾隆二十六年(1761)时,清宫造办处至少有回子匠役十名。为满足清宫大规模建寺供奉佛像、法器的需求,乾隆皇帝还请来达察杰仲等地方有名的工匠到内地做活。在来自西藏的工匠的指导和帮助下,清宫作坊改进了铜镀金配方,使造像显得富丽堂皇;引进西藏的粘药,用于佛像或法器等上珊瑚、青金石、珍珠、玻璃等嵌件的粘接;结合汉、藏和西洋配方,改进铸铃配方,使铃声更清

---

① 罗文华:《乾隆九年尼泊尔工匠进京考》,(台北)《故宫学术季刊》第 21 卷第 2 期,2003 年。

② 中国第一历史档案馆、香港中文大学文物馆合编《清宫内务府造办处档案总汇》第 12 册,人民出版社,2005,第 309 页。

③ 中国第一历史档案馆、香港中文大学文物馆合编《清宫内务府造办处档案总汇》第 26 册,第 613 页。

亮，等等。清宫承担宫廷唐卡绘画和制作的机构除了造办处外，还有中正殿。中正殿位于紫禁城西北角，以之为中心共分布有 12 座藏传佛教殿堂建筑，是清代宫廷藏传佛教活动的中心。设有专门管理宫中藏传佛教的机构"中正殿念经处"，同时掌管宫中佛器造办事务，[1] 在其间工作的有藏族僧人，还有满洲旗人和蒙古旗人。设有画佛处，画佛喇嘛负责画佛像、塑铜佛蜡样等，与造办处工匠及如意馆画师共同协作完成任务。中正殿画佛处的画佛喇嘛多为藏族和蒙古族。如此，汉、藏、满、蒙古、回等各民族的能工巧匠以及西方手艺人均被纳入各地清宫作坊，他们既有各自擅长的工艺，也在合作的过程中互相学习、互相影响，西藏等地的技艺与清代宫廷和汉地的技艺相结合，产生了众多的融合多民族艺术风格的清宫藏传佛教文物。如乾隆三十六年（1771）九月藏传佛教格鲁派在喀尔喀蒙古的宗教首领哲布尊丹巴呼图克图的画轴，由西洋画家艾启蒙画脸，其衣纹由宫廷汉族画家姚文瀚起稿，再由喇嘛完画。这一作品融合了西洋、藏地、汉地和蒙古地区等多种不同的画风，创作出了一种新的宫廷写真唐卡绘画风格。

　　西藏的噶厦地方政府也有自己的官属手工业作坊，承造西藏政教首领进贡中央政府的贡品和礼品。如拉萨布达拉宫脚下的作坊雪堆白和日喀则扎什伦布寺的专属作坊扎什吉彩，是当时西藏重要的艺术中心，主要是制作藏传佛教造像和各种宗教用品，其下设有不同工种的作坊，汇集了当时青藏高原各地最优秀的匠人。匠人除了藏族外，还有蒙古族、汉族和尼泊尔人。清宫保存的历辈达赖和班禅进贡的造像多出自这两个作坊，对清代宫廷造像产生过相当大的影响。如扎什伦布寺的作坊扎什吉彩筹建于四世班禅罗桑却吉坚赞时期（1570～1662），其生产的代表性作品是扎什琍玛造像，流布各地，声名卓著，成为蒙藏地区政教首领向清廷进献的绝佳贡品。故宫博物院收藏的扎什琍玛佛像达 400 多尊。[2]

---

① 王家鹏：《中正殿与清宫藏传佛教》，《故宫博物院院刊》1991 年第 3 期。
② 马云华：《清宫扎什琍玛造像的来源及像式类型分析》，《故宫博物院院刊》2007 年第 1 期，第 107 页。

三　西藏进贡文物所见多民族交往交流交融

自崇德七年（1642），藏传佛教格鲁派遣使到盛京觐见皇太极，建立了政治联系后，以历辈达赖、班禅为代表的西藏地方政教首领不断遣使或亲自进京觐见皇帝。如顺治九年（1652）五世达赖喇嘛进京觐见顺治皇帝，乾隆四十五年（1780）六世班禅进京觐见乾隆皇帝，都进献了大量的礼物，不少仍留存至今。西藏地方所进献的贡品中，宗教文物占多数，如各类佛像、唐卡、法器、供器等，做工精细，华丽名贵，有着极高的历史、文化、宗教和艺术价值，也反映了西藏历史上藏族同各民族交往交流交融的历史事实。

佛像在西藏贡入清廷的艺术品中所占比重最大。西藏进贡的佛像数量多、年代跨度大，有早至吐蕃时期的造像，也有晚至清代的造像。通过学界对佛像题记信息的整理，可知佛像的种类有"梵铜琍玛""梵铜旧琍玛""巴勒波琍玛""番铜琍玛""番铜旧琍玛""番造""扎什琍玛""桑唐琍玛""流崇干琍玛""紫金琍玛"等。[①]"琍玛"是藏语ལི་མ的音译，意为"响铜"，是铸造佛像的铜合金，也用来指代用响铜制作的器物，如布达拉宫里有殿堂名叫"琍玛拉康"，即响铜佛殿，就是专门收藏佛像的佛殿。"梵铜琍玛"中的"梵"指印度，"梵铜琍玛"指的是印度风格的造像，包括斯瓦特、克什米尔、东北印度和尼泊尔的造像，也有可能是用印度、尼泊尔的铜器作材料造的像。加了"旧"字的表明年代久远，如乾隆四十七年正月初三收八世达赖喇嘛进的一尊"大利益梵铜旧琍玛"，是9世纪东北印度的作品。"巴勒波"是藏语བལ་པོ的音译，指尼泊尔。"巴勒波琍玛"即尼泊尔琍玛，是指由尼泊尔工匠制造的作品。西藏长期有来自尼泊尔的工匠从事手工业制造，他们擅长佛教建筑、雕刻、绘画和佛像铸造，许多西藏的佛像出自尼泊尔工匠之手。因为技艺精湛，尼泊尔工匠还被送到清代北京宫廷

---

① 王家鹏：《故宫藏传金铜佛像题记及其分类》，霍巍、李永宪主编《西藏考古与艺术国际学术讨论会论文集》，四川人民出版社，2004，第381~411页。

从事佛像铸造。印度、尼泊尔等地的艺术品和工艺技术通过西藏进入清代宫廷和其他各地，促进了文明的交流互鉴。"番铜琍玛"是指西藏本地的作品，加了"旧"字是指15世纪以前年代较早的作品。"番造"是指清代西藏制造的作品。"扎什琍玛"是指日喀则扎什伦布寺官属作坊扎什吉彩制造的作品，扎什吉彩是西藏重要的艺术中心，其生产的琍玛造像显示了17世纪以来西藏中部地区造像的高超水平，影响遍及整个蒙藏地区和清代宫廷。从故宫收藏扎什琍玛佛像的黄条和龛背题记可知，扎什琍玛以历辈班禅进贡的居多。"桑唐琍玛"主要是指西藏12～15世纪流行的一种以特殊工艺制作的佛像，主要用黄铜（也有青铜）铸造，局部用红铜、白银镶嵌。"流崇干"是藏语ལོ་ཆེན་的音译，亦译为"流从干""刘崇"等，现在多译为"来乌群巴"，为一人名。"流崇干琍玛"即"来乌群巴琍玛"，来乌群巴是15世纪中期拉萨地区的著名艺术家，在西藏留下了大量的绘画、雕塑等艺术作品，清宫也收藏有他的造像（图11-1）。来乌群巴造像受到明代宫廷赏赐给西藏的永乐、宣德造像的影响，藏汉结合是其典型的艺术特征。"紫金琍玛"均为17～18世纪的作品，主要特点是佛像身体不鎏金，用紫金铸造，紫黑色的铜色中泛出五彩荧光，色泽优美。这是西藏佛像中最为贵重的品种，选用多种贵重合金材料，铸造也有相当难度，因此数量不多，十分珍稀。

从故宫博物院收藏的西藏进贡佛像的题记信息可以知道，佛像的来源多样，有来自印度、尼泊尔、克什米尔等不同地区的作品。西藏本地铸造的佛像既有来自拉萨的，也有来自日喀则的，其中的"来乌群巴琍玛"和"紫金琍玛"与汉藏文化交流有着密切的关系。西藏著名艺术家来乌群巴曾经参与甘丹寺、哲蚌寺、色拉寺、止贡寺、那兰扎寺等寺院的艺术创作，扎什伦布寺的强巴大佛像就是他主持建造的。不仅在西藏有许多他的艺术作品，在清宫收藏的佛像中也发现有他的留存。从来乌群巴造像可以看出其明显受到明代永宣造像的影响。18世纪宁玛派大师晋美岭巴对其造像特点进行了归纳，认为来乌群巴造像"与新汉地（明永宣）造像混同，造型端庄，面相优美，坐姿舒适，双层莲圈，腰位纤细，莲瓣清晰，造型精美，

图 11 – 1　故宫博物院藏流崇干琍玛四臂观音菩萨像

资料来源：王家鹏主编《故宫博物院藏文物珍品全集·藏传佛教造像》，香港：商务
印书馆，2003，图 169。

镀金厚重"。①明代宫廷赏赐的造像到了西藏，受到当地艺术家的欢迎，对
西藏的艺术创作产生了重要影响，制作出新的艺术品，又贡入清宫。早在
康熙皇帝时期，就认识到明代永乐造像对西藏造像的影响："乌丝藏（即卫
藏）旧佛中最重者莫过利嘛（即琍玛），利嘛之原出中国。永乐年间宫中所
造者为弟一。又乌丝藏仿其形象炼其铜体造者亦是利嘛，颇为可爱，如今
甚少。近世又仿利嘛而十不及一。尔春间所进乃汉人所造，非乌丝藏旧
物。"②在康熙皇帝看来，最好的琍玛是由明代汉人所造永乐造像，西藏琍

---

①　转引自多吉仁青、熊文彬《15 世纪西藏著名艺术家来乌群巴·索南坚赞及其造像风格初
　　探》，《美术大观》2021 年第 11 期，第 87 页。

②　转引自谢继胜《清宫紫金琍玛名义考辨》，《民族研究》2019 年第 1 期，第 99 页。

玛是受此影响进行的仿制，明代西藏琍玛仿制水平还较高，到清初时水平
有所下降。不过，到乾隆时期，随着拉萨布达拉宫官属作坊雪堆白和日喀
则扎什伦布寺官属作坊扎什吉彩的相继成立和发展成熟，西藏琍玛的制作
水平有了大幅提升。乾隆时期西藏地方呈进的众多琍玛造像反映了这一时
期西藏艺术的发展达到了一个新的高度。

　　西藏琍玛佛像中最神圣、最贵重的"紫金琍玛"进入清宫的最早实
物是六世班禅朝觐乾隆皇帝时进献的。清宫活计档乾隆四十四年（1779）
四月十三日的一条档案记载一尊紫金琍玛绿救度佛母，是班禅额尔德尼所
进，乾隆皇帝让工匠安上玻璃罩，供奉在他日常办公起居的养心殿西佛
堂，可见其珍爱程度。这尊紫金琍玛是六世班禅专门为进京朝觐准备的礼
物，于动身之前或进京路上已呈进宫廷。乾隆皇帝对于六世班禅呈进的紫
金琍玛十分看重，六世班禅于乾隆四十五年（1780）十一月圆寂后，在
陪同六世班禅进京的仲巴呼图克图提供的配方的帮助下，内务府造办处开
始仿制紫金琍玛，不断试验配方，至乾隆五十五年（1790）才确定正式
配方。清宫紫金琍玛的仿造延续至乾隆六十年或稍后，历时十五六年，嘉
庆朝以后就不再仿制了。由于材料名贵、配方独特，十余年中仅铸造了
100 余件，主要是无量寿佛像，大多用于皇帝的整年万寿节祝寿。[①] 清宫
仿造的紫金琍玛在西藏的配方基础上有所改进，不仅有昂贵的金、银等贵
金属，还有从西洋进口的五色玻璃面，成分也有所增加，在装饰、风格上
亦展现出宫廷特点和乾隆皇帝个人的审美。清宫仿制成功的紫金琍玛无量
寿佛又被乾隆皇帝作为礼品赏赐给西藏地方当时的达赖喇嘛和班禅喇嘛
（图 11－2）。紫金琍玛佛像的贡赐往来，一方面反映出政治高层之间的密
切关系和友好交往，另一方面也展现了各民族之间工艺技术和文化理念的
交流交融。

　　"紫金琍玛"一词的由来，实际上也是汉藏之间精神文化和物质文明深
层次交流的反映。元明时期，汉藏政治、经济、文化交往频繁，藏传佛教
艺术大规模向内地传播，造像风气盛行，需求增加，铜材难得。明代发明

---

　　① 罗文华：《清宫紫金琍玛造像考述》，《故宫博物院院刊》2004 年第 6 期。

图 11 - 2　扎什伦布寺藏清宫造紫金无量寿佛
资料来源：故宫博物院、西藏自治区文物局、扎什伦布寺编《须弥福寿——当扎什伦布寺遇上紫禁城》图 110。

使用炉甘石火法得到黄铜，可以以此为材料铸造佛像。明代永宣皇室用炉甘石黄铜制造的佛像，相好庄严、色泽纯净，被藏族学者称为汉地新琍玛，也称"大明玛"。这也许正是康熙皇帝认为琍玛最初由内地所出的原因。同时西藏艺术家也在找寻一种更正统、更权威的古印度佛像样式，于是用"紫金"转义来描述早期的印度造像。"紫金琍玛"一词，藏文最早的记录见于 16 世纪藏族学者白玛噶保（པད་མ་དཀར་པོ，1527 ~ 1592）的专论《琍玛佛像考察品》，其中将紫金琍玛称为"ཟི་ཁྱིམ་ལི་དམར"，认为是出自古代中部印度恒河的圣物，是最重要的金铜造像，以红铜掺锡为主，镶嵌黄铜和白铜。实际上，藏语ཟི་ཁྱིམ（紫金）是来自汉语的借词，ལི་དམར意为红铜，是指紫红色的金铜造像，不是被称为响铜的 ཟ。汉语的"紫金"或"紫磨金"一词是由佛典中的"阎浮檀金"衍变而来，阎浮檀金是佛典记载的古代印度想象中的最上等黄金，亦称紫磨金、紫磨黄金。明代流行的上品铜"紫磨金"或"紫金"亦被此一时期的藏族学者所熟知，既而形成"紫金琍玛"来指代其时正逐渐消失的早期东印度与克什米尔造像。[①] 清代学者认为，用上品的"紫金"铸造的琍玛佛像就是最好的新样式，其随着西藏政教首领的进贡进入清宫；乾隆皇帝又重金仿制，一些还回赐给西藏，演绎了汉藏民族文化艺术和工艺技术交流交融的生动故事。

藏传佛教艺术中来自中原地区的影响到明代时达到高峰，从西藏的佛像中可以看到永宣造像的影响，唐卡绘画更是在汉地青绿山水画的影响下出现了一种新的绘画流派——勉唐派。明代在西藏兴起的勉唐画派，改变了以往西藏绘画主要受印度、尼泊尔影响，唐卡画面主尊与配神密集排列、不留空白的做法，开始采用汉地青绿山水、飞禽走兽、古树怪石等作为背景，画面充满了自然的生活气息。这种汉藏艺术风格相结合的绘画成为西藏艺术成熟的标志，对后世的西藏绘画艺术产生了深远的影响。至17世纪时，汉藏艺术的融合更为成熟，形成以此为主要特点的新勉唐画派，其代表性绘画出现在布达拉宫和扎什伦布寺的壁画中，影响遍及广大蒙藏地区和其他藏传佛教流行地区，还随着西藏进贡的唐卡影响到了清代宫廷。

西藏进贡至清宫的唐卡年代集中于清中晚期，以乾隆时期居多，不像进贡的佛像那样年代跨度大。唐卡有单幅画和成堂组画之分，历史上的老唐卡组画往往因为各种原因流失分散，难得有保存齐全的。清宫保存的西藏进贡唐卡中成堂组画数量不少且保存完整，对于唐卡图像和宗教历史等的研究具有重要意义，如释迦牟尼源流、十八罗汉组画、达赖喇嘛源流、班禅喇嘛源流、密集金刚组画等。西藏进贡唐卡的时代集中，风格以18世纪流行于西藏的新勉唐艺术风格为主，主要特点就是与汉地艺术的高度融合。如乾隆三十五年八月初一，清宫收到班禅额尔德尼进贡的班禅喇嘛源

① 谢继胜：《清宫紫金琍玛名义考辨》，《民族研究》2019年第1期。

流十二轴唐卡（现存十轴），[1] 堪称西藏最奢华的范本，因受 18 世纪汉地艺术的影响而焕然一新。这些唐卡的背景几乎都是模仿汉地的青绿山水，绘出翠绿的山丘、流淌的溪流、空阔的蓝天、闲逸的花鸟，汉式的山水背景和藏式的题材完美地融合在一起，成为这一时期及其后遍及整个藏传佛教流行区的主要艺术风格。

西藏进贡唐卡的一些题材最初源自汉地，传到西藏后被吸纳进藏传佛教传统，成为西藏绘画的常见题材；继而传至清代宫廷，已经受汉文化影响深厚的乾隆皇帝又对之进行改造，结合汉地原有题材统一命名、排序等，显示了汉藏佛教文化的深度互动交融以及彼此之间的难解难分。典型的例子如罗汉唐卡组画。罗汉信仰在清代宫廷十分流行，佛日楼、宝相楼均供有成堂罗汉唐卡，为藏式罗汉图像和汉式山水背景相结合的汉藏交融风格。故宫收藏的一组西藏贡进的乾隆五十四年十一月初五嘎尔丹锡哷图萨玛迪巴克什认看供奉的罗汉唐卡，其题材、构图、人物造型、青绿山水背景，甚至侍从和鸟禽、狮兽等，与明代永乐时期的一套罗汉唐卡几乎一模一样，显然是对明永乐罗汉唐卡的仿制。乾隆皇帝还命宫廷汉族画家姚文瀚、丁观鹏等绘制藏式罗汉：让姚文瀚用"西番绘法"，即藏式绘法绘制了一套罗汉唐卡，不过所谓的"西番绘法"，只是罗汉手中执持的是藏传佛教传统中规定的执物或手印，而画面的背景、人物等仍是典型的汉地风格；让丁观鹏模仿贯休罗汉画风格绘制藏式罗汉，而若非熟悉藏式罗汉手中执物等图像特征，观者仍会觉得这就是汉式罗汉画。乾隆皇帝试图融合汉、藏罗汉为一体，将之统于一套体系之下，重新钦定了罗汉的座次和名号，并将之题写、镌刻于罗汉题材的宫廷文物上。罗汉组合中的最后两位，在汉传佛教传统中是降龙罗汉和伏虎罗汉，在藏传佛教传统中是达摩多罗和布袋和尚，而达摩多罗和布袋和尚亦是源自汉地，尤其是布袋和尚，在汉地以大肚弥勒佛的形象广为流传、深入人心。乾隆皇帝熟知汉地的达摩多罗和布袋和尚，因此尽管在罗汉座次上采用了藏传佛教的传统，但在最后两位罗

---

[1]　王家鹏主编《故宫博物院藏文物珍品全集·藏传佛教唐卡》，香港：商务印书馆，2003，图 24~33。

汉的选择上，他并未接受已经被纳入藏传佛教传统的达摩多罗和布袋和尚，
而是将汉地的降龙罗汉和伏虎罗汉纳入他钦定的罗汉组合，并且在命名上
采用汉传佛教传统中曾经出现过的迦叶（嘎沙鸦巴，Kāśyapa）和庆友（纳
纳答密答喇，Nandimitra）。由此，在乾隆时期，清宫就出现了西藏进贡的罗
汉唐卡、宫廷汉族画家绘制的仿贯休画罗汉画、仿贯休藏式罗汉画、藏式
罗汉画、中正殿画佛喇嘛画罗汉唐卡等各种风格的罗汉唐卡和罗汉画（图
11 - 3），作品风格杂糅，是藏是汉难分难辨。

图 11 - 3　故宫博物院藏罗汉唐卡——迦诺迦伐蹉（左）
故宫博物院藏丁观鹏绘十六罗汉像——迦诺迦伐蹉（右）

资料来源：王家鹏主编《故宫博物院藏文物珍品全集·藏传佛教唐卡》图 176；罗文
华主编《乾隆御题丁观鹏绘释迦及十六罗汉》，故宫出版社，2012，图 8。

　　另一个汉、藏佛教艺术中都比较常见的题材是七佛。七佛是佛教对不
同时空中七位佛的合称，包括过去庄严劫中的三佛和现在贤劫中的四佛。
七佛信仰自原始佛教时期已经产生，大乘佛教将之继承发扬，其传至汉地
的时间也远早于藏地。乾隆四十二年（1777），六世班禅进贡了一套七佛
唐卡，引起了乾隆皇帝的浓厚兴趣，命国师章嘉呼图克图考定次序及七佛

父母眷属，御制七佛塔碑记，增添佛偈并四体文字，书写在唐卡上。今北京北海公园西天梵境景区大慈真如殿北侧的一座重檐八角碑亭内安置着一座由八通石碑合围而成的石塔，这座石塔即是七佛塔，八通石碑中的七通就是根据六世班禅进贡的七佛唐卡刻制而成。乾隆皇帝增添的七佛偈是七首与七佛相配的偈语，见于汉地禅宗《祖堂集》《景德传灯录》等文献，是地道的汉地佛教的产物。乾隆皇帝将七佛偈译成四体文字书于唐卡上，这种将汉地禅偈和藏式七佛相结合的做法是汉藏艺术深度融合的又一体现。七佛的次序，以往最常见的排列方式是按时间顺序依次排列，乾隆皇帝进行重新考定之后，形成了以释迦牟尼佛为中心，其他各佛在其两侧依次排列的方式，这应是受汉地昭穆制度影响采用的左右交替、对称的排列方式，清宫佛日楼二楼挂供十八汉罗汉唐卡的排列亦是如此。对于六世班禅进贡的七佛唐卡，清宫还制作了墨拓本，并用金线描绘，按宫廷审美进行装裱，于画心内容的外缘四周增加七珍宝、八吉祥等藏传佛教经典纹样和龙纹等装饰，题上四体"乾隆丁酉钦定"等御款。由此，源自西藏的唐卡被改造成了典型的钦定宫廷样貌（图 11－4）。乾隆四十三年（1778），乾隆皇帝将宫廷仿制的墨刻七佛唐卡赏赐给达赖喇嘛和额尔德尼诺门罕作为新年礼物，原本来自西藏扎什伦布寺的七佛唐卡就这样经过改造，加上源自汉地的禅偈及宫廷装裱，以全新面貌又回到了西藏。[①]

西藏进献的贡品中还有不少法器，也彰显了藏、汉、满、蒙古多民族文化交流交融的特点。如八世济隆呼图克图（1760～1811）进献的镶金串珠嘎巴拉鼓、六世班禅所进的嵌宝石嘎巴拉鼓、八世达赖喇嘛进五世达赖喇嘛前供奉嘎巴拉鼓、章嘉呼图克图所进嘎巴拉鼓等清宫藏嘎巴拉鼓，鼓面的主图案为源自汉地的龙纹，四周辅以云纹或缠枝蔓草纹，构图饱满繁复，铺满鼓面。[②] 嘎巴拉鼓一般配有飘带，飘带多由来自汉地的丝绸锦缎制

---

① 王跃工、马晟楠：《人似秋鸿来有信——六世班禅东行前乾隆宫廷与扎什伦布寺交往之实物与史实》，《故宫博物院院刊》2020 年第 11 期。

② 林欢：《乾隆御用嘎巴拉鼓研究》，《藏学学刊》2019 年第 2 期。

图 11 - 4　故宫博物院藏墨刻填金过去七佛之毗舍浮佛

资料来源：故宫博物院、西藏自治区文物局、扎什伦布寺编《须弥福寿——当扎什伦布寺遇上紫禁城》图168。

成，再以彩色绣线绣缀出各种装饰图案，熠熠生光。一些嘎巴拉鼓的飘带在清宫档案中被称为"厄勒忒绦子"，属于蒙古族服饰的一部分，可见这些嘎巴拉鼓的"厄勒忒绦子"具有蒙古族装饰的特点。西藏进献的嘎巴拉鼓还偏爱使用贵金属和宝石进行镶嵌和装饰，尤其是腰箍、结子和飘带等部位的装饰，如用包镶法制成的金腰箍，再嵌以绿松石、珊瑚、玛瑙等贵重宝石，显得华贵富丽，既有少数民族特色，又符合皇家审美。曼达作为藏传佛教的法器之一，主要表现佛教的宇宙观，用于观修或供养，常常用金银或松石制成代表宇宙中心的须弥山、四大洲和日月等。表现日月时，用的是汉地的日月表现方式，即在圆轮中刻出金乌和玉兔。此外还有八仙等典型的汉地图案也出现在西藏进贡的曼达上。如故宫收藏的一件清中后期某达赖喇嘛进献的银曼达，在坛城中央的上方，金盘中刻出金乌表示太阳，银盘中刻出玉兔表示月亮。台北故宫收藏的一件清中期西藏拉穆吹忠①进贡的银曼达，坛面阴刻各种暗八仙、河图、洛书等汉地流行的图案。金刚铃和金刚杵可谓藏传佛教中最具代表性的一对法器，在上师、菩萨和护法的手中经常能够见到，也是佛事活动中最常用到的器具。台北故宫收藏有一套"具加持之再造噶玛汉铃"，系明代皇帝赐赠给藏传佛教噶玛噶举教派首领噶玛巴的礼品，是一件具有永宣风格的金刚铃和金刚杵，铃面莲瓣有八个梵文种子字，传入西藏后，则将梵文改铸成了藏文，所以称为"再造"。这套铃杵曾经由二世、三世、五世达赖喇嘛持用，18世纪时又被呈进至清宫（图11-5）。目前存世的明代永乐款和宣德款共有五套，分别收藏于西藏、北京和台北，均是由明代皇帝赏赐，被达赖喇嘛等宗教首领持用，其圆寂后有些又被呈进清宫，展示了明清中央政府与西藏宗教首领之间的密切往来。

图11-5 台北故宫博物院藏金刚铃和金刚杵

资料来源：宋兆霖主编《呼毕勒罕：清代活佛文物大展》图2-1-05。

---

① "吹忠"意为护法。在乾隆皇帝制定金瓶掣签制度以前，格鲁派喇嘛的转世灵童认证的一个重要环节是由拉穆吹忠降神指认，因此其地位十分重要，也具有进贡资格。

四 清宫造作藏传佛教文物所见多民族交流交融

清宫造作了大量的藏传佛教文物，主要用途有三：一是用于赏赐蒙藏地区政教首领和庙宇；二是用于宫中寿庆祝贺等活动；三是用于清宫内外佛堂的陈设与宗教仪式。上述清宫藏传佛教文物数量庞大，其造作是在清廷的指示或监督下由各作坊合作完成，出自多民族工匠之手，表现出与西藏进献贡物不同的特质。清代皇帝对于宗教用器的造作十分重视，常常参与其制作的过程，提出非常明确的旨意，表达自己对于作品的细节要求。以佛像的造作为例，雍正皇帝对佛像的胎质、高度、衣褶、花样、颜料等都有详细的要求；乾隆皇帝更甚，凡是比较重要的佛像，从材料选用、画图样、拨蜡样到制作完成后的刻款字体、存放处所，每一工序都要过问，再下旨制作。清帝将自己的统治意志和审美理念融入藏传佛教器用的造作中，因此清宫的制品呈现出藏、汉、满、蒙古等多民族文化风格融合的宫廷面貌。

清宫造作藏传佛教文物的情形大致有三种：一是对西藏进献贡物的整饬收拾；二是对西藏进献贡物的仿制；三是清宫的全新造作。西藏的贡品和礼品收进宫后，常常要先交造办处，经过收拾后再次呈览。若是佛像，通常会配上座子、佛龛、背屏或配属零件等；若是唐卡，往往会重新进行装裱；若是法器，则要增加珠宝镶嵌，刻上诗文等，使之符合宫廷的审美，将藏式的纯朴与宫廷的华贵完美地结合在一起。

收进清宫的西藏贡礼，即便是已经足够精致名贵，也仍要进行整饬收拾。以故宫博物院藏的一尊金宗喀巴造像为例。据清宫造办处活计档记载，乾隆四十五年（1780）七月二十一日，太监鄂鲁里交金宗喀巴佛一尊，"背光并佛冠座上嵌珠子大小三十六颗，珊瑚珠大小三十六个，周身并背光上嵌红蓝黄宝石、金刚石、松石垫子，全红白扣珠缨络，系班禅额尔德尼见面呈进"。① 现故宫博物院藏的金宗喀巴造像背屏上刻有四体文字的题记，汉文曰："乾

---

① 中国第一历史档案馆、香港中文大学文物馆合编《清宫内务府造办处档案总汇》第44册，第166页。

隆四十五年七月二十日，班禅额尔德尼瞻仰天颜，恭进十二上乐王座，藏
释迦牟尼佛舍利大利益宗喀巴佛。"（图11-6）可知这件装饰华美的金质宗
喀巴造像就是造办处档案中所记载的金宗喀巴佛，系六世班禅进京朝觐乾
隆皇帝时献上的一件贡礼。黄金铸造，精致华贵，代表着藏式工艺的最高
水准，显然是为了呈进给天子而专门成造的。不过即便已经如此精美，乾
隆皇帝仍然多次下旨进行收拾。七月三十日前后，即传旨："将此佛着送大
玻璃之人带回京内，将佛背光上小佛像并主佛两边肩花花盖草子，俱收什
周正安稳，交佛堂收供，俟回銮时伺候呈览。钦此。"接到旨意后，内务府
造办处特派官员传唤徐世傑仔细认看，认看的结果是这尊像"周身嵌安珊
瑚珠三十六个，珠子三十六颗内背光上三十二颗有假珠子五颗，下座珠子
四颗有假珠子一颗，共计珍珠三十颗，假珠子六颗……将背光上小佛像并
肩花等敬谨收什安稳"。呈报给乾隆皇帝后，乾隆皇帝命将假珠子换下，将
佛背光、华盖收拾好后再呈给他看，满意之后又下旨"着配三面玻璃六方

图11-6 故宫博物院藏六世班禅进金宗喀巴像

资料来源：故宫博物院、西藏自治区文物局、扎什伦布寺编《须弥福寿——当扎什伦
布寺遇上紫禁城》图106。

龛一座，得时在宁寿宫安供"。有三面玻璃欢门的掐丝珐琅六方龛一座做成之后，乾隆皇帝仍有要求，又让在"背光后随形添配二面镀金的铜背板，刻四样字说语，得时，供在珐琅龛内，其珐琅龛下配踏跺，在佛日楼中间供奉，其挑杆幡上表俱拆下"。① 对于一尊如此华丽名贵的金质宗喀巴像，乾隆皇帝仍然要求对背光上的小佛像、肩花、华盖等进行收拾，换下假珠子、配做珐琅佛龛、增添镀金铜背板、刻写四体文字题铭、配上踏跺，拆下挑杆幡上的小表，甚至连存放地也进行了明确，让安供在宁寿宫区域的佛日楼，可谓事无巨细。类似的事例比比皆是，对各地呈进宫中的文物，乾隆皇帝都有非常详细的旨意，让进行细致收拾、增配物件、拆换自己不喜欢的部分。再如对西藏呈进的嘎巴拉鼓，不仅配上鞔黄皮套盛装，还让配上"银镀金腰箍、银镀金三角云头、五色绦子飘带"，甚至让从内库"挑得本库催生石、砗磲、松石做得珠儿各二个，又将交出挑选珊瑚蜜蜡珠各二个、大蜜蜡珠一个做结子用，并请领内庭红白扣珠打结子用"，"结子着打素结子"，这些都做好，又让另配放大赶珠圈，才算完讫。对于一件西藏进贡的嘎巴拉碗，让配上银镀金座盖，碗里贴西番字说语（藏文题铭），还让"照藏里镀法一样，加镀金一次"，经过这些程序后，再下旨送往热河。② 对于西藏呈进的唐卡，清宫同样要进行收拾整理。如乾隆四十五年收进的一轴吉祥天母唐卡（档案中称为"挂像"或"挂像佛"），乾隆皇帝传旨"配银轴头"，"着配白绫签"，"佛像边并心子俱收什平正"。③ 对于同年六世班禅呈进的一套宗喀巴源流画像，乾隆皇帝明确指示："将佛像上佛帘撤去，其大边裁齐，收什好。背后写四样字白绫签，添配赶珠圈，打结子。得时，在蕴真斋佛像箱内收供。"他让撤去佛帘、裁齐大边、添配赶珠圈、打结子，连收供地点都有旨意，甚至对四样字（汉、藏、满、蒙四体文字）

---

① 关于该尊金宗喀巴像的收拾过程和细节，见中国第一历史档案馆、香港中文大学文物馆合编《清宫内务府造办处档案总汇》第44册，第166~168页。

② 关于嘎巴拉鼓和嘎巴拉碗的收拾过程，见中国第一历史档案馆、香港中文大学文物馆合编《清宫内务府造办处档案总汇》第44册，第169~170页。

③ 中国第一历史档案馆、香港中文大学文物馆合编《清宫内务府造办处档案总汇》第43册，第788页。

白绫签的内容写什么都有要求，让写"乾隆四十五年八月初七日班禅额尔德尼递丹书克呈进"，[①] 也因此为我们留下了关于该件文物的珍贵信息。经过整饬收拾后的来自西藏的文物由此带上了宫廷的印记和特色，装饰、镶嵌等呈现出宫廷的审美和风格。

对于西藏呈进的特别精美并且有重要意义的贡礼，清宫还会进行仿制，大量的仿制主要发生在乾隆时期。这一时期国力雄厚、宫廷手工业发达，加之乾隆皇帝本人崇信藏传佛教，在承德和紫禁城内外修建了众多藏传佛教建筑。对蒙藏地方的管辖和治理也在这一时期达到一个新的高度，驻藏大臣制度、金瓶掣签制度的设立，朝觐制度的规范化，使大量蒙藏地方僧俗首领及其使者往来于京城和当地。乾隆四十五年（1780），乾隆皇帝七十大寿，六世班禅进京朝觐祝寿，大批量藏传佛教文物集中呈进清宫，丰富了清宫的文物种类，影响了清宫宗教制品的成造。前述乾隆四十五年七月二十日六世班禅呈进的金宗喀巴佛，乾隆皇帝十分看重，让供在紫禁城内他专用的佛堂佛日楼。十一月初二，六世班禅因感染天花不幸圆寂，乾隆皇帝悲痛不已，为表达追念，在初四，乾隆皇帝就下旨"宁寿宫佛日楼新供班禅厄尔德尼呈进金宗喀巴佛一尊，照样成造一尊"，让"先拨烫样呈览"。接旨后，造办处就开始准备造像的用金、烫样和用于镶嵌的珊瑚珠、红蓝宝石、各等正珠等。做成后，背光上让刻款"大清乾隆年造"字样，来自西藏的文物被仿做成了清宫制品。对四体文字白绫签的书写也有要求："汉字着董诰写，其满洲、蒙古、西番字着巴忠写。"全部完工后仍不满意，又让"照藏里镀法加镀一次，亦用茜草水蚀色"。[②] 仅仅用了四个月左右的时间，该像就造作完成。尽管是在宫廷作坊制作，但是西藏的工艺也有使用。仿做了金宗喀巴像，乾隆皇帝仍不满足，在乾隆四十六年四月，又下旨让依照金宗喀巴佛，成造他非常喜爱的紫金琍玛铜宗喀巴佛。造办处铸炉处列出清单："紫金琍玛宗喀巴佛像一尊，连背光座通高一尺六寸六分，

---

① 中国第一历史档案馆、香港中文大学文物馆合编《清宫内务府造办处档案总汇》第 43 册，第 599 页。

② 关于仿制该尊金宗喀巴像的具体旨意，见中国第一历史档案馆、香港中文大学文物馆合编《清宫内务府造办处档案总汇》第 43 册，第 777～780 页。

面宽七寸六分，进深六寸，计约用：高红铜二十九斤四两、自然铜五斤七两七钱五分、赤金八两七钱七分五厘、纹银十七两五钱五分、锡五两八钱五分、钢五两八钱五分、铅五两八钱五分、水银五两八钱五分、五色玻璃二十九两二钱。"这一配方并非西藏原始配方，而是在西藏提供的配方基础上有所增补和改进，其中的五色玻璃乃是从西洋进口的，不见于西藏的配方中。还准备了背光上添安镶嵌用的假金刚石、珊瑚、蜜蜡、松石等，请讨得舍利珠子一颗。九月赶工完成大部分，进行装藏，装藏用的是红雕漆盒四件、铜罐二件，内盛金银钱、八宝舍利等。终于在十一月二十四日，将成造的紫金琍玛宗喀巴佛像请至中正殿，交章嘉呼图克图庆讚后，安供在了宁寿宫。[①] 整个成造工序，从材料的选取、合金配方的试验到宝石的镶嵌，无不是宫廷的既有程序和工艺，但充分参照了西藏原有制品的做法，并尽可能地符合藏传佛教的仪轨，如进行装藏和交章嘉国师庆讚，践行这些宗教仪式之后才算真正完成，方可供于佛堂。该像至今仍完好地保存在故宫博物院，由于系贵重合金材料制成，紫黑色的色泽中泛出五彩荧光，造型优美、工艺精湛，刻有款识"大清乾隆年造"（图 11-7），是清代宫廷仿制西藏作品的重要实例。在仿制这尊重要的金宗喀巴佛的同时，清宫还仿制了金释迦牟尼佛和紫金琍玛释迦牟尼佛像。此外，清宫还有大量的仿制，比较重要的如保存至今的如绿珐琅嵌宝石靶碗和前述的七佛唐卡、海螺、嘎巴拉碗、仿古克什米尔造像等，收藏于今北京故宫和台北故宫。

乾隆时期，清宫还在西藏定制佛像和工艺品，并且有些是西藏和宫廷的作坊分工制作、协作完成。乾隆十四年（1749）十二月，将"倭缎撒袋""照样各做二分。交藏里成做，京内配镶嵌"。乾隆十五年（1750）十一月，"将武备院珠石撒袋的什件画样呈览。准时着藏里成做"。最有代表性的例子是乾隆皇帝向六世班禅定做佛像。乾隆三十六年（1771）十二月，乾隆皇帝之旨经驿站转呈班禅大师，谕曰："朕建造佛殿，欲于彼地制作无量寿佛像，酬金内库哈达一条，内库团蟒绸缎十八匹，黄金十八两、白银四百

---

① 关于成造该尊紫金琍玛宗喀巴像的具体过程，见中国第一历史档案馆、香港中文大学文物馆合编《清宫内务府造办处档案总汇》第 45 册，第 114~119 页。

图 11-7　故宫博物院藏清宫造紫金琍玛宗喀巴佛像

资料来源：故宫博物院、西藏自治区文物局、扎什伦布寺编《须弥福寿——当扎什伦布寺遇上紫禁城》图 107。

五十两，交与使者。由班禅额尔德尼安排新造同一类别的五十六尊扎什琍玛无量寿佛像，先呈八尊，余者后献。"乾隆皇帝同时派人提供佛像样式及装饰所用珠宝。班禅大师奉旨，立即筹划制作佛像，吩咐按照皇帝提供的设计稿和御赐珠宝等进行制作。乾隆三十八年十一月，这批佛像制作完成，六世班禅立刻遣使护送佛像进京，乾隆皇帝对造像的质量、制作速度、运送速度都极为满意，赞曰："班禅额尔德尼之使虽非年班，但班禅额尔德尼将朕请之佛一年内全部铸成送来，是属虔诚。朕大为赞扬，赏御用貂皮大衣、素珠、玉金刚杵等。"这五十六尊无量寿佛是乾隆皇帝为自己退位后修建的宁寿宫区域专用佛堂而定做，安供于养性殿内一座八面七层的楼阁式紫檀木大塔内。乾隆四十五年九月十三日，六世班禅大师来到紫禁城瞻仰礼佛，见到了这堂已经供奉于紫檀木塔中的造像，赞叹曰："塔内所供佛

尊，亦系小僧所献，供奉于如此尊贵之处，均为小僧难得之福。"① 这堂由
清宫提供设计稿和原料，由西藏扎什伦布作坊制作的佛像，具有西藏扎什
琍玛佛像的典型特点，而无量寿佛手中捧的宝瓶是珊瑚制成，头冠镶嵌有
水晶、红宝石，应是皇帝御赐的宝石。其是西藏艺术和宫廷艺术高度融合
的产物，也是多民族文化交流史上的一段佳话。

  清宫藏传佛教文物的大宗是宫廷新造的文物。清廷在紫禁城内外修建
了大量的藏传佛教建筑，用于皇室的佛教活动或接待蒙藏地方宗教首领，
如紫禁城内修建的雨花阁、宝相楼、梵华楼等，于承德修建的溥仁寺、溥
善寺、普宁寺、安远寺、仿布达拉宫建造的普陀宗乘之庙、仿扎什伦布寺
建造的须弥福寿之庙等，大量藏传佛教建筑的修建，需要大量的陈设用器、
供奉用器和仪式用具等。随着大一统局面的形成，国家财力雄厚，经济繁
荣，分布在宫廷内外和全国各地的作坊集聚天下能工巧匠、各民族艺人，
成造了大量满足皇室宗教活动需求和赐赠蒙藏宗教首领的藏传佛教文物。
清宫新制的藏传佛教文物受到西藏进贡文物的影响，但同时不可避免地具
有了宫廷和内地的审美风格和技艺特点。清宫造办处初期成造的佛像同西
藏的佛像相比较，外表充满光泽，线条柔和，打磨圆润，表情含蓄内敛；
到了乾隆晚期，佛像的造型则显端肃呆板，表情僵硬，衣纹处理一如汉地
绘画线条，面部汉式特征明显，与粗犷生动的西藏造像有明显的区别。除
了大量的金属造像，清宫还命南方的景德镇御窑烧制瓷佛像。虽然是由内
廷发祥，但是在南方汉人匠人的手中，自然表现成中原汉地凡人化的佛，
表情慈悲，脸庞圆润，有汉式面部和衣饰。此类瓷佛烧造不易，但在宫廷
的坚持下仍然出了不少精品。除了烧造佛像，宫廷御窑作坊还烧造七珍、
八宝、法轮、五供、佛塔、佛龛、奔巴壶、多穆壶、高足杯等宗教法器
（图 11-8）、供器、生活用具等，将西藏的题材和器型用汉地的材质成造，
呈现出一种汉藏风格高度融合的全新面貌。如故宫博物院收藏的众多五彩
瓷法轮、粉彩七珍、粉彩八宝，八宝中罐和肠的样式俨然是汉地的瓷罐和

---

① 王跃工、马晟楠：《人似秋鸿来有信——六世班禅东行前乾隆宫廷与扎什伦布寺交往之实
  物与史实》，《故宫博物院院刊》2020 年第 11 期。

吉祥结，七珍宝中的女宝、臣宝和将军宝等人物造型几乎已经是汉地民间传说中的神仙了。大量御窑烧造的各色彩瓷、各种釉色的佛像、法器、生活用具被赐赠至西藏，为庄严肃穆的宗教氛围增添了一抹灵动活泼的色彩。

图 11-8　西藏博物馆收藏的清宫造粉彩八宝纹奔巴壶

资料来源：周炜、索文清主编《吉祥宝藏：西藏珍藏的中原及皇家瑰宝》下册，中国藏学出版社，2015，第 230 页。

仿照西藏贡礼的器型或汉地已有的器型加上西藏的元素，用汉地的材质或技艺制作出来，是清宫制品最常见的做法。除了上述大量烧造各类瓷质藏传佛教文物外，还有大量玉作、象牙作、掐丝珐琅作等以贵重材质和复杂工艺制成的藏传佛教文物精品，这些大多由分布于江南的苏州、杭州、扬州和南方的广州等地制作，工匠以汉人为主。由于材质的变化以及汉人匠人自身中原汉地文化的影响，清宫藏传佛教文物呈现出材质贵重、技艺繁复、装饰精美、考究精致、华丽富贵等宫廷特色，并且深度融合汉藏艺术风格的典型特点，藏传佛教文物尤其是法器等文物的宗教意味在奢华精致的装饰下有所消解，变得类似精美的工艺品。如西藏进贡的嘎巴拉鼓，多为人头颅骨制成，有些还经由数辈达赖喇嘛、大呼图克图等所持，具有大利益，一般密藏供奉，在汉人看来显得神秘怖畏。清宫以青玉为材质制作的玉嘎巴拉鼓，描金绘龙、镀金腰箍、镶嵌松石，精致宛如工艺品（图11-9），不再显得森严肃穆。藏地常见的生活用器多穆壶，一般用于盛放乳汁、酒或酥油，多为银质、皮质或木质，造型简朴粗犷，略有草原游牧民族遗风。清宫制作的多穆壶，除了有金、银等贵金属材质外，还有仿木纹釉多穆壶、金胎掐丝珐琅多穆壶等，将日常的生活用器变得雍容华贵，甚至上面添画花蝶人物、山石屋宇，附加龙凤、狮子等造型。清宫造作用于供藏佛像的佛龛，既有汉式剔红漆亭式阁式龛，也有藏式塔龛，既有金塔、银塔，也有珐琅塔、玻璃塔和紫檀木塔，有将汉式佛像放置在藏式塔

图 11-9　布达拉宫藏清宫造青白玉嘎巴拉鼓

资料来源：周炜、索文清主编《吉祥宝藏：西藏珍藏的中原及皇家瑰宝》下册，第211页。

龛中，更多的是将藏式佛像放置在汉式佛龛中（图 11 – 10）。大量汉文化特色浓郁的宫廷式文物被赐赠给西藏，受到西藏上层社会的喜爱，又逐渐渗透到西藏的宗教和世俗生活中。

图 11 – 10 故宫博物院藏铜鎏金无量寿佛

资料来源：故宫博物院、西藏自治区文物局、扎什伦布寺编《须弥福寿——当扎什伦布寺遇上紫禁城》图 86。

清宫制作唐卡，除了中正殿画佛喇嘛画唐卡等具有浓厚的藏式特色，还大量委托江南织造等处以缂丝、刺绣、织锦等不见于西藏的工艺织造唐卡，主题也以祈福长寿为主。无量寿佛（阿弥陀佛）的崇拜是清宫佛教最重要的内容之一。宫中绘画和唐卡以无量寿佛、阿弥陀佛、罗汉等题材居多，不仅如此，在制作无量寿佛唐卡时还多以九幅为一组，裱成一堂，进行供奉，以祈祷帝王福寿绵长、国运长久。① 这样的作品在清宫旧藏中有，赐赠西藏后

① 罗文华：《乾隆时期宫廷藏传佛教绘画研究》，《故宫学刊》2004 年第 1 期。

在西藏各地也有大量保存。如故宫博物院藏苏州织造绢本刺绣弥勒圣界唐卡、西藏保存的乾隆皇帝赠送给八世达赖喇嘛的大幅缂丝观音菩萨唐卡、无量寿佛缂丝唐卡、三世佛缂丝唐卡（图 11－11）等。

图 11－11　扎什伦布寺藏三世佛缂丝唐卡

资料来源：故宫博物院、西藏自治区文物局、扎什伦布寺编《须弥福寿——当扎什伦布寺遇上紫禁城》图 23。

结　语

　　大量保存至今的清宫藏传佛教文物，既有西藏地方政教首领进贡的贡礼，也有清宫廷作坊的成造。西藏呈进的文物进入清宫后，丰富了清宫文物的品种和类型，西藏的工艺技术也随着文物传到了宫廷，甚至西藏还曾派出匠人在宫廷作坊同其他各民族匠人一起协作生产。清宫制作的藏传佛教文物既吸收了西藏文物的造型、样式和做法，又充满了宫廷的审美风格和皇帝的政治意志，同时由于各民族工匠、艺术家的参与，具有了多民族、多元文化融合的特点。尤其是南方以汉人工匠为主的宫廷作坊生产的瓷质、玉质、珐琅等多种器具，不可避免地被打上了深厚的汉文化烙印。具有多元文化融合风格的宫廷藏传佛教文物被赏赐、赠送给西藏地方后，受到西藏上层社会的欢迎，逐渐对西藏的宗教和世俗生活产生了深远的影响。人与人的交往、民族与民族的交流通过文物体现得淋漓尽致、丰富多彩。清宫藏传佛教文物一方面体现了中央政府与西藏地方政教首领之间的密切交往与联系，另一方面也记录了造作文物的匠人、艺术家之间的技艺交流与互动。一件件精美的清宫藏传佛教文物揭示的是各民族交往交流交融的鲜活事实，也是清中央政府对西藏地方实施有效主权管辖和统治治理的历史见证。

主要参考文献

蔡玫芬：《皇权与佛法：藏传佛教法器特展图录》，台北：台北故宫博物院，1999。

甲央、王明星主编《宝藏：中国西藏历史文物》第 4 册《清朝时期》，朝华出版社，2000。

王家鹏主编《故宫博物院藏文物珍品全集·藏传佛教造像》《故宫博物院藏文物珍品全集·藏传佛教唐卡》，香港：商务印书馆，2003。

罗文华主编《乾隆御题丁观鹏绘释迦及十六罗汉》，故宫出版社，2012。

周炜、索文清主编《吉祥宝藏：西藏珍藏的中原及皇家瑰宝》，中国藏学出版社，2015。

郑欣淼：《故宫学概论》，中华书局，2018。

宋兆霖主编《呼毕勒罕：清代活佛文物大展》，台北：台北故宫博物院，2020。

故宫博物院、西藏自治区文物局、扎什伦布寺编《须弥福寿——当扎什伦布寺遇上紫禁城》，故宫出版社，2020。

第十二讲　汉藏交往交融的历史见证：七世达赖喇嘛驻锡地惠远寺

玉珠措姆

　　1730 年，七世达赖喇嘛格桑嘉措（ བསྐལ་བཟང་རྒྱ་མཚོ།，1708～1757）移驻今四川省甘孜藏族自治州道孚县噶达（ མགར་ཐར།，即泰宁）惠远寺（ མགར་ཐར་དགོན་པ།），对康区与达赖喇嘛及西藏地方政府间的关系，以及清廷对康区的控制产生了重大的影响。达赖喇嘛与康区土司、各寺院以及僧人群众间的互动扩大了格鲁派在康区的影响，也激发了他们对达赖喇嘛的支持。清廷在噶达实施的驻兵、巡查等保护达赖喇嘛的措施亦加强了对康区的控制。达赖喇嘛移居惠远寺后，其与中央政府间的频繁交往及与当地土司、头人间的互动促进了汉藏交流交融。1735 年达赖喇嘛离开惠远寺后，该寺仍然受到清政府的关照，不但支持达赖喇嘛从西藏派堪布主持教务弘扬佛法，还多次拨款维修该寺庙，使其仍然成为康北的一个宗教、文化中心。民国时期该寺的影响仍在继续，是当时汉藏交流交融的重要阵地。

一　七世达赖喇嘛移驻康区

　　1720 年，清廷将准噶尔部赶出西藏后，正式册封七世达赖喇嘛格桑嘉措（ སྐུ་ཕྲེང་བདུན་པ་བསྐལ་བཟང་རྒྱ་མཚོ།）。1723 年，清廷任命康济鼐（ ཁང་ཆེན་ནས།）、阿尔布巴（ ངར་བོ་པ།）、隆布鼐（ ལུམ་པ་བ།）、颇罗鼐（ ཕོ་ལྷ་ནས།）、扎尔鼐（ རྩུ་རར།）为噶伦，让

他们共同掌管西藏地方政权，处理西藏地方日常政务。次年，雍正帝向达赖喇嘛颁赐诏书、金册、金印，授予政教权力。但是诸噶伦却分成了三股势力，即康济鼐和颇罗鼐为代表的后藏世俗贵族势力、阿尔布巴和隆布鼐为代表的前藏世俗贵族势力，以及扎尔鼐为代表的达赖喇嘛势力集团。1727 年 8 月，阿尔布巴、隆布鼐和扎尔鼐杀死了康济鼐，于是爆发了前、后藏间的卫藏战争。当颇罗鼐带兵征讨阿尔布巴时，清廷支持了颇罗鼐。经过近一年的战斗，颇罗鼐于 1728 年 7 月初直抵拉萨，不久驻藏大臣马喇、僧格宣判阿尔布巴等三人有罪，并将他们正法；同时封颇罗鼐为贝子，总理西藏政务。卫藏战争一结束，雍正帝一面令颇罗鼐总理西藏政务，一面下令七世达赖喇嘛移居康区。

清廷让达赖喇嘛移居康区的原因，主要有下列四点。

首先，1723～1724 年青海和硕特蒙古罗卜藏丹津反叛清廷，被击败后逃到了准噶尔部。准噶尔蒙古一直是影响和威胁西藏政局的一大隐患，这使清廷担忧准噶尔部将再次进军西藏。清廷清楚地知道准噶尔部屡屡窥伺、侵扰西藏，其目的是劫持和操纵达赖喇嘛。对准噶尔人而言，将格鲁派首领达赖喇嘛控制在手中，得到达赖的支持，在宗教和政治上均能获得非凡影响，他们在蒙古人和藏人中就会有极大的号召力，并能控制蒙藏各部。1727 年，准噶尔部首领策妄阿拉布坦逝世，其子噶尔丹策楞（又名噶尔丹策零）继任可汗后，奏请清廷允许他前往西藏为其父亲礼祭熬茶布施，并宣称意欲将先前所掠拉藏汗的儿子送回西藏。这进一步加深了清廷对准噶尔人又有侵扰西藏企图的忧虑。因此，将七世达赖喇嘛迁到康区，可以远离准噶尔部威胁，并将主动权掌握在中央政府手中。

其次，这是清廷处理西藏内乱善后事宜的措施之一，为颇罗鼐总理西藏事务铺平道路。在卫藏战争中，七世达赖喇嘛之父索南达吉（བསོད་ནམས་དར་རྒྱས།，又名索诺木达尔扎）也卷入其中。索南达吉本身是卫地琼结县（འཕྱོངས་རྒྱས་རྫོང་）人，又娶隆布鼐之女为妾，而且是阿尔布巴的母舅，自然同阿尔布巴等人联合。他被认为是此次内乱中的幕后策划人，并站在前藏贵族立场上干涉西藏政务。

再次，由于七世达赖喇嘛年幼，西藏的政务被其父亲等人操纵；清廷担心颇罗鼐与七世达赖喇嘛会发生争端，于是"议迁达赖喇嘛于理塘，以杜衅端"。① 这一决定是为颇罗鼐主持藏务减少阻力，同时也避免他们再次卷入西藏地方的权力斗争。

最后，我们可以在《御制惠远庙碑》中清楚地了解到雍正帝让七世达赖喇嘛移驻康区噶达真正目的所在。碑文的具体内容如下：

> ……近边之番彝，离藏辽远，皆有皈依佛法之心……是以广布黄教，宣讲经典，使番彝道俗崇法慕义，亿万斯年永跻仁寿之域则于佐助王化实有裨益……②

这一观点也在雍正帝颁布的另一道圣旨中有所反映。该圣旨命令官兵两千驻镇理塘，护持噶达：

> ……令川省任总戎统官兵二千驻镇理塘，护持格达，俾佛教振兴。西陲一带喇嘛、古宗，皆得瞻慈云以求度脱，息杀机而生善念。边境长享敉宁之福，庶不负我圣祖仁皇帝柔远爱人至意。③

如果清廷意欲利用藏传佛教来约束统治蒙古人和藏人，首先必须处理好与藏传佛教首领的关系。他们通过让达赖喇嘛移驻在一个其精心设计的、有足够清廷支持和保护的驻锡地，将其妥善安置。

在雍正帝以前的八十年里，清廷主要施行怀柔政策，所采取的措施包括怀柔羁縻、抬高格鲁派的地位等，以此来影响和招抚蒙古人。鉴于西藏

---

① 顾祖成等编《清实录藏族史料》第 1 集，西藏人民出版社，1982，第 315、325～326 页；《西藏志·卫藏通志》卷 13 上，西藏人民出版社，1982，第 352 页。

② 《御制惠远庙碑》，《道孚县志》编纂委员会编《道孚县志》，四川人民出版社，1997，第 573 页。

③ 毛振翙：《毛振翙西征记》，《西藏艺文考》（下），《西招图略　西藏图考》，西藏人民出版社，1982，第 233 页。

内乱的教训，1728 年雍正帝正式任命钦差马喇和僧格为驻藏大臣，并建立了驻藏大臣衙门，以进一步加强和巩固对西藏的治理与施政。同年，清廷决定派两千川陕兵留驻拉萨，在昌都留驻滇军千人，以在紧急情况下"作为声援"。同时，清廷也竭力将西藏势力加以分化、削弱。比如，将打箭炉、巴塘、理塘等划归四川管辖，将结塘（中甸）、德钦（阿墩子）、巴龙（维西）等置于云南统治之下，[①] 同时也将拉孜、昂仁、彭措林等划归班禅喇嘛统辖。

二　选择理塘为暂驻地、噶达为达赖喇嘛驻锡地

1. 理塘的特殊地理位置

雍正五年二月二十二日（1727 年 3 月 14 日），在奏呈的《准噶尔若侵藏预筹保护达赖喇嘛折》中，四川提督岳钟琪详细分析了当时的西藏局势。为了防止达赖喇嘛落入准噶尔人手中，他奏请皇帝"应将达赖喇嘛保护送入内地"。[②] 雍正帝也颁旨，邀请达赖喇嘛赴内地会晤。但是，达赖喇嘛没有去北京，而是先在理塘暂驻，然后定居在泰宁。清廷做这样的决定有两个原因。其一是西藏的内乱刚被平息，如果此时达赖喇嘛迁居北京的话，会使卫藏的民众焦虑不安，不利于局势的稳定。相反，让达赖喇嘛迁居康区至少不会引起卫藏人的疑虑，因此，让他留在了"近边地方，以便照看"。[③] 其二是理塘所处的特殊地理位置，其远离拉萨，可以达到不让达赖喇嘛卷入西藏地方政治斗争的目的。同时，也会使达赖喇嘛远离准噶尔蒙古人，这使蒙古人胁迫达赖喇嘛变得困难，更不会威胁到他的人身安全。彼时，理塘已划归四川管辖，且离四川省府成都较近，四川军队也能有效地保护达赖喇嘛。理塘是七世达赖喇嘛的家乡，在此暂住理所当然。

1728 年 11 月，七世达赖喇嘛接到雍正帝召见的圣旨。达赖喇嘛奏称

---

① 顾祖成等编《清实录藏族史料》第 1 集，第 314、325 ~ 326 页。

② 中国藏学研究中心等合编《元以来西藏地方与中央政府关系档案史料汇编》（2），中国藏学出版社，1994，第 378 页。

③ 顾祖成等编《清实录藏族史料》第 1 集，第 361 页。

"小僧因习经无暇，尚未出痘，暂不便朝京"，① 但认为"朵麦（康区）弘法利众时机已至，遂悦意领受大皇帝圣旨"。同年 12 月，达赖喇嘛与护送他的官兵一道沿南路贸易通道（又称官道）出行，经过了工布江达、嘉里、边坝、硕板多、洛隆、巴塘等地。达赖喇嘛受到沿途各地僧俗迎送及顶礼膜拜，他也向大小寺院赐放布施。1729 年初，达赖喇嘛一行抵达昌都和察雅，得到了帕巴拉呼图克图和察雅呼图克图的精心照料和供养。为了让达赖喇嘛安全移驻理塘，雍正帝命令几位副都统率领两千士兵"前去迎接"。雍正七年二月，达赖喇嘛被护送到理塘。为了保证达赖喇嘛的人身安全，雍正帝再次颁旨："副都统马喇着留理塘，同萧格照看达赖喇嘛。"② 同时，也令清军在重要关卡、隘口设兵驻防，以严密护卫。同年，哲蚌寺果芒扎仓堪布阿旺南卡转雍正给达赖喇嘛的谕旨中写道："设若内地炎热及霍乱不能前往，即望来避暑山庄以仰佛颜，并拟于理塘附近度地建寺以供赡养。"③ 七世达赖喇嘛回奏："后闻有令瞻仰天颜之谕旨，即欲星驰前来，因尚未出痘，不能亲叩金阙。"④

在暂驻理塘的一年多时间里，七世达赖喇嘛接到雍正帝赐给的大量宫廷礼物，种类繁多。其间，雍正帝也谕令达赖喇嘛之父进京觐见，封之为辅国公。后来，总理西藏政务的贝子颇罗鼐遣人向达赖喇嘛敬献白银 400 两，同时，德格土司登巴泽仁也派人献黄金、绸缎、马牛等财物。理塘第巴阿本扎西（ལི་ཐང་སྡེ་པ་འབུམ་བཀྲ་ཤིས།）和巴塘彭吉岭寺（འཕན་རྒྱས་གླིང།）僧人、乡城桑披岭寺（བསམ་འཕེལ་གླིང།）僧人、稻城雄登寺（ཡང་སྟེང་དགོན།）喇嘛与僧人、稻城贡噶岭寺（གངས་དཀར་གླིང།）僧人、得荣龙绒（རྫོང་）的扎噶庙（བྲག་དཀར་རི་ཁྲོད།）僧人、云南奔子栏甘丹东竹林寺（དགའ་ལྡན་དོན་འགྲུབ་གླིང་།）僧人、阿墩子德钦林寺（འཛིན་ཆེན་གླིང་།）僧人、中甸松赞林寺（རྒྱལ་ཟང་དགའ་ལྡན་གླིང་ཆོས་སྡེ།）僧人以及木里喇嘛等也各按财力，向达赖喇嘛敬献丰厚的祈寿礼物。达赖喇嘛亦数次为当

① 多卡夏仲·策仁旺杰：《颇罗鼐传》（藏文），四川民族出版社，2002，第 492 页；多卡夏仲·策仁旺杰：《颇罗鼐传》（汉文），汤池安译，西藏人民出版社，1988，第 346～347 页。
② 顾祖成等编《清实录藏族史料》第 1 集，第 327、335 页。
③ 章嘉·若贝多杰：《七世达赖喇嘛传》（藏文）第 9 册上，中国藏学出版社，2010，第 230～231 页；章嘉·若贝多杰：《七世达赖喇嘛传》（汉文），蒲文成译，西藏人民出版社，1989，第 99 页。
④ 《世宗显皇帝实录》卷一五五，《清实录》第 28 册，中华书局，2008，第 7885～7886 页。

地及远道而来的僧人民众摩顶赐福，并讲授佛法教义。

2. 噶达的军事贸易地位

噶达位于由"多康六岗"之一的木雅热岗环绕的一个圆形平地上，是一个拥有悠久历史的古老城镇。根据当地的传说，松赞干布的大臣噶尔·东赞（འགར་སྟོང་བཙན）从唐朝首都返回西藏途中，抵达该地区时得以摆脱唐朝的追兵。因此，该地在藏语中被称为"噶达"，字面意思为"噶尔逃脱的地方"。但是，我们只能将该地区有记载的历史追溯到 1265 年，即元廷为了加强其在该地的戍军力量，建立了噶达（又称哈达、匣达或合达）城。"假道吐蕃进攻四川"和"斡腹之谋"（即假道吐蕃、大理进攻南宋的大迂回战术）等策略与元廷加强其对藏东地区的控制密切相关。1252 年，忽必烈率军通过诸藏区发起对大理国的军事行动，他本人亲率中路军，武力借道康区一些地方前往大理。1254 年，元廷征服大理国后，开始将其注意力转向武力控制藏东各地区，即汉藏边境地区。忽必烈在成为元朝皇帝后，使沿大渡河一带的各藏人部族归顺元廷，并给这些部族的首领分封名号和官职。由于噶达地区地势险要，元代朵甘司哈达李唐鱼通等处钱粮总管府所在地即设于此。元廷将噶达视作重镇：1274 年移碉门（今天全）之兵戍该城。1276 年，派 500 名士兵驻防该地，以加强该地区的军事力量；同年，为了增强当地政府的统治力量，还将哈达镇升为宁远府。综上所述，早在 13 世纪，噶达已是一个具有相当强的军事防御能力的要塞。

明代，噶达城处于贸易古道的分叉路口：一方面，由藏东的北路贸易通道翻过折多山（"居拉"）后，便可途经噶达、道孚（达乌）、炉霍（章谷）等地区，最后抵达拉萨；另一方面，噶达"其地为控扼诸藏要区"，距离南线的理塘、打箭炉也都非常近，为连通康区进藏南、北两路的重要交通中转站。同时，由于该贸易古道也被用作驿路，明廷多次维修沿道的诸多驿站，使该城发展成为北路贸易通道的一个重要贸易中心。

及至康熙和乾隆年间，清廷派兵入西藏驱逐准噶尔部，并平定西藏众噶伦间的内乱，噶达城成为重要的军事重镇。清廷征服理塘、噶达和南路沿线的其他地区后，约在 1719 年或 1720 年，通过给这些地区的首领授予名

号和官位，使之处于中央的严密控制之下，正如岳钟琪奏折中所言："附近
番民俱系久附版图，颇知守法。"① 1724 年爆发的罗卜藏丹津叛乱曾进入康
北一带，当时的抚远大将军年羹尧在受命剿灭罗卜藏丹津的过程中，曾在
噶达留驻重兵防守。次年，四川巡抚王景灏下令在原有的噶达城基础上修
建了噶达"土城"，并建有营房。噶达有雅砻江作天然屏障，可以据守雅砻
江三渡之险，地形又十分开阔，汉语也称之为"泰宁"或"乾宁"，能够驻
扎大军。因此，噶达是达赖喇嘛移驻的理想之地。

三　惠远寺的修建

1. 惠远寺选址

1729 年接到为达赖喇嘛新建一座驻锡寺的谕旨后，负责建寺的官员和高
僧开始着手挑选寺址。根据当地的传说，一位汉人风水大师和一位著名的藏
人占卜者都认为惠远寺院所在地是一处风水宝地。该地位于噶达城西北，《七
世达赖喇嘛传》的作者章嘉·若必多吉（ལྕང་སྐྱ་རོལ་པའི་རྡོ་རྗེ）也赞颂此地是一个吉
祥圆满的圣地，当地人称之为"莲花圣地"。一个被称为"噶拉孜"的噶氏
家族敬奉山神的处所也在该寺附近。在其东面的当地著名神山夏扎噶波
（བཤགས་ཟ་དཀར་པོ，雅拉神山）的山嘴上，有一座大寺院的遗址和著名译师比卢
遮那的修行洞。故当地人认为它是一个被诸多高僧大德加持而具有功德的
圣地。该地区中部平坦，四周被茂密森林覆盖的状如八瓣莲花的山脉所包
围，地形和位置也有利于建造寺院。圣地中心曾有一池"恶湖"，于是仿建
大昭寺的先例，填湖建寺。汉藏堪舆师的参与使得惠远寺的选址既符合汉
文化的风水要求，也符合藏文化中建寺选址的特色。正如陈蔚、张曦指出
的那样，与汉地相地学类似，涉藏地区各地众多的寺院选址也反映着藏族
的相地文化。作为藏族相地学的一个重要内容，藏传佛教寺院的选址重视
与自然环境的互相关系，其中，对山岳的崇拜和对河流的依附是最为显著
的特点。惠远寺选址正是这一显著特点的反映。该寺坐落在名为莲花坝子

---

① 中国藏学研究中心等合编《元以来西藏地方与中央政府关系档案史料汇编》(2)，第 431 页。

的山间小盆地内，靠近亚拉雪山。传说很久以前这里曾是一片大海，今天的莲花坝子是由亚拉雪山山神把一片莲花掷入海中化成的。坝子四周的山岭称为"莲花山"，莲花山山形浑圆，大多有柔和的皱褶，远处有森林牧场，远远望去犹如盛开的莲花。惠远寺坐西朝东（更具体地说，它的朝向很接近东南向），坐落在溪水潺潺、风景秀丽的莲花花蕊上。如此三面环山、一面抱水之地，具有如下几个优势：位于坝子上中部，近水利、避水患，交通便利，避风向阳，小气候较好；环境主体良好，坝子土地肥沃，适合种植。传统藏族建筑的建造具有巧用地势的特点，这与中国涉藏地区多为地势起伏较大的高原山地和藏传佛教宗教教义的影响有关。通常藏族寺院的理想选址是背靠大山，襟连小丘，前有河流流过，寺院端坐在水草丰美的谷地中央。拉萨地区的藏族寺院多选择依靠环境优良的山坡建造，但传统的藏传佛教寺院也有选址于河谷或平原的案例。康区的藏传佛教寺院，亦以依山而建为主要选址方式。相比较而言，汉传佛寺则重视选址于"藏风聚气"之风水佳境，多为口狭内阔的盆地或山坳处。由此可见，惠远寺非常注重选址风水，更像是汉传佛教寺院的选址类型。可以说惠远寺的选址吸收了汉传佛教寺院建筑的特色，这体现了藏传佛教具有的良好适应性。

2. 融合藏汉风格的寺院建筑

在噶达修建一座宏大寺庙，一则是表示清廷对达赖喇嘛此行的重视，二则是彰显声势，以期达赖喇嘛能够常驻此处。清廷派遣官员，会同驻打箭炉官员等，照哲蚌寺样式建造寺院。雍正七年四月十一日（1729 年 5 月 8日），惠远寺动工，四川藩库与四川布政司预拨白银八万余两，[①] 雇用省城汉人，另有天全高土司、杨土司及明正土司属民约 428 人参与建造。但最终该寺的修建只用白银四万余两。明正土司自愿将其在噶达地区的领地献出，

---

① 中国藏学研究中心等合编《元以来西藏地方与中央政府关系档案史料汇编》（2），第 438页。另据张书文编《雍正朝汉文朱批奏折》第 14 册，第 513 页，第 15 册，第 105～108页，第 17 册，第 692 页。而《七世达赖喇嘛传》则宣称建寺所花费的十四万两银均由清朝的国库支付，参见章嘉·若贝多杰《七世达赖喇嘛传》（藏文）第 9 册上，第 239 页；《七世达赖喇嘛传》（汉文），第 103 页。

以供修建惠远寺及卫兵营地。雍正八年二月（1730 年 3 ~ 4 月），惠远寺建成。

惠远寺占地总面积为 500 亩，建殿堂楼房千余间，平房四百余间。其建筑雄伟壮观，建筑风格融合了藏、汉传统，如正门属汉式大框架造型，装饰则有藏式的雕刻和彩绘。该寺还建有三排三道门，皆为琉子屋脊，围绕三排的每一排都有一堵围墙，即内、中、外围墙。正对大门建有一照壁，是按汉族风格修建的。在康区所有寺院中，惠远寺可能是唯一一座建有照壁的寺院。照壁前的院落里，有 1731 年刻制的蒙文和汉文合璧的御制惠远寺碑、1735 年的汉文惠远寺果亲王命令碑和果亲王诗碑。

寺庙主殿是一座有独特建筑风格的三层土木结构楼房，坐西朝东，由四川工匠建造。其走廊也像拉萨大昭寺那样，巨大的柱子需要约十人才能抬得动。大殿的中央屋顶为汉式歇山顶，而周围的建筑则采用藏式平屋顶。在主殿大门的正上方，有九头形态各异、面貌不同的狮子，象征着九世达赖喇嘛，而大门四周刻的九条龙则代表着清朝皇帝。"九"是代表阳极数的最高数字，因此，刻在大门上的"九龙九狮"也代表惠远寺享有的崇高地位。该寺的一个主要建筑叫都冈楼（ＡＮＳＨＥＲ，意为集会大楼），坐北朝南，是一座拥有金顶的三层楼房。1733 年，当雍正帝得知噶达地区频繁发生地震后，便下令修建了另外一座拥有皇家园林风格的四方形平坦院落。该院落位于主殿的西面，为达赖喇嘛的寝宫。屋顶上有一呈锯齿状的短墙，挂着经幡，窗户是藏式的，都非常的小。"前辟一门，西南隅翼以小户，内皆露柱，无间隔。惟置天井以来白光。楼上有复道通西楼，别建小室数楹，达赖喇嘛居之。"[1] 在修建该寺的过程中，许多当地土司属民都参与了修建工作。该寺建成后，雍正帝赐了一块亲自题写的"惠远寺"匾额。该寺的藏文名字则是"噶达强巴林"，意为"弥勒之洲"。

总之，康区作为中国三大涉藏地区之一，自古以来与汉地交往密切，为朝廷所重视，川藏茶马古道穿越康区，在进行商贸交易的同时带来了文化的交融，惠远寺就是在这样的政治与文化环境下建造起来的。它不同于传统藏传佛教寺院，展现出极为明显的汉传佛教寺院建筑风格，在康区显

---

① 　允礼：《西藏往返日记》，吴丰培辑《川藏游踪汇编》，四川民族出版社，1985，第 86 页。

得独树一帜。惠远寺所体现的汉传佛教寺院建筑特点可做如下归纳：第一，在选址上采取了汉传佛教寺院的典型选址办法，即选择环山抱水、藏风聚气之地；第二在平面布局上由层层院落序列构成了主次轴线关系，并通过照壁等次要建筑进一步加强了这种关系，这种做法亦是源自汉传佛教寺院；第三，其单体建筑在造型上完美融合了汉地传统建筑的琉璃瓦坡屋顶，使得建筑外观更加美观雄伟；第四，惠远寺的建造技术也吸纳了当时的汉地建筑技术，突出体现在梁柱结构的处理上，将传统藏式梁柱搭接结构与汉地的雀替及榫卯结构很好地结合起来；第五，在装饰及其色彩上也参考了汉传佛教寺院建筑的一些做法，使该寺的建筑在雄伟壮观之余增添了精致秀丽。[①]继惠远寺之后，道孚八美地区的民居建筑也逐渐接受并融入了汉地传统的建筑风格、建筑技术。上述只是康区建筑所表现出的藏汉结合特点的一部分，这些地区的建筑承载着藏汉民族文化交流与融合的历史，是研究民族地区融合汉地建造风格与技术的典型案例。

四　达赖喇嘛驻锡惠远寺期间佛教的弘扬与其同地方土司的互动

雍正八年二月三日（1730 年 3 月 21 日），达赖喇嘛奉命离开理塘，由四川重庆总兵官任国荣率领的 2000 名士兵护送，前往惠远寺。住入新居的当日，举行了庆祝达赖喇嘛迁居惠远寺的宴会，有诸位钦差参加。钦差鼎格向达赖喇嘛敬献了雍正帝所赐的数千两银，后者感激地收下了这一礼物，并向皇帝上书，表达其对皇帝的感激之情。同时，雍正帝也颁发谕旨，命令被派去照看达赖喇嘛的鼎格、马喇等人须恭敬地优待后者。为了保障达赖喇嘛驻锡地噶达周围地区的稳定，清廷于 1729 年便在康区理塘、巴塘、炉霍、道孚、瞻对（今四川新龙）、甘孜、德格、白玉、邓柯、石渠等地共册封大小土司 67 员，这也是有清以来，清廷在康区第二次大规模设置土司。

---

① 陈蔚、张曦：《四川康区藏传佛教惠远寺的汉地建筑风格的探析》，《西部人居环境学刊》2014 年第 6 期，第 64～65 页。

上述地区多为康区进藏南路及北路的重要关口或紧要地域，这些土司的设置对于惠远寺周边及整个康区的稳定有着重要的意义，为七世达赖喇嘛在康区的驻锡提供了安定的环境。再者，为了保护七世达赖喇嘛，清廷裁撤了驻泸定县的化林协，在噶达设立泰宁协，由1800名士兵驻防，其中中营和右营驻防噶达附近地区。为了保护噶达地区，还在打箭炉设了阜和营，在中渡（今四川雅江）设了德靖营，在道孚设了宁安营。泰宁以西吹音堡驻兵100名，加上理塘、巴塘粮台的驻守兵丁近800名。此时清廷在康区的驻兵已经超过2600名，是清代在康区长驻兵人数最多的一个时期。此外，在雅砻江三渡设置关卡，对往来人员进行严格的稽查。1731年，清廷在成都设立专门的四川总督，处理西藏事务以及办理征剿准噶尔军需事务。

1730～1735年，七世达赖喇嘛在惠远寺驻锡期间，主要致力于学习佛教经典和闭关修行，并修习密宗的佛教教义。经师阿旺曲丹（ངག་དབང་མཆོག་ལྡན།，1677～1751）为其进行了灌顶，前者后来成为第五十四任甘丹赤巴。在这一时期，七世达赖喇嘛赢得了作为格鲁派最伟大密宗大师之一的名声。其对密集金刚的密宗坛城（曼陀罗）及灌顶仪式的注疏，在格鲁派密宗注疏的代表性著作中占有一席之地。此外，随着达赖喇嘛移居到惠远寺，西藏佛教的中心也随之从拉萨移至该处。他为聚集在惠远寺请求摩顶祝福的人们讲经说法，并撰写与藏传佛教有关的著作。那时，有许多人到此学习或朝拜，惠远寺得到佛教徒极大的支持。打箭炉、理塘、巴塘、康北霍尔五地、德格、林葱、玉树、中甸、嘉绒及其他地区的土司多有来朝拜七世达赖喇嘛，并向他敬献了大量的礼物。同时，清廷和西藏地方的官员以及蒙古各部人员也前来朝拜达赖喇嘛，并敬献厚礼。达赖喇嘛同样被康区的其他主要寺院尊崇和供养，其中包括昌都的强巴林寺（ཆབ་མདོ་བྱམས་པ་གླིང་།）、木里大寺（སྨི་ལི་དགའ་ལྡན་བཤད་སྒྲུབ་རྣམ་རྒྱལ་གླིང་།/སྨི་ལི་དགོན་ཆེན།），中甸的松赞林寺、甘孜寺（དཀར་མཛེས་དགོན་པ།），道孚的灵雀寺（རྟའུ་ཉི་མ་ལཆོ་དགོན་པ།/རྟའུ་ཉི་མ་ལཆོ་དགོན་པ་རྟའུ་ཉི་མ་འཚོ།），炉霍的寿宁寺（霍尔章谷噶丹饶登郎加林，ཧོར་བྲག་འགོ་དགའ་ལྡན་རབ་བརྟན་རྣམ་རྒྱལ་གླིང་།）、格潘庙（བྲག་མཁར་འདྲ་ཐང་གླིང་།），甘孜的扎科桑珠寺（དཀར་མཛེས་བྲག་ཁོག་བསམ་གྲུབ་དགོན་པ།）、扎科扎觉寺（དཀར་མཛེས་བྲག་ཁོ་ག་བྲ་ཕོ་ཕོ་དགོན་པ།/དཀར་མཛེས་བྲག་ཁོ་ག་བྲ་ཕོ་དགོན་པ།）、大金寺（དཀར་མཛེས་དར་རྒྱས་དགོན་པ།），木雅的古瓦寺（ཨེ་ཤུག་བུ་དགོན་པ།／ཨེ་ཤུག་འབེ་བ་དགོན་པ།／དགེ་བ་མཆར་དགོན།）、高尔寺（ཨེ་ཤུག་བཀའ་ག ཞི་དགོན།）、日库寺（ཨེ་ཤུག་རི་ཁུད་དགོན་པ།）、塔公寺（ཨེ་ཤུག་ལྷ་སྒང་དགོན་པ།），得荣的龙绒寺（ རུང་རུང་བ羅ང་དགོན་པ།），以及朱倭的两个本教寺院，等等。尽管他移驻藏东边缘地区的理塘和噶达地方，但仍然积极参与蒙古地区和涉藏地区的宗教活动。比如，七世达赖喇嘛曾多次向康区的寺院发放布施，为广大僧俗讲解显、密经典，主持包括超度法事在内的各种仪式，并为人们摩顶祝福。又如，1729 年，青海蒙古人和藏人极其尊崇的三世察罕诺门汗圆寂后，七世达赖喇嘛为其举行了超度仪式。1730 年、1732 年和 1734 年，他为理塘、结塘（中甸）、木雅、康北霍尔五地等附近寺院做法事，散发布施。达赖喇嘛还为中甸甘丹松赞林和霍尔孔萨土司的德拉康撰写文本，规定围绕寺院及其三所依转经的次数，记述转经的功德，并为炉霍寿宁寺和那雪（今那曲）秀塘寺（ཤུག་རཾང་དགོན།）颁赐其撰写的寺规。1730 年，三岩巴色喇嘛居美贤潘伦珠禀告达赖，三岩民众请求其下令制止土匪盗寇危害地方，遂如请颁令，自此南北交界地带盗匪灾害平息。达赖喇嘛与理塘寺一直有十分密切的关系，特别是该寺喇嘛噶瓦桑杰群培（དགའ་བ་བསམ་རྒྱས་ཆོས་འཕེལ།）到卫藏学经后，与七世达赖喇嘛结为师徒关系。噶瓦喇嘛回到理塘寺后，禀告达赖喇嘛由西藏派堪布到理塘寺任职，由于路途非常遥远，迎来送往带来诸多不便，加之历届堪布任期满了以后，将其间所获的供奉物均运回卫藏地区，对本寺无任何益处，遂请求达赖喇嘛允许今后理塘寺自己任命堪布，达赖喇嘛应允，于是从第十六任堪布起就由理塘寺自行任命。此外，达赖喇嘛驻锡噶达期间，也与木雅古瓦寺的第三任活佛桑杰仁青（སངས་རྒྱས་རིན་ཆེན།）建立了密切的联系，曾给该活佛颁发了表示尊崇的文书，还授予他作为康区四位"夏仲"（ཞབས་དྲུང་།，通常指服侍过高僧大德的僧人）之一的名号。由于大批土司、信众的聚集，以及周围数千名守兵常驻，"众小商至"，① 噶达日渐成为重要的商业集会地点，通用银两贸易。商业的发展，客观上推进了这一区域各族群交往与文化交融。

七世达赖喇嘛一直与德格土司及其家族保持着密切的联系。德格土司家族

---

① 《西藏办事大臣鼐格等奏设巡检以管理新地方折》，雍正十年七月十三日，《雍正朝满文朱批奏折全译》下册，黄山书社，1998，第 2136 页。

与七世达赖喇嘛家族曾两代联姻，而且被当作至亲来对待。1732 年夏，得到雍正帝的许可后，七世达赖喇嘛的妹妹次仁嫁给德格土司丹巴泽仁之子索南工布为妻。雍正帝特别赏赐给这对新婚夫妇 3500 两银和数百匹绸缎。1756 年，他再一次将侄女扎西旺姆嫁给德格土司洛珠彭措为妻。七世达赖喇嘛也受到明正土司及其属下，包括萨噶果巴（大院坝罗家锅庄，ས་སྐར་འགོ་པ/པ་དཀར་འགོ་པ）在内的诸头人的极力尊奉。1712 年，明正土司及其属下的各头人曾共同派萨噶果巴·雅如丹增次旺（ས་སྐར་འགོ་པ་ཡ་རུ་བསྟན་འཛིན་ཚེ་དབང）等前往德格拜见格桑嘉措。在达赖喇嘛前往噶达的途中，明正土司再次派萨噶果巴·雅如丹增次旺前往雅江为其渡江事宜做准备。打箭炉的堪布和明正土司等人则前往高日山脚迎接达赖喇嘛，明正土司还为达赖喇嘛设汉式宴席，并敬奉大批贡物。1731 年，萨噶果巴家族请达赖喇嘛为过世的阿加贡布（ཨ་རྒྱ་མགོན་པོ）在打箭炉做超度法事，但由于达赖喇嘛正在静修，派了其经师赤钦阿旺曲丹前去主持。1732 年新春及 1734 年，萨噶果巴与明正土司的管家觐见了达赖喇嘛，后来明正土司和其他首领也分别觐见达赖喇嘛，向他敬献贡物，并聆听其讲经说法。1733 年和 1734 年，达赖喇嘛分别为过世的明正土司坚赞达吉（རྒྱལ་མཚན་དར་རྒྱས）和萨噶果巴女主人做超度法事。1734 年，明正女土司阿噶（རྒྱལ་མོ་དངོས་མ）及仆从 40 人向达赖喇嘛供奉财物，达赖为他们做了长寿灌顶。1735 年初，明正女土司阿噶、打箭炉的安觉寺（ཨ་མཆོག་དགོན་པ）[1]、明正土司的管家南杰次仁（རྣམ་རྒྱལ་ཚེ་རིང）等各献大批送行礼，七世达赖喇嘛则向彼等赠舍利等重要信仰神物。同年，打箭炉南无寺（拉摩则，ལྷ་མོ་ཙེ་དགོན་པ）喇嘛与僧人等数万信徒也为达赖喇嘛返回卫藏送行。

五　达赖喇嘛驻锡惠远寺期间与清廷的交往、交流

我们从七世达赖喇嘛的传记中能够看出，其移驻惠远寺期间与皇帝和清廷建立了密切的联系，有非常频繁的往来。这充分体现在皇帝派官员前往惠远寺达赖喇嘛处，或送圣旨和礼品，或派遣医师诊治；达赖喇嘛的父

---

① "安觉寺"是 1937 年戴季陶题字后的名称，以往在汉语中为"安雀寺"。

亲也入京向皇帝问安，获得了皇帝的接见和清廷的赏赐。因此达赖喇嘛在惠远寺驻锡的几年里，迎来送往的使者和朝廷的官员以及内地佛教徒和信徒为数不少。雍正帝十分关心达赖喇嘛，1730年，当他得知七世达赖喇嘛生病后，立刻派了两名御医到惠远寺为其诊治；1732年，为了嘉奖七世达赖喇嘛的父亲和德格土司丹巴泽仁（བསྟན་པ་ཚེ་རིང་）忠心耿耿服务于达赖喇嘛，皇帝特赐两人各3500两银。此外，达赖喇嘛移驻惠远寺后，雍正帝给其经师阿旺曲丹赐"阿齐图诺门罕"的称号（意为"慈悲的法王"）。

达赖喇嘛也十分重视加强与皇帝和清廷的联系。他郑重地接见并宴请皇帝派来的使者和清廷往返于西藏的有关官员。根据其传记记载，在噶达期间皇帝派来使者及医师等相关人员达十余次。而达赖喇嘛直接给皇帝上奏、派人请安，派人向十七皇子、章嘉呼图克图（ལྕང་སྐྱ་ཧུ་ཐུག་ཏུ）及成都地区官员问安送礼等也达七次之多。

由于达赖喇嘛久驻惠远寺，"其随来之弟子人等久离乡土，未免怀归"，他们都想回到故乡。那时班禅喇嘛也年迈有疾，加之准噶尔人已遣使求和，"定界息兵"，蒙古人对西藏的威胁解除了；另外，也有可能是清廷为了节省支出，1734年夏，雍正帝下旨命令达赖喇嘛返藏。1734年底，雍正帝派了当时主管理藩院事务的果亲王允礼和章嘉呼图克图，前往惠远寺处理达赖喇嘛返藏事宜。果亲王在惠远寺共停留了41天，一直住到雍正十三年二月三日（1735年2月25日）。其间，果亲王转降谕旨，对七世达赖喇嘛、其随从以及周围的土司、头人等厚加赏赐，并数次宴请他们。同时，抵达噶达后，向达赖喇嘛行弟子礼，以示尊崇。他也曾多次在达赖喇嘛座前聆听佛法，并接受后者的灌顶，与七世达赖喇嘛建立了深厚的友谊。同年四月二十一日（5月13日），三世章嘉呼图克图、副都统福寿等率领官兵500人护送达赖喇嘛回藏。达赖喇嘛一行于闰七月十二日（8月29日）抵达拉萨，结束了在泰宁的五年多驻锡生活。由于七世达赖喇嘛和清朝中央政府之间已有良好的关系，因此，达赖喇嘛回藏，客观上有利于清中央政府利用其影响力和凝聚力进一步加强对蒙藏地区的统治，因而也有利于国家的长治久安。

·208·

六　清中央和西藏地方政府对惠远寺的关照
及惠远寺在康区的影响

1. 遵照雍正帝的谕令，达赖喇嘛派堪布主持惠远寺教务

1735 年，达赖喇嘛返藏后，惠远寺已不复旧观，冷寂多了，不再享有像达赖喇嘛驻锡期间那样的荣耀和繁荣景象。达赖喇嘛离开后，泰宁营就被裁撤，属下左营和右营被调防到泸定的化林坪，先前新设的德靖营和宁安营也被裁撤后重组。考虑到惠远寺是御建寺院，加之有些僧人仍然住在寺里，清廷决定在此建立噶达汛，仅由打箭炉阜和营派一名把总，率 30 名士兵驻守该地。

遵照雍正帝的谕令，达赖喇嘛让帕绷喀呼图克图洛桑格勒（ པ་བོང་ཁ་སྤྲུལ་སྐུ་བློ་བཟང་དགེ་ལེགས། ）任惠远寺堪布，在该寺建了一个新的扎仓，70 名僧人留驻该寺。这些僧人的饷银是由内库支付的，其中 20 名负责照料堪布的生活起居，其余 50 名则成为新建扎仓的僧人。这 50 人是从木雅各寺抽调的，都来自噶达附近地区，且在拉萨的三大寺（即色拉寺、甘丹寺和哲蚌寺）获得了"噶居绕降巴"（ དགེ་བཤེས་རབ་འབྱམས། ）的学位。以前就在惠远寺的僧人则由四川布政使拨款供养。此外，根据皇帝的谕令，明正土司属下的 51 户人家也被安排继续为留在该寺的僧人供役。从此以后，由西藏地方政府派哲蚌寺僧人任惠远寺的堪布这一做法一直延续到 1920 年。这年时任堪布由于康藏划界，惧不自安，被控携款潜逃，于是该寺僧人自选堪布主持寺务，与哲蚌寺脱离隶属关系。

2. 惠远寺对地方事务的干预

惠远寺历任堪布和僧人被认为试图影响、干预和控制噶达以及康区其他地区的地方事务。比如，1749 年四川总督策楞等的奏疏称，同年瞻对首领班衮（ དཔལ་ལྡན་མགོན། ）看到大金川首领莎罗奔（ ས་ལོ་དཔོན། ）投诚，并得到乾隆帝宽宥后，随即派人到惠远寺，请求该寺喇嘛达尔汗堪布代为祈恩。不久班衮再次恳求，并让其子到该寺出家为僧。由此可见，惠远寺堪布在康区各土

司和头人的心目中拥有崇高的地位，是能够帮助他们向皇帝提出要求的。川督等清廷封疆大吏认为该寺"堪布等恃藏中之势，且夜郎自大"，于1750年"渐次强横，估占土司土地，恳将明正土司所属之上下甲作、噶达三处百姓一百二十六户，又土百户三名，一并给予惠远庙，供应庙上洒扫、搬运、柴水之役，百姓所纳之粮改为每年补修庙宇之资，而百姓等仍同明正土司百姓一体应差"。这是经四川总督策楞、提督岳钟琪"给予宪牌在案"。1755年，"该寺复争明正土司地土百姓，由打箭炉同知讯断以百姓一百八十户给予该寺"。① 同年，四川总督黄廷桂等奏称，达赖喇嘛派来主持惠远寺堪布"达汉来庙随带跟役丁巴羊平（བསྟན་པ་ཡར་འཕེལ）等，竟干与地方事务，招诱土民，不服土司差唤，经前提臣岳钟琪行知达赖喇嘛撤回。另派罗藏桑结（ཐོ་བཟང་སངས་རྒྱས）前来，讵又将逐回之头人丁巴羊平等携带来庙，复行滋事"。② 这也从一个侧面反映该寺的堪布和僧人在当地的影响越来越大，下辖的属民也越来越多，从而得以干预和控制地方事务。此外，今道孚宁玛派寺院古努寺（གུ་ནུ་དགོན་པ）第二世活佛衮桑确珠嘉措（ཀུན་བཟང་ཆོས་འགྲུབ་རྒྱ་མཚོ，又名吉美曲秋嘉措，འཇིགས་མེད་ཆོས་མཆོག་རྒྱ་མཚོ）任主持时，由西藏派驻的惠远寺堪布下令不准维修和扩建该寺，并将该寺僧人投入监狱。据该寺历史记载，此时众人亲见该喇嘛幻化成一只老虎，于是惠远寺的堪布下令释放僧众，并同意维修和扩建该寺，且允许该寺在其辖地察娘（ཚ་ཉག）部招收僧人。这也可以体现出慧远寺堪布所拥有的权力。

乾隆皇帝平定大小金川后，本教僧人因与两金川土司联合反抗清军，而全部被遣散。为了"教化"当地人，乾隆皇帝谕令在金川和小金两地建佛教寺院。1776年，镇压金川和小金两地叛乱的清军将领阿桂（1717~1797）上奏皇帝，报告惠远寺的堪布阿旺达尔结（ངག་དབང་དར་རྒྱས）同其两名徒弟到清军军营念经，并称情愿分派喇嘛，移居两金川地方，以振兴格鲁派。清廷认为若批准惠远寺喇嘛驻于两金川，其地将渐成达赖喇嘛属地，"恐日久金川与西藏联为一气，亦难保其不滋流弊"。清廷拒绝惠远寺僧人要求

---

① 《咨四川总督呈送发给惠远寺宪牌印照清册由》，《道孚县图志》，内部资料，1961，第19页。
② 顾祖成等编《清实录藏族史料》第3集，第1262页。

时，提到的理由是当地僧人追随大小金川土司反叛清廷统治，所有寺庙并非净土，并声称平定这两个地区后，寺院中的可居房间已分给清官兵居住，不宜让僧人来这些寺院居住；这些地区的头目因助逆而被诛，幸存的均是贫苦群众，无能力布施和供养寺院僧人。

惠远寺有两位活佛世系，其中一位叫古交仁波齐（ཀུ་བཟང་རིན་པོ་ཆེ།），其第一世活佛是十一世达赖喇嘛的近侍洛桑绕结（བློ་བཟང་རབ་རྒྱས།）的转世。他被赐予"古交堪布"（ཀུ་བཟང་མཁན་པོ།）的名号，该名号通常用来称呼照顾达赖喇嘛日常事务的近侍，享有与堪布同等的地位。另一个活佛叫交吉仁波齐（སྐྱབས་རྗེ་རིན་པོ་ཆེ།）。第一世交吉·洛桑格桑云丹（སྐྱབས་རྗེ་བསྐལ་བཟང་ཡོན་ཏན།，1857～1917）被认为是十一世达赖喇嘛"身、语、义"的化身。学识渊博的他同时兼任木雅居里寺（མི་ཉག་སྐྱིད་ལེགས་དགོན་པ།）和高尔桥寺的活佛，还被认定为曾任瞻对工布朗结（ཤུགས་མདུད་མགོན་པོ་རྣམ་རྒྱལ།）上师的嘉措桑丹（རྒྱ་མཚོ་བསམ་གཏན།）的转世，也被嘉绒人认为是嘉绒中路格西喜绕（དགེ་བཤེས་ཤེས་རབ།）的转世。这也极大地增强了惠远寺在当地的影响力及与周边寺院的关系。

3. 清中央和西藏地方政府曾多次拨款修复惠远寺

噶达地区频繁发生的地震加速了惠远寺的衰落，多次维修亦表明清廷和西藏地方政府对该寺的重视程度。1785 年发生地震后，大多数大殿和僧舍都坍塌了。由于达赖喇嘛不再驻锡该寺，清廷认为不应该再按以往的规模来重建该寺，因而在重建时将大殿改为四层，除大殿 300 余间房及大门、二门等处照旧修复外，僧房只建了 200 间，减去了 63 间。1793 年的一次地震中，大多数殿堂和围墙等再次坍塌。1811 年，第二次维修后不久，又发生了一次更严重的地震，给该寺造成了非常大的损失：殿堂、碑亭、僧舍及围墙等都被毁坏。当时的四川总督上书给嘉庆皇帝，请求仅修复立有御制碑文的碑亭以及供奉佛、法、僧三宝的三座大殿。其建议只留两名僧人住寺，其余的僧人分派到附近各寺修行。但是，当时拉萨的摄政第九世第穆呼图克图（དེམ་དཀོག་།，在位时间为 1811～1818 年）则要求按旧例修复该寺，他声称惠远寺是特别为七世达赖喇嘛修建的，在达赖喇嘛返藏后该寺已赐给了他。因此，双方就如何修复该寺进行了长达四年的争论。

其后嘉庆帝颁发谕旨，允许该寺按先例修复，但要求寺院本身支付修复该寺所需的一切费用。经过劝募，广集资材，该寺又一次被修复了。1893年，发生了一次更为严重的地震，该寺几乎所有的建筑都被毁坏了。第一世交吉仁波齐洛桑格桑云丹积极参与震后救灾和重建工作，驻瞻藏官（ཀྱ་རོང་སྤྱི་ཁྱབ）和打箭炉厅的清廷官员分别向西藏地方政府以及清廷汇报了灾情。达赖喇嘛本人捐献了1000两银，管理布达拉宫财务以及拉萨郊区政法事务的"雪勒空"（ཞོལ་ལས་ཁུངས）拨了500两银，哲蚌寺洛色林扎仓（འབྲས་སྤུངས་བློ་གསལ་གླིང་གྲྭ་ཚང）则捐了2000两银。另外，打箭炉厅官员从国库申请向寺院和当地百姓发放了大量赈灾钱物。在这次修复的过程中，相关人员不得不参考"御制惠远寺庙碑"的记载来修复，并缩小了院落的面积。大殿建为拥有金顶和歇山顶的四层大殿。

4. 惠远寺的影响在继续

1905年发生的"泰宁事件"也显示了惠远寺在当地的影响。1904年，打箭炉同知刘廷恕奉命在噶达开办的金矿开工，由于以往私下交税给惠远寺的惯例被打破，1905年3月，在驻瞻藏官的支持下，该寺僧人驱赶矿工，且在冲突中杀害数人。绿营兵一哨前往震慑时，众僧枪伤弁勇，并击毙都司卢鸣扬。驻瞻藏官也派了马队到道孚界上示威，为该寺助阵。四川提督马维骐率兵讨之。四月，泰宁平定，并责令该寺赔偿此事件造成的一切损失。但直到1909年该寺才将抢劫的财物归还当地百姓，并赔偿了后者的损失。民国时期，惠远寺仍然是康北地区的文化中心，也是藏传佛教信众心目中的圣地。由于七世达赖喇嘛曾驻锡该寺，十一世达赖喇嘛出生在该寺附近，当地人仍然虔诚地信奉该寺。1928年，该寺有200名僧人，是当时道孚地区的第二大寺院。20世纪40年代，该寺的堪布格桑多吉（བསྐལ་བཟང་རྡོ་རྗེ，1909～?）与康区的其他活佛和土司一道，被选为西康临时参议会参议。1947年，他又被选为西康省行宪国民代表大会的代表，充分显示了该寺的重要性。1956年，在噶达地区进行的"民主改革"中，惠远寺是被保留的寺院之一。"文革"期间，该寺遭到破坏，佛像、经籍均被毁坏。1982年，惠远寺被指定为向公众开放的一座重点寺院。该寺所有被没收的财产都被归还，而且国家拨款 23 万元，对该寺进行了维修。目前该寺有 200 余名僧人，仍然是康区的一座重要寺院。

结　语

惠远寺是由清朝皇帝拨专款修建的七世达赖喇嘛驻锡地，是西藏及涉藏地区唯一一座御建寺院。十一世达赖喇嘛的出生地也在该寺附近。该寺的名望不仅局限于康区和四川西北部藏区，其声名远播西藏和其他涉藏地区。清廷一直十分重视该寺，在频繁的地震使该寺遭受损失时，一次又一次地维修重建。清廷之所以这么做，除了该寺享有崇高的宗教地位外，也跟它具有教化远离政治中心的邻近地区这一作用有关。

雍正帝让达赖喇嘛移驻噶达，是为了让深陷西藏内乱的七世达赖喇嘛父亲索南达吉离开拉萨，为颇罗鼐统治西藏铺平道路；另外一个考虑是为了消除蒙古人，尤其是准噶尔蒙古部对西藏稳定乃至清廷统治的威胁。同时，达赖喇嘛在蒙古和藏区广泛传播藏传佛教，安抚了蒙古和涉藏地区的民众和各种势力，确保了边疆稳定。雍正皇帝统治时期，对蒙古和西藏地区除应用怀柔政策外，还采取了其他诸多措施，加强其统治：在拉萨设驻藏大臣，并在西藏驻军，将一些地区置于其他省和班禅喇嘛的控制之下。这些措施都是为了削弱西藏地方政府的权力与威望。

惠远寺具有的战略位置使它成为达赖喇嘛驻锡寺的最理想选择。达赖喇嘛从出生地理塘到德格，从德格到青海，接着从青海入卫藏，然后又从卫藏来到康区，后再返回西藏，这一经历增大了他的宗教活动范围，使得他可以接触到更为广泛的蒙藏信徒，极大地提高了其在群众中的宗教声望。七世达赖喇嘛与康区土司、各寺院以及地区僧俗间的互动，也扩大了格鲁派在康区的影响。惠远寺不仅成为一个重要的格鲁派中心，在激发当地土司对达赖喇嘛的支持中亦起着举足轻重的作用。达赖喇嘛移居惠远寺进一步加强了其与西藏地方政府及清廷之间的关系。

七世达赖喇嘛移驻噶达，一方面，使得清廷在康区的军事重心从华林坪向西推进至噶达；另一方面，因此实施的驻兵、巡查等保护达赖喇嘛的措施，客观上加强了清廷对康区的控制。再者，清廷于 1731 年设置专门的四川总督来处理西藏事务，表明清廷眼中的四川，更准确地说是康区在治理西藏中的依托地位愈加凸显，并开始在行政上得到确认，是之后"治藏必先安康""固川保藏"的重要前提。

1735 年，达赖喇嘛离开惠远寺后，该寺仍然是康北的一个文化中心，也是佛教徒心目中的圣地。由于直到 1920 年为止该寺的堪布都是由哲蚌寺委派，该寺历任堪布和僧人在当地的影响越来越大，下辖的属民也越来越多，从而得以干预甚至控制噶达以及康区其他地区的地方事务。尤其在 19 世纪末 20 世纪初，惠远寺与驻瞻藏官一道，试图协助西藏地方政府扩大其在康区的影响。总之，惠远寺自建立以来，一直是汉藏交往的重要阵地，见证了历史上汉、藏两族的交流交融。

主要参考文献

《噶达强巴林（泰宁寺）历史》，中国藏学研究中心历史宗教研究所、中国藏语系高级佛学院、甘孜州宗教局、甘孜州编译局编著《甘孜州藏传佛教寺院志》第 2 册。

年弄喇嘛卓热：《木雅后五学者之第四位格桑云丹法王传》（藏文），内部资料。

桑吉巴姆、坤山：《乾宁惠远寺》，《甘孜州文史资料》第 19 辑，2002 年。

星全成：《"卫藏战争"与七世达赖迁居康区》，《青海民族学院学报》2005 年第 4 期。

允礼：《西藏往返日记》，吴丰培辑《川藏游踪汇编》，四川民族出版社，1985。

查骞：《泰宁寺夷变始末》，西藏自治区社会社学院、四川省社会科学院合编《近代康藏重大事件史料选编》第 1 编上册，西藏古籍出版社，2001。

张虎生：《御制惠远庙碑文校注——兼说七世达赖喇嘛移居惠远寺》，《中国藏学》1994 年第 3 期。

章嘉·若贝多杰：《七世达赖喇嘛传》，蒲文成译，西藏人民出版社，1989。

志玛青措：《惠远寺简史》（藏文），民族出版社，2012。

第十三讲　建设中华民族：民国时期中国社会精英的讨论与选择

励　轩

在我们当代普通人的认知当中，中华民族已然有数千年的历史了。但有趣的是，古时候生活在中国的人们却不知道自己属于中华民族，甚至当时连"中华民族"这个概念也并不存在。那么"中华民族"这个概念是如何产生的？生活在近代的人们是如何一步步形成"中华民族"的观念的？其在观念演变的过程中又有怎样的故事？这些是本讲主要解决的问题。

一　中华民族概念的诞生与清末民初的早期讨论

根据历史学家王树民的考证，"中华"一词较早是用在天文方面的。《晋书·天文上·中宫》说："东蕃四星，南第一星曰上相，其北，东太阳门也；第二星曰次相，其北，中华东门也……西蕃四星，南第一星曰上将，其北，西太阳门也；第二星曰次将，其北，中华西门也。"[①]《晋书》中的这段描述是将天宫的构造用人世间的宫城来比拟，东、西两门分别以太阳、太阴命名，而中间的门则以"中华"来命名。根据王树民的说法，古人常以阴和阳代表天与地，天地之间则是中国最大，但古人又不便以"中国"

---

① 《晋书》卷一一，中华书局，1974，第292页。

名号用于宫门，于是从"中国"与"华夏"中各取一字而称为"中华"。此之后，"中华"一词也开始被用于命名人世间的宫门，并逐渐具有了代指"中国""中原"，甚至表示一定文化和具备此种文化之人的含义。比如《晋书·刘乔传》中载"今边陲无备豫之储，中华有杼轴之困"，[1] 以及《晋书·陈頵传》所言"中华所以倾弊，四海所以土崩者，正以取才失所"，[2] 这里的"中华"，便是全中国之意。在后世的具体使用中，当"中华"被作为指代历朝历代的国家通称或用于对外自称国名时，该词与"中国"的含义是一样的，实际上逐渐成了又一个指代中国的贯通性名号。到了晚清时期，"中华"也经常出现在与欧美等国签署的各种条约之中。如中美《望厦条约》汉文本开头即称清朝为"中华大清国"，结尾签字处有"大合众国钦差全权大臣驻中华顾盛"字样。再如中美《天津条约》中，也称清朝为"中华大清国"，称清朝皇帝为"中华大皇帝"等。凡此种种，都表明至少在外交领域，时人对"中华"的理解实际上是与"中国"、"大清"以及英文中的"China"一样的。

关于"民族"一词，中国民族学界曾长期认为其是近代以后才出现的，20世纪60年代林耀华就提出该词可能首先是在辛亥革命前夕从日文转借过来的。不过，进入21世纪后，学界的看法发生了较大改变。有学者指出在6世纪初成书的《南齐书》以及唐代李筌所著的兵书《太白阴经》中均出现过"民族"一词。虽然古代汉语中早已有"民族"一词，但使用并不多，多属于不确指的分类泛称，不能与某一具体民族相连形成"某某民族"的说法。其使用情况真正发生变化应是在晚清初期，德国来华传教士郭士立（Karl Friedrich August Gützlaff）在19世纪30年代编撰的中文杂志和著作当中多次使用"民族"一词。如1834年，郭士立在一本书中写道："盖皇上帝符玺证据耶稣之教训为天之谕，言言实实，略无粉饰，故申谕中外诸民族悔罪，伏奉耶稣救世者之教也。"之后他甚至使用了"某某民族"这类构词，如"昔以色列民族如行陆路渡约耳但河也"。郭士立所用之

---

① 《晋书》卷六一，第1675页。
② 《晋书》卷七一，第1893页。

"民族"可能对应的是 13～16 世纪英文里流行的 nation 之旧义，指的是"族群"，而非一种政治共同体。① 之后，"民族"一词很有可能由中国传入了日本，其中与传教士们合作翻译过中文、西文典籍的王韬作用较大，他在自己的著作中使用过"民族"一词，而其著述在日本知识界广受欢迎、颇具影响。不过，词语的转借是一回事，观念的形成则又是另一回事。日译西书对中国知识精英现代民族（nation）观念的形成可能具有更大影响。日本知识分子在明治维新后大量翻译西文著作，这些西文著作中包含着许多现代民族的概念，而一些日本知识分子和留日中国学人又将作为国民政治共同体的现代民族概念引入中文世界。1896 年 11 月 15 日，日本汉学家古城贞吉在《时务报》上发表《土耳其论》一文，文中多次提及作为政治共同体的"民族"："然古国民族，不知统御之道，只赖同种族同宗教为倚信……然其所治诸民族，已为西欧文物感化，而不受其羁縻……土耳其帝国所治民族，一曰土耳其人，二曰阿拉比亚人，三曰希腊人，四曰亚儿米尼亚人，五曰拉母人，六曰亚儿把尼亚人。此六民族，其最要者也。"是文标志着现代民族概念在中国传播的开始。② 在这之后，现代民族概念在中文世界的传播逐渐扩散，而梁启超等中国知识精英正是当时传播这一概念的先锋。

1902 年，梁启超将中文里的"中华"与"民族"合成"中华民族"一词，用在《新民丛报》连载的《论中国学术思想变迁之大势》一文中："齐，海国也。上古时代，我中华民族之有海权思想者，厥惟齐。故于其间产出两种观念焉：一曰国家观，二曰世界观。"③ 这是学界目前公认的"中华民族"一词最早的出处。梁启超当时发明出"中华民族"一词，可能并无太多深意，只是给"汉族"找了一个替代名词，其义约同于他在文章中所用的"黄族""华族"等。到了 1905 年，梁启超才在《历史上中国民族之观察》一文中对"中华民族"做了较为明晰的定义，即所谓"中华民族"

① 黄兴涛：《重塑中华：近代中国"中华民族"观念研究》，北京师范大学出版社，2017，第 51～53 页。
② 黄兴涛：《重塑中华：近代中国"中华民族"观念研究》，第 55～58 页。
③ 《梁启超全集》第 3 集，中国人民大学出版社，2018，第 33 页。

就是汉族，同时，对"中华民族"的本质进行分析，提出现今的"中华民族"是由多个民族混合而成的。尽管此时梁启超还认为中华民族即为汉族，对其认识有一定的局限性，但他肯定了中华民族由多民族混合而成，指明了中华民族的多元混合特征。梁启超对中华民族本质上是多元混合的包容型民族的定性，以及将民族交融判断为中国民族演化的趋势，具有非常大的启发意义，为中国社会精英将中华民族由"自在的民族实体"转化为"自觉的民族实体"指明了前进的方向。

梁启超关于中华民族的包容型民族主义论说得到了清末一些立宪派人士的支持。杨度就认为中华民族不应以血统论，而应以文化论，并进一步提出满、汉均为中华民族，未来中华民族应容纳蒙古、回、藏等族，指出此后"不仅国中久已无满、汉对待之名，亦无蒙、回、藏之名词，但见数千年混合万种之中华民族，至彼时而益加伟大，益加发达而已矣"。① 立宪派对中华民族概念进行包容式的解释和倡导，也与统治阶层中的开明人士不谋而合。清末，一些开明的满洲贵族对国民、民族、种族等概念已经有比较深刻的认识，他们认为满、汉之间只是血缘上存在不同，亦即属于不同"种族"，但均属于同一"民族"；不仅满、汉如此，他们还认为中国人民是同民族、异种族的国民。如此一来，这些满洲贵族事实上是把"民族"理解为了国民政治共同体，可以说相当准确地把握了西方现代民族概念的精髓。

对于立宪派包容性的民族主义主张，决意推翻清政府统治的革命派起先并不以为然，他们想要建立的是单一的汉民族国家。在革命派的历史叙述中，满人属于塞外的东胡，跟汉人在种族上就不同，其对汉人及中国的统治乃是一种征服和殖民，因此汉人并非大清的国民，而只是亡国奴。有鉴于此，汉人必须驱除满人，恢复汉人的国家。革命派也清楚种族与民族的区别，但他们认为满、汉不仅是种族不同，而且分属不同民族。刘师培在《辨满人非中国之臣民》一文中就说："满、汉二民族，当满族宅夏以

---

① 杨度：《〈中国今日最宜之政体论〉附识》，刘晴波编《杨度集》，湖南人民出版社，1986，第 369 页。

前，不独非同种之人，亦且非同国之人……"① 更有人声称："中国者，中国人之中国也，孰为中国人？汉人种是也。"② 实际上，他们并不认为满、汉属于同一个国民政治共同体。

针对革命派要建立单一汉民族国家的方案，立宪派提出了异议。其中一个争论焦点是，中国这个国家已经包含了二十一行省、蒙古、回部和西藏，中国之人民是由汉、满、蒙古、回、藏五族构成的，如果不秉持一个包容型民族主义的立场，而以未来的中国只有汉人一族，那么满、蒙古、回、藏之地还要不要。杨度就明确提出，如果汉、满、蒙古、回、藏各自坚持自己的民族主义，相互排斥对方，那么中国的版图离土崩瓦解也就不远了。

革命派意识到，立宪派的诘问是有道理的，一些革命党人逐渐放弃了建立单一汉民族国家的主张，转而开始接纳立宪派提出的部分大民族主义观念。身为同盟会领导人之一的刘揆一在辛亥革命前就承认："蒙、回、藏者与满洲同为吾国之藩屏也，满蒙失则东北各省不易保全，回藏失则西北各省亦难揩据。是吾人欲保守汉人土地，尤当以保守满、蒙、回、藏之土地为先务。"③ 他进而提出，革命党人应团结汉、满、蒙古、回、藏五族先进分子推翻清政府，共同建设共和国家。在辛亥革命爆发的前夜，同盟会中的领导人物已经初步形成了具有包容性的五族共和指导思想，该指导思想在革命后成为南北双方普遍认可的政治信条。纵使之后袁世凯窃取了革命胜利果实，但北洋政府仍旧继承了革命派五族共和的建国方针。虽然五族共和并不完全等同于建设中华民族，但这一建国方针在很大程度上避免了国家在清末向民初转换的过程中土崩瓦解，从而为现代中国统一多民族国家的巩固和发展奠定了良好基础，也为之后进一步丰富中华民族的内涵提供了现实的可能。

---

① 刘师培：《辨满人非中国之臣民》，《民报》第 14 期，1907 年，第 1 页。
② 愿云：《四客政论》，《浙江潮》第 7 期，1903 年，第 2 页。
③ 刘揆一：《提倡汉满蒙回藏民党会意见书》，章开沅、罗福惠、严昌洪主编《辛亥革命史资料新编》第 6 册，湖北人民出版社，2006，第 238 页。

二 孙中山与中华民族建设

尽管五族共和以包容性的方式将汉、满、蒙古、回、藏五族纳入近代中国建设的议程中，但这一理念更加突出了中国民族的多元性，而对国民一体性的重视并不充分。当时一些社会精英认为，这可能并不利于维系中国的统一，亦不利于与其他国家争雄。李大钊在 1917 年就著文反思五族共和论，转而提倡建设基于各民族融合的"新中华民族主义"。李大钊认为，中国历史久远，已经把亚洲历史上出现的很多民族都融合成一个中华民族，长期以来也并无血统差异之分，但是，这种民族融合尚有遗憾之处，即民国建立时仍保留着区分你我的五族称号。在李大钊看来，五族各自的文化已经逐渐趋近于一致，同时都处于自由平等的共和国体之下，历史上的满、汉、蒙古、回、藏、苗、瑶等称呼，都应只是残留的名称，到现在早已经没有分别。他认为："凡籍隶于中华民国之人，皆为新中华民族矣。"① 并提出，中华民国以后的政教典型都应该据此建立民族精神，统一民族思想，这种主义，就是新中华民族主义。我们可以发现，相比于杨度认为汉、满和蒙古、回、藏之间文化尚有不同，李大钊提出的新中华民族主义显然更进一步，认为五族在文化上已经没有区别，所以将汉、满、蒙古、回、藏甚至境内其他少数民族都直接包括进来，将他们均视为中华民族的组成部分。李大钊的这一论述已经非常接近我们当下所理解之中华民族，具有较强的超前性。

1922 年，梁启超也在新发表的《中国历史上民族之研究》一文中再次对中华民族进行了阐释。在文章中，他对"民族""种族""国民"等术语进行了区分，并具体讨论了民族成立的要素。他认为血缘、语言、信仰都是民族成立的"有力条件"，但决不能以这三个要素作为民族划分的标准。他提出判定民族的唯一标准是民族意识，而所谓民族意识，就是"对他而自觉为我"，并举例说，凡是碰到他族而立刻有"我中国人"这样一种观念产生于脑海中的人，即是中华民族之一员。梁启超的阐释其实就是把自我

---

① 李大钊：《新中华民族主义》，《李大钊全集》第 1 卷，人民出版社，2006，第 285 页。

认同与否确立为判定是否属于中华民族成员的唯一标准，淡化了种族意识，从而可以把当时自我认同为中国人但种族上与汉族有差异的少数民族囊括进来，某种意义上既是对他自己在1905年《历史上中国民族之观察》一文中提出的中华民族即为汉族论的修正，也是对民国初年五族论强调种族或民族区分的一种回应。对于中华民族的形成和发展，梁启超延续了他在1905年的判断，认为中华民族本就是多民族融合而成，这个民族在将来有扩大之可能。这个判断实际上是为中国境内各民族继续融合成更大、更为统一的中华民族提供了较大的理论空间。

尽管李大钊和梁启超都提出了可以取代五族共和论的国家建设（nation-building）初步理念，但这些理念还是存在一些不足。如李大钊认为"五族之文化已渐趋于一致"，但实际上，组成中华民族的各族仍存在着较大的差异性。又如梁启超认为中华民族未来存在扩大的可能，却也没有明言该如何扩大中华民族。二者的不足有一个共同点，就是未能说明如何建设中华民族。而这个至关重要的问题，就留待孙中山来回答了。

孙中山虽不是"中华民族"一词最早的提出者，但作为清末民初著名的革命家和政治家，他对于建设中华民族的构想直接影响了民国时期的一大批社会精英。在支持建设中华民族之前，孙中山的民族主义思想曾有过转型。在革命早期，孙中山为了推翻清政府统治，力倡以排满为主的"驱除鞑虏、恢复中华"，但他逐渐认识到单纯的排满过于狭隘，故接受了五族共和论。孙中山对五族共和论的接受实际上有一些勉强，在经历民国初年的数次革命挫败以及亲眼看到边疆危机日益深重的形势后，他对五族共和论的态度也发生了改变。在1919年发表的《三民主义》一文中，孙中山认为五族共和论某种程度上导致了民国初年的"四分五裂"，这一批评不太公允，甚至可以说带有一点个人情绪。之后，他将目光转向了部分社会精英提倡的中华民族论，并对中华民族的存在进行了高度肯定："中华民族者，世界最古之民族，世界最大之民族，世界最文明之民族，也是世界最大同化力之民族也。"[1] 不过孙中山认为，中华民族虽然早已存

---

[1] 中山大学历史系孙中山研究室等合编《孙中山全集》第5卷，中华书局，1985，第186页。

在，但其建设任重道远。他提出，推翻清政府，不过是实现了民族主义的消极目的，革命党人需要进一步努力，实现民族主义的积极目的。所谓的积极目的，就是要建设一个高度团结、统一的中华民族。

在如何建设中华民族这一问题上，孙中山受他所认知的西方特别是美国经验影响较深，这可能跟他的生活经历有关。孙中山早年曾去夏威夷留学，在美国本土也生活过，对美国抱有极大好感。在建设中华民族的问题上，孙中山将美国建构"美利坚民族"的经验当作榜样，认为美国建构了一个"美利坚民族"，才实现了自己的富强，而美国建构"美利坚民族"最重要的经验，就是种族同化。孙中山进而提出，中国应该模仿美国，以汉族为中心，同化国内其他各族，同时将汉族改称为中华民族，将中国建成一个完全的民族国家。孙中山认为一族一国的现代民族国家是西方列强得以实现富强的结构性原因，只要中国完成中华民族的建设，也必将走上富强之路。

需要指出的是，对现代民族国家肯定甚至推崇的并非只有孙中山一人，这是 20 世纪初中国一批社会精英的集体意识。梁启超早在 1902 年发表的《论民族竞争之大势》一文中就对一族一国的民族主义理念推崇备至，将英、法、德之强盛皆归因于顺应了这种民族主义的大势，而将拿破仑的失败归咎于违背这一大势。梁启超进一步提出，要把当时的中国从危难中拯救出来，也必须秉持此种民族主义，建成一族一国的现代民族国家。很多同时代的中国知识分子一再在报刊上表达对一族一国的民族主义之认同，并将中国之衰落归因于未能建成民族国家。将中国改造成现代民族国家以图富强可以说是当时很大一部分知识分子的共识，而孙中山的中华民族建设方案则为此提供了一条具体的路径。

当然，孙中山在 1920 年前后提出的以汉族为中心的中华民族建设方案过于强调同化，其指向是一体一元的中华民族，有一定的时代局限性。事实上，孙中山在中华民族建设方案中所引用的美国经验存在问题，他肯定的种族大熔炉在美国并不真正存在。所谓统一的美利坚民族并未被美国社会广泛接受，当时整个美国社会存在着巨大的种族分裂，部分欧洲裔移民形成了主流社会，他们歧视其他欧洲裔移民和有色人种。不过，孙中山晚年受到苏俄及共产国际的影响，其民族主义思想有所变化，也开始强调国内各民族要一律平等。他在 1923 年 1 月 1 日的《中国国民党宣言》中宣布："故吾党所持之民族主义，消极的为除去民族间之不平等，积极的为团结国内各民族，完成一大中华民族。"① 1 月 29 日，孙中山又在《中国革命史》中写道："余之民族主义，特就先民所遗留者，发挥而光大之；且改良其缺点，对于满洲，不以复仇为事，而务与之平等共处于中国之内，此为以民族主义对国内之诸民族也。"② 除了强调国内各民族一律平等，孙中山甚至还提出过承认国内各民族的自决权。在 1924 年 1 月 23 日通过的《中国国民党第一次全国代表大会宣言》中，孙中山重新解释了国民党的民族主义，提出新民族主义有两方面意义，第一方面是中国民族自求解放，第二方面则是中国境内各民族一律平等。

三 国统区社会精英对中华民族概念的认识

在孙中山去世之后，国民党及之后建立的南京国民政府在话语上仍然坚持孙中山的新民族主义思想，对内主张中国各民族一律平等，对外寻求中国民族的解放与独立。但是，以蒋介石为首的国民党保守派逐渐偏向同化主义，他们有选择地继承了孙中山的民族主义思想遗产，继续强化中华民族一体认同符号，在实践中更加侧重提倡民族同化思想，主张建立一元一体的中华民族。

为了论证建设一元一体中华民族的合理性，蒋介石还借用了中华民族共祖论。对此，一些少数民族人士并不以为然。1935 年，"大中国民族主义学会"的一位藏族成员绛央尼马撰写商榷文章，指出社会上目前还流行着将中国等同于汉的狭隘观念。尽管有来自少数民族人士的质疑，国民党及南京国民政府并未停止对中华民族共祖论的宣扬，还借助报纸、教科书等现代印刷品向国民传播他们的民族观念。

---

① 中山大学历史系孙中山研究室等合编《孙中山全集》第 7 卷，第 3 页。
② 中山大学历史系孙中山研究室等合编《孙中山全集》第 7 卷，第 60 页。

由于国民党和南京国民政府的大力宣传，"中华民族"概念在抗战前已经得到了广泛传播。许多主流的知识分子也普遍接受了这一概念，并不时就中华民族观发表看法。如傅斯年在1935年12月发表《中华民族是整个的》，详细阐述了自己的中华民族观：

中华民族是整个的！

这一句话怎么讲呢？原来二千几百年以前，中国各地有些不同的民族，说些多少不同的方言，据有高下不齐之文化。经过殷周两代的严格政治之约束，东周数百年中经济与人文之发展，大一统思想之深入人心，在公元前221年，政治统一了。又凭政治的力量，"书同文、车同轨、行同轮"。自从秦汉之盛时算起，到现在二千多年，虽有时候因为外夷之侵入，南北分裂，也有时因为奸雄之割据，列国并立，然而这都是人力强的事实，都是违背物理的事实。一旦有适当的领袖，立时合为一家。北起朔漠，南至琼崖、交趾，西起流沙，东至鸡林、玄菟，这是天然赐给我们中华民族的田园。我们中华民族，说一种话，写一种字，据同一的文化，行同一伦理，俨然是一个家族。也有凭附在这个民族上的少数民族，但我们中华民族自古有一种美德，便是无歧视小民族的偏见，而有四海一家之风度。即如汉武帝，正在打击匈奴用气力的时候，便用一个匈奴停虏做顾命大臣；在昭帝时，金日磾竟和霍光同辅朝政。到了现在，我们对前朝之旗籍毫无歧视，汉满之旧恨，随清朝之亡而消灭。这是何等超越平凡的胸襟！所以世界上的民族，我们最大；世界上的历史，我们最长。这不是偶然，是当然。"中华民族是整个的"一句话，是历史的事实，更是现在的事实。①

傅斯年是极有名望的学者，也以民族主义者著称，他从历史的角度来论证"中华民族是整个的"的合理性，应当是为了在日本加紧对华侵略的

① 傅斯年：《中华民族是整个的》，欧阳哲生主编《傅斯年全集》第4卷，湖南教育出版社，2003，第125页。

背景下更好地团结国民。不过，从傅斯年的这段论述来看，他的中华民族观与一些国民党人所宣扬的中华民族共祖论还是有差别的。傅斯年认为中华民族最早应该可以追溯到语言、文化上都有差异的多个民族，而经过历史长河的洗礼，不同民族融合成了一个语言、文化甚至伦理上都统一的中华民族。同时，傅斯年承认中国存在不同民族，只是以"中华民族"为主，其他少数民族则是"凭附在这个民族上的"。在 1932 年出版的《东北史纲》中，傅斯年将中国东北及朝鲜的民族粗分为"汉族或曰中国族"、挹娄族、濊貊、三韩部落。从这一点来看，傅斯年的中华民族观要更接近梁启超。进一步来说，如果傅斯年所指的"中华民族"包括其他非汉族，那么他所断言的"我们中华民族，说一种话，写一种字，据同一的文化，行同一伦理"，更应该说是一种指向未来的"理想状态"，而在历史上和当时都没有达到。

　　1937 年全面抗战的爆发加剧了国人的危机感，使得国统区一些知识分子日益感受到必须要加紧建设统一的中华民族。顾颉刚 1939 年就发文倡言："凡是中国人都是中华民族——在中华民族之内我们绝不再析出什么民族——从今以后大家应当留神使用这'民族'二字。"他将建设一元一体中华民族的紧迫性与国家之存亡联系起来，认为如果还允许国内存在其他民族，中国也就离崩溃不远了。他以日本人制造伪满洲国为例，警告道：

　　　　……日本人假借了民族自决的名义夺取了我们的东三省而硬造一个伪满洲国。继此以往，他们还要造伪大元国和伪回回国，自九一八以来，他们不曾放松过一步，甚至想用掸族作号召以捣乱我们的西南。此外也有别的野心国家想在我国的边境上造出什么国来，现在不便讲。倘使我们自己再不觉悟，还踏着民初人的覆辙，中了帝国主义者的圈套，来谈我们国内有什么民族什么民族，眼见中华民国真要崩溃了，自从战国秦汉以来无形中造成的中华民族也就解体了。[①]

虽然顾颉刚否认国内存在多个民族的观点某种程度上并不科学，但他的

－－－－－－－－－－－－－－－－－－－

① 　顾颉刚：《中华民族是一个》，《益世报》1939 年 2 月 13 日。

立论是从爱国主义出发，是为了团结国内各族人民以抵抗日本的侵略。因此，顾颉刚的倡言一经发布，就收获了不少知识分子的支持，如有人写道："顾先生这篇文章，是从历史的事实上说明我们是一家，坚强的建立起'中华民族是一个'的理论使于无形中加强我们团结的思想，这正是解救时弊的一付良剂……"① 白寿彝当时还提议，中国的历史学家，应该秉持顾颉刚"中华民族是一个"的理念，"从真的史料上写成一部伟大的书来证实这个观念"。② 顾颉刚的倡言也很快得到国民党高层的积极回应，时任国民政府司法院院长的居正就对顾颉刚以及之前傅斯年关于中华民族的论述予以全面肯定：

> 历史上中华民族虽然是经过了无数次的分崩离析，可是自从辛亥革命成功，推翻满族的宰制政策以后，我们的国家，已经逐渐走到了民族的国家的境域。就现在国内的民族说，总数在四万万人以上，而其中参杂的不过百余万蒙古人，百多万的满洲人，两百万的西藏人，和百余万的回族，而且这些民族，自满清推翻以后，各族和平相处，多数业已同化，所以就大体上讲，四万万人可以说是一个民族，同一血统、同一语言文字，同一风俗习惯，完全是一个民族。③

值得注意的是，顾颉刚的中华民族观跟蒋介石为首的国民党保守派还是有很大差别。顾颉刚已经超脱了同化，他并不认为中华民族之形成是汉人同化少数民族的结果，而是以之为历史上各族人民相互融合的结果，这种融合的具体表现就是文化、习俗等的互借、共享。他认为："汉人的生活方式所取于非汉人的一定比较汉人原有的多得多……所以现有的汉人的文化是和非汉人共同使用的，这不能称为汉人的文化，而只能称为'中华民族的文化'。"④ 很显然，顾颉刚也把"非汉人"视作中华民族文化的缔造者而非附属者，这是民族关系认知上一个巨大的进步。在建设中华民族这

---

① 张维华：《读了顾颉刚先生的'中华民族是一个'之后》，《益世报》1939 年 2 月 27 日。
② 白寿彝：《来函》，《益世报》1939 年 4 月 3 日。
③ 居正：《民族的国家与民族的政党》，《益世报》1939 年 2 月 21 日。
④ 顾颉刚：《中华民族是一个》，《益世报》1939 年 2 月 13 日。

个问题上，他对孙中山说的"必使满蒙回藏都同化于我们汉族"做了新的阐释，提出孙中山所指的"同化"并非要"消减边民文化"，而是"国内各部族""融合而成为一种文化，这种文化非彼即此，即彼即此，分不出你我来"。同时，他引入了现代化、公民化的概念，指出所谓"同化"，不是要"边民"放弃自己原有的文化，而是"希望他们增加知识和技能，享受现代的生活，成为一个中华民国的好公民，一个中华民国的健全分子"。① 由此可见，顾颉刚在建设中华民族这个问题上有了新的突破，他实际上不再将少数民族融入中华民族视作"同化"，而是视为现代化、公民化的过程。

　　针对国民党政府内普遍支持建立以"中华民族"为国族的单一民族国家的状况，国统区部分社会精英提出了质疑。他们的落脚点不在于否认中华民族的存在，而是认为一元一体的中华民族建设方案是在否认中华民族内部的多元特质，而后者是一种客观事实。吴文藻在 1939 年发表的一篇文章中就说："今日吾国之边疆，种族宗教复杂，语言文字歧异，经济水准不齐，文化程度不等，乃是无可讳言的事实。"他提出，要破除各个民族间的相互猜忌，必须"阐明'中华民国境内各民族一律平等'的要旨"，认为解决国内民族问题比较合理的方式应该是倡导"文化多元""政治一体"。吴文藻还坦言自己的这些观点是受到列宁民族主义思想的影响，他认为"一民族一国家"的理念实属是对民族自决的误解，而列宁则纠正了这一误解，在苏联成功实行了多民族共建一国家。② 吴文藻的学生费孝通之后著文反驳顾颉刚，提出一体不一定要以牺牲多元为代价："谋政治上的统一，不一定要消除'各种各族'以及各经济集团间的界限，而是在消除因这些界限所引起的政治上的不平等。"可以看出，费孝通反对老是盯着"民族"这一名词，也不认为弃用了这个名词，民族关系就自然和谐了，他希望人们能看到名词背后的东西：

　　　　我们的问题是要检察什么客观事实使人家可以用名词来分化我们

① 顾颉刚：《续论"中华民族是一个"：答费孝通先生（续）》，《益世报》1939 年 5 月 29 日。
② 吴文藻：《论边疆教育》，《益世报》1939 年 3 月 5 日。

的国家？我们过去的"民族"关系是怎样，有没有腐败的情形，有没隔膜的地形，使"各种民族"的界限有成为国家团结一致的障碍？在实际除了学者们留心使用名词之外，还有什么迫切需要的工作？①

但鉴于当时的抗战形势，关于如何建设中华民族的辩论可能并不利于时局，无论吴文藻还是费孝通最后都选择不再继续论辩。总的来看，当时国统区知识分子当中，像吴文藻、费孝通这样的人较少，更多的人其实还是支持建设一个一元一体的中华民族。如有一位叫王贻非的文人，在解释孙中山在国民党时期的民族主义思想时说：

> 第一要统一和融化国内民族，创造大中华民族……在中国民族问题的正确解决，汉满蒙回藏统于一个国家，大家平等联合的组织共和国家，还是不够。照近代历史发展的潮流，种族由多而趋于一，造成新的民族。国父举美国为例：美国国内有黑白红各种族，有德法英荷俄各国人。他不以各种族为名，或各国为名，而"单称美利坚人"。美利坚民族是将以上各种人"同化到美国"，"都合一炉而冶之"（《三民主义之具体办法》）而造成的新民族。在我们中国民族主义的任务就是依据这种世界进化的潮流造成一种新民族。即大中华民族。②

国统区这类知识分子的中华民族观更接近以蒋介石为首的国民党保守派，将各族人民都称为"种族"，否认国内存在其他民族，并以同化方式建成一个统一的"中华民族"。蒋介石提倡的"中华民族宗族论"对国内各族人民多元性彻底否认，从根本上来说并不利于团结各少数民族。中国共产党在《中国之命运》出版后即组织了艾思奇、范文澜、胡乔木、齐燕铭等人撰写批判文章，其中，尤以陈伯达在延安《解放日报》上发表的《评〈中国之命运〉》一文影响最大，该文直指"中华民族宗族论"的要害：

---

① 费孝通：《关于民族问题的讨论》，《益世报》1939年5月1日。
② 王贻非：《三民主义的认识》，时代思潮社，1941，第83～85页。

出自何经？据于何典？这是从哪里考证出来的？作者引了诗经"文王孙子，本支百世"的句子，难道现在中国诸民族都是文王的孙子吗？……难道汉朝王昭君出塞，就使得匈奴变成了汉民族的"宗支"吗？难道唐朝文成公主嫁到吐蕃，就使得藏族变成了汉民族的"宗支"吗？若然，则近代许多中国人娶了日本女人做妻子，中华民族也可以算成日本民族的"宗支"吗？①

国民党内部对一元一体的中华民族观也存有争议，特别是少数民族党员干部，对此并不是完全认可。来自西康巴安县的藏族党员格桑泽仁长期在国民党的党政机关供职，在汉藏两地都有较大社会影响力。1941 年 2 月 3 日，在一个宴会上，格桑泽仁向国民政府高层及少数民族代表 80 余人致辞，他先是肯定了蒋介石关于中华民族是一体的说法："中华民族是整个的，无所谓彼此之分，文化则本部的文化早经分布在边疆，血统上亦早经沟通混合。"紧接着，格桑泽仁强调，中华民族除了有一体性之外，各族人民也有各自的特殊性，希望这种特殊性也能得到尊重："我们蒙藏回等虽不是这家里的长兄，但也是几个小弟弟。因为我们也有我们小小的一段历史，也各有小小的一点文化。我们要要求我们的家长，要教导我们每一个儿子能知自爱，然后始能爱家。使我们每一个儿子能知自强，然后整个家庭才能强得起来。"②

面对来自党内外的压力，国民党在中华民族建设问题上选择了妥协。在国民党第六次全国代表大会通过的政纲政策中，对民族主义的阐释重新回到了国民党一大宣言中所确立的中国民族自求解放以及境内各民族一律平等两条原则，对境内各少数民族也不称"宗族"，而是代之以"民族"或"边疆民族"。继而，这些对民族主义的重新阐释被纳入国民党六大宣言之

---

① 陈伯达等：《评〈中国之命运〉》，新华书店，1945，第 3~5 页。
② 格桑泽仁：《蒋委员长招待蒙藏回族联合慰劳抗战将士代表团宴会席上致答词》，《边人刍言》，第 21 页。

中，成为之后施政的重要指导。这可以说是"中华民族宗族论"暂告一段落的标志性事件，国民党再次接纳了带有左翼进步色彩的多元一体中华民族观。国民党六大闭幕两年后，国民大会在 1947 年通过了《中华民国宪法》，该宪法在《总纲》中规定了"中华民国各民族，一律平等"，同时在"边疆地区"一节中规定"国家对于边疆地区各民族之地位，应予以合法之保障"，即以宪法形式明确并保障了境内各民族的民族地位。①

结　语

自从 20 世纪初梁启超提出"中华民族"这一概念，中国的社会精英对何为中华民族以及如何建设中华民族进行了近半个世纪的讨论和探索。这些讨论和探索的意义是巨大的。首先，帮助形成了中华民族是"自在的民族实体"这一共识。参与讨论的各方尽管对中华民族的理解各异，但普遍认可中华民族是历史上各族人民在长期交流交往中融合而成的，换句话说，尽管在梁启超之前，无人提出"中华民族"概念，但 20 世纪上半叶的中国社会精英已经普遍认识到这个民族实体其实早已存在。其次，这些讨论进一步明确了中华民族是全体中国人民的最高身份认同。起先，部分社会精英认为中华民族等同于汉族，而随着讨论的深入，这种狭隘的认知逐渐让位于包括中国各族人民在内的大民族主义观。这一认知在抗战时期事实上也被国共两党接受，成为中国社会精英的共识。最后，讨论也为多元一体的中华民族观的确立指明了方向。国民党政府以及国统区部分社会精英坚持一元一体的中华民族观，力图将中国建设为以中华民族为国族的单一民族国家，虽然当时有团结国民、反对帝国主义侵略的因素在，但是这种忽视甚至抹杀中华民族内部多元特点的中华民族建设方案势必无法得到国内少数民族的真心支持。

---

① 《中华民国宪法全文》，《新生路月刊》第 3～4 期，1947 年，第 21～26 页。

主要参考文献

梁启超：《梁启超全集》第 3 集，中国人民大学出版社，2018。

孙中山：《孙中山全集》第 5、7 卷，中华书局，1985。

李大钊：《李大钊全集》第 1 卷，人民出版社，2006。

格桑泽仁：《边人刍言》，西藏文化促进会，1946。

费孝通主编《中华民族多元一体格局》，中央民族大学出版社，2018。

黄兴涛：《重塑中华：近代中国"中华民族"观念研究》，北京师范大学出版社，2017。

郑大华：《中国近代思想脉络中的民族主义》，社会科学文献出版社，2018。

林耀华：《关于"民族"一词的使用和译名的问题》，《历史研究》1963 年第 2 期。

王树民：《中华名号溯源》，《中国历史地理论丛》1985 年第 1 期。

励轩：《二十世纪上半叶中国社会精英关于中华民族建设问题的讨论》，《西南民族大学学报》2021 年第 2 期。

第十四讲　"理解中国民族"：费孝通与民族走廊研究

邹立波

费孝通先生是中国著名的社会学家、人类学家、民族学家和社会活动家，是中国社会学和人类学的奠基人之一。费先生对改革开放后中国社会科学的发展具有相当突出的学术贡献，其中在民族学领域最为重要的学术贡献是中华民族多元一体格局的提出。中华民族多元一体格局理论对于我们理解中国民族性质和基本特征有着深远的影响，是有利于现今加强铸牢中华民族共同体意识的宝贵知识财富。费先生提出中华民族多元一体格局理论，与其对民族走廊的调查思考密不可分。本讲将在回顾 21 世纪民族走廊研究的基础上，重点讲述费孝通对民族走廊的诠释定位，进而提出民族走廊研究的未来方向，以期对中华民族多元一体格局理论有更为深入的理解和认识。

一　21世纪民族走廊研究的回顾

从走廊视角理解中国民族是改革开放初期费孝通最先倡议、践行的研究取向。近二十年来，民族学界重新接续费孝通的走廊思路，逐步拓深和发展出民族走廊研究领域。关于"民族走廊"的概念，影响较大的是已故民族学家李绍明先生的定义："一定的民族或族群长期沿着一定的自然环境如河流或山脉向外迁徙或流动的路线。在这条走廊中必然保留着该民族或族群众多的历史与文化积淀。"[①] 但是近年来，越来越多的学者意识到注重各民族之间关系研究应是"民族走廊"概念提出的目的。当代学者依据不同走廊的区域研究特色，讨论和诠释民族走廊学说，体现出不同理论范式影响下中国民族研究的新思路、新趋势。民族走廊的内涵与外延不断变化，从最初的"藏彝走廊""西北走廊""南岭走廊"三大民族走廊研究拓展到包括"苗岭走廊""武陵走廊""辽西走廊"等在内的六大民族走廊研究。

受区位环境的深刻影响，不同民族走廊自成一体、各具特色，其研究取向与关注点既有差异性，又有共通性。以下以三大民族走廊研究为例。

（1）民族或族群的互动、交融与共生：藏彝走廊（或称"藏羌彝走廊"）的研究取向。 藏彝走廊是费孝通先生首先提出的一个学术概念，主要指川、藏、滇三省区毗邻的怒江、澜沧江、金沙江、雅砻江、大渡河、岷江六条由北向南的大江及其主要支流分布地区，包括藏东高原区、川西北高原区、滇西北横断山高山峡谷区以及部分滇西高原区，故又称为"六江流域"。自20世纪80年代起，民族学、人类学、历史学、考古学、语言学、生态学、艺术学等跨学科的交流与合作，促成一批颇有学术分量的民族志和民族史研究成果相继问世，清晰地呈现出藏彝走廊的族群复杂性与文化多样性。研究视角也开始切换到分析、探讨藏彝走廊民族或族群的互动、交融与共生关系及其特点。比如石硕《藏彝走廊多民族交往的特点与启示》一文颇具代表性，结合史料与田野调查材料，抓住藏彝走廊民族众多、文化多样的区位特性，归纳出藏彝走廊内不同民族交往与互动的两大突出特点：第一，"主观上民族观念淡薄、民族界限模糊"；第二，"文化普遍持包容态度，使各民族在文化上往往'你中有我，我中有你'"。[②] 石文从宏观层面提示学界，深入发掘与研究藏彝走廊多民族交往特点将有助于准确理解和认识我国作为多民族国家的民族关系。对藏彝走廊内民族或族群交往、

---

① 李绍明：《"藏彝走廊"研究与民族走廊学说》，氏著《藏彝走廊民族历史文化》，民族出版社，2008，第63页。

② 石硕：《藏彝走廊多民族交往的特点与启示》，《中华文化论坛》2018年第10期。

互动与共生关系的研究，无疑将拓深学界对我国族群关系理论的思考，同时也可为其他民族走廊研究的深入提供可资借鉴的思路与突破口。

（2）**历史时期民族关系的构建及其当代启示：西北走廊研究的主要议题**。1982 年，费孝通先生在武汉与社会学研究班及中南民族学院少数民族同志座谈时谈到，西北地区从甘肃沿"丝绸之路"到新疆有一条西北走廊，"这条走廊里，分布着土族、撒拉族、东乡族、保安族、裕固族等等，他们是夹在汉族、藏族、蒙古族、回族中间。有的信仰喇嘛教，有的信仰伊斯兰教；有的讲藏语，有的讲蒙古语，有的讲突厥语，也是很复杂的，不容易处理。有些民族讲两种以上语言"。[①] 自西北走廊概念提出至今，学术界对它的使用频率远不及藏彝走廊和南岭走廊，原因大致在于费孝通先生所指西北走廊在很大程度上与河西走廊的地理范围重合，且包括青海、甘肃之间的河湟地区以及陇西走廊，而学术界往往以河西走廊、甘青走廊、西北民族走廊、河湟走廊等概念指代西北走廊，其中"河西走廊"使用频率最高。历史上这一区域是连接中原与西域的重要通道，历代皆为兵家必争之地，遗留下的多语种文献与考古遗存，为我们今天多维度、多视角理解区域内民族关系的形成与发展提供了可能。运用民族走廊视角对这一区域进行的研究大体可以分为两种类型：国家治理视域下的民族关系研究；通道特性对民族关系、民族格局形成的影响及其当代启示。

（3）**受"华南研究"影响的南岭走廊研究**。作为长江流域与珠江流域两大水系分界线，南岭走廊串联起我国华中、华南、西南三大板块，域内生活着汉藏语系壮侗、苗瑶两大语族的世居民族。学界早期对南岭走廊的研究主要聚焦于探讨历史时期中央政府开发与经营走廊交通促进不同族群的迁徙与流动，以及少数民族特有民俗文化和文化遗产的传承与保护等相关议题。自 2013 年以来，中山大学、贺州学院、桂林理工大学、湖南省民族研究所、永州市民族宗教局开始合作开展南岭走廊研究，近年来日益呈现出中山大学等秉承的"华南研究"特色，即注重引入历史人类学与区域社会史的研究方法，形成利用与开发民间契约、文书档案深入认识南岭走

---

① 费孝通：《谈深入开展民族调查问题》，《中南民族学院学报》1982 年第 3 期。

廊基层社会，强调国家与地方、中心与边缘互动下的地方社会研究等特色。

进入 21 世纪，李绍明、石硕、李星星等学者对"藏彝走廊"族群、历史与文化的系统研究成为民族走廊研究的先声，引发国内外学术界对民族走廊区域的广泛关注。总体来说，21 世纪民族走廊研究的新动向和特点具体体现在以下方面。

首先，走廊区域内多民族共生关系、民族间的互动与交融成为民族走廊与民族区域研究共同关注的热点议题。民族走廊作为"历史形成的民族地区"，充分显现出了开放性、过渡性、连接性等民族流动通道特征。在汲取早期民族走廊的民族志书写与民族走廊历史成因等研究成果的精髓后，21 世纪的民族走廊研究真正把握住民族走廊的特征，突破了传统单一民族研究的局限。相关研究不仅从宏观层面展现出不同民族间的交往、交流与交融，也从微观层面，即走廊内不同民族的地方性知识角度解释了促成和实现不同民族间和谐共处、交融共生的内在逻辑，为深入理解中华民族多元一体格局提供了重要的实证案例。

其次，民族走廊研究突破传统地方史研究的局限。对国家权力下渗、朝贡体系建立，大传统与小传统的互构，地方少数民族如何构建与中央王朝的关系、如何在宗教信仰与民间仪式中展现出国家观念，以及流域、沟域、坝子等不同形态的区域社会结构等议题的探讨，是从长时段思考中华民族共同体意识生成与发展的生动案例。

再次，以民族走廊为本位的思考路径，摆脱了"他者"视野，重视地方档案、民间契约文书和多语种民族文献。解读文献要将视角从国家制度转换到地方社会，同样是一个跨越族群、文化边界的过程。田野调查资料、文献史料、考古资料等多重证据方法的广泛运用，为全面细致地开展民族走廊研究提供了基础性资料支撑。

最后，多机构、多平台共筑民族走廊与民族区域研究。民族走廊研究具有民族研究与区域研究的双重特性，这一特性本身已使其超越了地理学范畴而更具人文地理与区域文化属性。基于此，民族走廊的研究应当综合利用民族学、历史学、人类学、社会学、地理学、考古学、生物学、生态学等多学科的方法与视野，如社会学的统计方法、人文地理学的 GIS、生物学的基因研究等。近年来民族走廊研究取得丰硕成果，离不开一批高校、科研机构以及学者的共同努力。以四川省社会科学院为依托成立的"藏羌彝走廊民族问题与社会治理协同创新中心"（2018）、西北师范大学整合国内相关高校优势资源成立的"河西走廊研究院"（2019），以及先前设立的研究机构如贺州学院"南岭民族走廊研究院"（2013），加上相关的论坛会议如"南岭走廊论坛""苗疆走廊高峰论坛"等，以及《藏羌彝走廊研究》等学术刊物的创办，促使相关学术活动常态化开展，进一步推动了我国民族走廊研究蓬勃发展。

由此，"民族走廊"逐步成为从历时性与共时性多维度理解中国多民族统一国家形成与发展的"历史—民族区域"。需要关注的是，作为倡导者，费孝通是如何思考民族走廊研究的？最初提出走廊思路的深层次原因是什么？其学术渊源来自何处？又如何从理解中国民族的反思中进一步阐释、定位走廊思路？走廊的民族文化现象为费孝通理解中国民族带来怎样的启示和反思？中华民族多元一体理论与走廊思路的引申、诠释有何内在关联？本讲将重点围绕上述问题做长时段的学术史考察，结合费孝通民族研究的本土化路径，理清、探讨走廊思路的缘起演变和学术初衷，并以此讨论费孝通对中华民族内在层次关系的认知变化。

二　民族识别与走廊思路的初步提出

将走廊视角引入民族研究领域是费孝通为解决民族识别余留问题在 1978 年 9 月"关于我国民族的识别问题"发言中首先提出的。这次发言可视为费孝通回归学术工作后，对于 20 世纪 50 年代民族识别调查经历和思考的总结。1950～1956 年费孝通先后参与中央民族访问团、民族识别和少数民族社会历史调查工作，有机会深入走访贵州、广西、云南等西南民族地区，而民族最为复杂的西南地区恰好为费孝通提供了观察、体认中国民族复杂构成的理想调查场域。民族研究成为费孝通在较长一段时间内集中接触、关注的工作重心，特别是民族身份的识别问题。

费孝通对于中国各民族地位问题的探讨可以追溯到 20 世纪 30 年代末关于"中华民族是一个"的著名学术论争。基于实地调查的经验认知，费孝通主张应当正视中国是多民族国家的客观事实，承认各民族平等的政治身份。20 世纪 50 年代国家主导的民族识别恰与费孝通的早年主张不谋而合。1954 年 9 月，费孝通在民族识别工作进入高潮之际谈道："我们现在对于中国各民族的历史和他们在历史时期中相互的关系还没有足够的系统知识。但是我国的土地上历来就住着许多语言不同，文化有别，各有其心理特征的民族集团是可以肯定的。我们的中华人民共和国是在这个多民族的历史基础上建立起来的。"① 因而费孝通热情、积极地投身于民族调查活动，从事民族识别工作，参与中国民族构成、民族历史的知识体系构建。民族识别及其余留问题的研究横跨费孝通近四十年的学术生涯，直到 20 世纪 90 年代初。

走廊思路在 1978 年的初步提出具体针对的是"平武藏人"、察隅"僜人"的身份识别余留问题。费孝通认为，"要解决这个问题可能需要扩大研究面，把北自甘肃，南到西藏西南的察隅、珞渝这一带地区全面联系起来，分析研究靠近藏族地区这个走廊的历史、地理、语言并和已经陆续暴露出来的民族识别问题结合起来。这个走廊正是汉藏、彝藏接触的边界"，"提出族别问题的'平武藏人'和这里所说的'僜人'，可能就是这个走廊中在历史上存在着某种联系，受到藏族、彝族等不同程度的影响的两个民族集团的余留"，因此"应当进一步搞清楚这整个走廊的民族演变过程"。归根结底，民族识别的余留问题大多是各民族"分化融合"过程中"分而未化，融而未合"的疑难问题。走廊则是研究和解决这些疑难问题的"一个宝贵的园地"。② 仔细研读费孝通的表述，我们会发现他对于走廊的阐述主要是围绕不同民族之间语言、历史的关联展开，"关系""联系"在其论述中频繁出现，被看作是需要进一步研究的方向。这是因为费孝通意识到，单一

---

① 费孝通：《对于宪法草案有关民族问题基本规定的一些体会》，《费孝通全集》第 7 卷，内蒙古人民出版社，2009，第 223 页。

② 费孝通：《关于我国民族的识别问题》，《中国社会科学》1980 年第 1 期。

民族的识别并不是孤立的个体问题，需要从整体上着重分析各民族之间的"分化融合"关系。对于民族的分合关系，费孝通在文中通过不同语言如羌语、普米语、景颇语等的历史亲缘关系展现出来，以此大致串联和勾勒出介于藏、彝、汉三大民族之间的走廊空间范围。走廊的区域历史即是各民族"分化融合"的复杂过程。整体观、历史与区域构成费孝通走廊思路的三个重要维度。民族关系是深入理解费孝通走廊思路的关键所在。

就学术路径的演变脉络而言，走廊思路的提出是 20 世纪 50 年代以来费孝通从微观的社区研究转向宏观的民族区域历史思考的结果，其学术渊源则与费孝通学术思想的形成、变化密切相关。1932～1935 年费孝通先后求学于燕京大学、清华大学，逐步接纳、推崇英国功能学派的实地调查研究方法，强调研究对象各部分间及部分与整体间的结构关系，形成从整体观视野考察研究对象的学术思考习惯。随后，有关中国民族之结构关系的探索在大瑶山花篮瑶的社区民族志研究中得到具体实践。费孝通援引其导师史禄国的 ethnos 理论，即"在族团关系网中，族团单位分合的历程"，讨论花篮瑶与其地理上比邻的汉人、坳瑶、茶山瑶、滴水花篮瑶、板瑶、山子等族团（ethnical unit）之间的聚合、分散关系。[①] 尽管晚年的费孝通在谈及花篮瑶的案例研究时坦言"在当时对于各民族的关系问题，我也是没有着重研究的"，[②] 但是注重中国民族的分合关系是其学术思想成型期就已奠定下的研究意识。费孝通在 20 世纪 50 年代以来的言论或多或少流露出功能学派和导师史禄国学术影响的痕迹。

20 世纪 50 年代，随着苏联民族学模式的引入，国内民族学的定位从社会科学转向历史科学，逐步趋近于民族历史研究。在当时的客观形势下，功能学派的社区调查研究无以为继。费孝通从教学到研究，均转向民族历史，曾先后在清华大学、中央民族学院讲授"社会发展史""中国民族史大纲"等课程。这促使他进一步从历史学角度思考中国民族的形成和发展过程。为此，1951 年底费孝通专门撰写过一篇有关广西壮族历史源流的考证

---

① 参见王同惠《广西省象县东南乡花篮猺社会组织》，商务印书馆，1936，第 42～48 页。
② 费孝通：《社会调查自白》，《费孝通全集》第 11 卷，第 26 页。

文章，将文献史料与民族志资料参酌互证，揭示出南岭山脉地区瑶、壮民族接触的历史关系。其实，费孝通早年执着于功能学派的社区研究，对传播学派、顾颉刚提倡的中国社会史，乃至历史学研究方法基本上持批判态度，但是到 20 世纪 40 年代，费孝通开始基于中国社会、历史的事实进行自我学术检视。由于第二次国共内战导致实地调查工作停顿，任教于清华大学的费孝通一改早年无心史学的做法，在 1948 年与历史学家吴晗等合作开设中国社会结构问题讨论班，"实际的目的还是在借朋友们和同学们的督促，让自己多读一点中国历史，而且能和实地研究的材料联串配合起来，纠正那些认为功能学派轻视历史的说法"。[①] 所以从某种意义上说，费孝通对既往研究"轻视历史"的自我学术反思，与其 20 世纪 50 年代的历史学转向有契合与衔接。倘若说人类学视野赋予费孝通看待中国民族多元构成事实的平视眼光，那么历史学的转向则向其呈现出民族关系分合演变过程的宏观面向。回溯历史与田野调查的结合也成为费孝通在改革开放后反复运用的民族研究路径。

社区研究的局限性是费孝通在 20 世纪 40 年代后期自我学术反思的另一重要问题。他在关于中国社区研究的回顾性文章中谈到，社区研究往往"只是限止在较小范围的个别社区"，难以对历史悠久的中国社会形成普遍的整体认知，提倡开展比较社区研究。[②] 社区研究中断于 20 世纪 50 年代的学科体系调整，费孝通也在困惑、彷徨中从功能学派转向古典进化论的研究范式，而民族调查研究却在无形中为费孝通提供了更为宏观的区域历史视野。实地走访归来后，费孝通在 1951 年的调查报告中鸟瞰式地呈现出贵州多民族交错杂居的分布状态，以及民族迁徙、流动的历史图景。报告指出："许多民族基本上是杂居的。他们共同居住在一个地区之内。以县为单位来说，现在已经没有单一兄弟民族聚居的区域。"多民族杂居分布的区域格局被归因于历史上汉族与少数民族之间、各少数民族之间从平原到山区

---

① 吴晗、费孝通：《皇权与绅权》，上海观察社，1949，第 174 页。费孝通在晚年曾回忆道："我对史学早年并不发生兴趣，更怕读古书，读也读不懂。"（费孝通：《顾颉刚先生百年祭》，《读书》1993 年第 11 期）

② 费孝通：《二十年来之中国社区研究》，《费孝通全集》第 6 卷，第 297 页。

的"挤""推"互动和聚、散关系。① 因此，费孝通鉴于随后的民族识别需要，试图寻求将区域视角与历史维度结合，兼顾单一民族与民族关系的研究路径。1956年2月费孝通呼吁考古学界应将考古研究与民族研究相互结合的会议发言，是这一时期其有关民族调查研究思考的集中展示。

发言的设问源于费孝通对民族识别出的广西壮族"这个稳定的人们共同体是怎样在历史上形成"问题的思考。民族历史研究是费孝通在文中重点阐释的内容，旨在"说明一定地区内人们共同体的发展和变化的具体过程"。值得注意的是，对于如何从事民族历史研究，费孝通并没有完全拘泥于有待研究或识别的单一民族，而是将区域作为基本的研究单位，特别强调动态的民族关系。他指出："有关某些地区的民族沿革上的问题，也就是要研究某一地区在不同历史时代是哪种或哪几种人居住的问题……这里要我们研究：这些人所形成的共同体怎样发展，怎样和其他的共同体合并和融合，或是怎样消灭"，"不同性质的人们共同体之间的关系又是不同的……如果不注意到这些关系，一个地区的人的社会经济发展的具体历史是不容易了解的"。于是费孝通较早主张民族历史研究应该与民族学、语言学、人类学配合，采取多学科合作，"最好能做出一定区域内综合性的历史研究规划。我也想建议以贵州或云南等地区为范围，甚至可以再小些，作一次综合性历史研究的试验"。② 由此，单一民族的历史被置于区域内的民族关系中加以考察。这与走廊的思考进路颇为相似。区域性综合研究的建议突破了以往微观社区研究的学术路径，或可视为20世纪80年代初"六江流域民族综合科学考察"的先声。故而梳理走廊思路的缘起难以与费孝通早年的自我学术反思，以及在20世纪50年代的民族调查研究经历和思考割裂开来。

历史学转向和反思功能学派的社区研究体现出费孝通对构建符合国情的本土学术研究道路的初步思考。实际上，在早年求学期间，费孝通对国外学术理论的态度就相当审慎，反对不顾国情地一味照搬。这成为其学术

---

① 费孝通：《兄弟民族在贵州》，《费孝通全集》第7卷，第89～90、127页。
② 费孝通：《开展少数民族地区和与少数民族历史有关的地区的考古工作——在考古工作会议上的发言》，《考古通讯》1956年第3期。

生涯始终秉持的基本原则。20世纪50年代中国民族学界深受苏联民族学派影响，费孝通的民族研究融合历史维度、区域视角，与苏联民族学派的"历史民族区"理论颇为近似。所谓"历史民族区"，是指"一个由于共同的社会经济发展和人们的长期交往和相互影响而在居民中形成类似文化生活（民族的）特点的人们居住区"。[①] 但是晚年的费孝通从未提到过苏联民族学派的影响。考虑到中国民族学界最初对苏联民族理论了解程度相当有限，真正对学界影响较大的苏联民族学家尼·切博克萨罗夫是在1956年7月才应邀到中央民族学院工作，并于同年底将"经济文化类型和历史民族区"纳入中央民族学院的年度研究计划，所以费孝通走廊思路的学术渊源难以与苏联民族学派的"历史民族区"理论直接挂钩，毋宁说是其早年学术思想、自我反思和民族调查经历的综合结果。

在费孝通看来，来自实地调查的国情认知要比套用西方学术理论重要得多。民族研究需要重视找寻中国的"传统"知识。早在1957年费孝通就曾提及，从书本中习得的民族特征的理论知识，对于研究中国的少数民族族别问题"不抵事"。[②] 1978年9月民族识别问题的发言更是开宗明义地指出："由于我国和欧洲各国历史不同，民族一词的传统涵义也有区别。我在这里提到这一点是要避免因中西文翻译而引起理论上不必要的混乱。我在这里所说的民族是按照我国自己的传统用法来说的。"接着，费孝通在关于斯大林民族定义的讨论中，以贵州穿青人、东北达斡尔族为例，将"共同地域"理解为"民族聚居区的位置和他们同相邻民族的关系"两层内涵，建议学界结合中国民族的实际情况，即流动大、分布广，常以大小聚居区交错杂处等特点，"在民族识别中对于共同地域方面的研究不能单独从某一民族着眼，而应以某一民族所在地区为范围，进行各民族间关系的历史分析"。[③] 走廊正是以民族关系框定和串联起来的独特"共同地域"。从走廊复杂的民族关系中理清单一民族的历史发展脉络，辨识其与相邻民族的关系，

---

① 〔苏联〕尼·切博克萨罗夫、伊·切博克萨罗娃：《民族·种族·文化》，赵俊智、金天明译，东方出版社，1989，第250页。
② 费孝通：《科学研究和教学工作是不是有矛盾》，《费孝通全集》第8卷，第36~37页。
③ 费孝通：《关于我国民族的识别问题》，《中国社会科学》1980年第1期。

将是判断和识别单一民族身份的重要途径。这应当是费孝通初步提出走廊
思路的深层次原因。

三 走廊思路的阐释定位与费孝通对中华民族格局
形成的探索

走廊思路提出伊始，费孝通理解中国民族的取向已经逐步跳出民族识
别问题的领域，转而着重思考中华民族共同体和各组成部分之间的相互关
系。在 1978 年 11 月讨论少数民族社会改革时，费孝通重新提起中华民族的
构成问题，将中华民族与少数民族归结为密不可分的整体—局部关系："局
部的变革一方面是在整个变革的总流中进行，受着总流的促进和制约，而
另一方面它作为整体的一部分也总是保持着它特殊的个性。"① 到次年"民
族问题五种丛书"编写启动时，费孝通公开表示，民族研究"要结束前面
这一段，为后面开一条路"，传统的关注面向和研究取向可以告一段落，应
当考虑如何"继往开来"地开拓研究新局面。② 随着费孝通思考重心的变
化，走廊思路的诠释侧重和民族关系的阐释作用也随之发生转变，与其对
中华民族形成问题的探索联系起来。

1981～1982 年费孝通连续三次发表涉及走廊思路的会议发言，展现出
其对走廊内涵诠释的层层递进和变化。三次发言均与民族调查直接相关。
民族调查的议题缘起于费孝通时隔四十三年后两度重访大瑶山。在民族学
恢复学科建设之际，费孝通期望民族学界能够重新重视和回归民族调查。

作为从事民族研究的起点，广西大瑶山瑶族是费孝通经常关注和讨论
的研究对象。瑶族支系、语言的混杂现象引发他的疑惑："花篮瑶讲的话近
于苗语，茶山瑶讲的话近于侗语，盘瑶话属于瑶语……为什么他们会形成一
个瑶族，而这个共同体同时为什么还能容许各部分有不同的个性？"为解答疑
问，费孝通认为"不能脱离历史来研究这些问题"，于是想到 1952～1957 年

---

① 费孝通：《对中国少数民族社会改革的一些体会》，《费孝通全集》第 8 卷，第 172 页。
② 费孝通：《民族社会学调查的尝试》，《中央民族学院学报》1982 年第 2 期。

间潘光旦有关苗、瑶、畲民族历史关系的设想，"这种设想的重要性就是为我们提出一个宏观的整体观点"。时值 1979~1981 年民族关系史重新受到民族学界的普遍关注，费孝通提出研究各民族历史上的联系，"再进一步就是要把中华民族看成一个整体，研究它怎样形成的过程和它的结构和变化"。如何具体操作和研究中华民族的形成和结构问题呢？考虑到各民族在历史上的流动有其区域性的发展趋势，结合微型调查对各民族分合关系的观察，可以发现中华民族的形成和变化具有不同区域间的类型差异，比如"苗、瑶、畲提供了山区民族的一种类型"。按照这一思路，民族研究要改变过去"按民族的单位孤立起来，分别地一个一个研究"的方法，配合"宏观的研究"，将"中华民族所在的地域"大体分为北部草原地区、东北角的高山森林区、青藏高原、云贵高原、沿海地区、中原地区六大板块，以及藏彝走廊、南岭走廊两大走廊。费孝通形象地将之比喻为"棋盘的格局"："我们必须从这个棋盘上的演变来看各个民族的过去和现在的情况，进行微型的调查。"① 所谓的"微型调查"其实是以往社区研究方法在少数民族地区的运用和实施。不同的板块、走廊区域成为结合微型调查与宏观研究开展民族调查的研究单元。

可以看出，费孝通思考问题的切入点已从单一民族的识别问题，转向原本对民族识别造成诸多疑难的民族文化多元混杂现象。民族关系的历史研究成为解释这些现象以及瑶族形成问题的有效途径。各民族的历史关系被整合、归纳为中华民族的形成机制问题，中华民族的内在结构从空间层面又被转化作数个平行的板块、走廊区域。走廊视角不再仅仅用于讨论有待识别的单一民族，而是被提升到诠释中华民族形成过程和格局的研究层次。

就在费孝通呼吁民族学界回归民族调查之时，新成立不久的中国西南民族研究会决议组织省际学术合作，对六江流域，即藏彝走廊地区进行综合考察。1982 年和 1984 年的"六江流域民族综合科学考察"是费孝通走廊思路的直接实践，综合考察活动承袭 20 世纪 50~60 年代社会历史调查的工

---

① 费孝通：《民族社会学调查的尝试》，《中央民族学院学报》1982 年第 2 期。

作经验和传统，初步形成跨省（区）分工合作、多学科综合研究的方法。因此，费孝通对综合考察活动给予全力支持和推动，并在考察实施前远赴昆明、成都与中国西南民族研究会成员座谈交流。

在 1982 年 4 月的昆明座谈会发言中，费孝通肯定了综合考察活动跨政区、跨学科的研究方法，再次强调"宏观的研究"将是下一步深化民族研究的实现途径，也就是"用全面的整体的观点研究各民族历史上的联系，研究中华民族形成的过程及其发展变化，研究我国这个多民族大家庭几千年里各民族来来去去不断流动的状态和趋势，不要仅局限于现在的五十几个民族的分别研究"。这是因为"我国民族有个很重要的特点就是相互掺杂得厉害，孤立地看一个民族历史不容易看得出它的特点"。[①] 由于单一民族研究视角缺乏整体观，费孝通主张和赞同将民族研究纳入类似综合考察活动的区域"宏观的研究"之中。

1949 年以来三十余年间的中国民族研究领域存在着一个有趣的悖象。有学者指出，这一时期少数民族研究被当成处理民族关系的知识手段和治理路径，而民族学界却长期缺乏对民族关系的全面、深入研究，甚至没有一部系统的民族关系史专著，特别是区域性的民族关系研究。作为中国民族研究的代表性成果，"民族问题五种丛书"的编撰方式存在忽视汉族和各民族间关系的问题。其实早在 20 世纪 50 年代，费孝通就已经感受到民族学界将民族研究局限于少数民族的倾向，认为民族概念不应忽略掉汉族，民族学的研究对象既要有少数民族，也要有汉族。然而，割裂民族关系的单一民族研究传统根深蒂固。因此在很长一段时间内，费孝通屡次提示要扭转 1949 年以来民族研究偏重以少数民族中的单一民族为对象的研究倾向。为此，费孝通向民族学界建言："过去我们搞民族史大多是一个一个民族地整理，我看不如一个地区一个地区地搞。因为少数民族在历史上一向不是孤立的。"在六江流域综合考察活动的鼓舞下，研究民族历史的学术进路被费孝通划分为三个步骤："第一步要把每个民族搞清楚，然后再把一个地区

---

① 费孝通：《支持六江流域民族的综合调查》，《费孝通全集》第 9 卷，第 268、269 页。

一个地区的各民族关系搞清楚，最后把整个中华民族的形成过程搞清楚。"①
到 1985 年，费孝通在回顾潘光旦的畲族历史问题研究时郑重声明："过去
多少年来把各个民族孤立起来研究的时期可以结束了，因为这已不适应当
前我国新形势的发展。"② 以区域而非民族作为研究单位，更适合兼顾单一
民族与民族关系，进而理解中华民族的形成和中国民族的性质。

那么费孝通如何界定和理解走廊内涵呢？1982 年 5 月的武汉座谈会讲
话是费孝通有关走廊思路最为详尽的阐释。六江流域综合考察活动启动在
即，促使费孝通选择旧题重谈，着重从民族调查、民族识别问题说起。民
族关系依然是其主要的着眼点。费孝通将其倡导的区域研究单位阐释为
"历史形成的民族地区"，并敏锐地发现要求识别的民族恰好"大多是夹在
几个大民族中间"，混杂着相邻民族的某些特征，处在民族交错的区域和不
断变化的过程中。各民族之间分合的历史关系能够解释这些区域民族的复
杂面貌和现状。如有待识别的白马藏族所在区域"正是一条民族接触的地
带，这个地带是夹在汉族、藏族、彝族三者的中间"，"就是我所说的历史
形成的民族地区，我也曾称它作藏彝走廊，包括从甘肃到喜马拉雅山南坡
的珞瑜地区"，"再下去到缅甸北部、印度东部的那加地区。这一带都是这
一相似类型的民族"。走廊地带的现象为整体探讨中华民族"各个成分在历
史上是怎样运动的"提供了极具价值的研究对象和素材。因此，费孝通从
走廊视角描绘出探索中华民族形成问题的学术蓝图："上述几个复杂地区：
一条西北走廊，一条藏、彝走廊，一条南岭走廊，还有一个地区包括东北
几省。倘若这样来看，中华民族差不多就有一个全面的概念。"③ 由此，中
国民族走廊的主体格局被呈现出来，奠定下现今民族走廊研究的基本框架。

走廊、板块学说不同于内亚与中原、内地与边疆、中心与边缘的二元
划分方式，更为强调历史维度下各民族、各区域之间关系的联动性、统一
性和整体性。不过与"棋盘的格局"想法有别，费孝通撇开板块区域，似

---

① 费孝通：《抓紧民族问题五种丛书的出版》，《费孝通全集》第 10 卷，第 310、312 页。
② 费孝通：《潘光旦先生关于畲族历史问题的设想》，《费孝通全集》第 11 卷，第 290 页。
③ 费孝通：《谈深入开展民族调查问题》，《中南民族学院学报》1982 年第 3 期。

乎将走廊地带视作最能说明中华民族形成过程的独特区域。走廊地带民族种类繁多，文化交融混杂，尤其以众多"小民族"的聚居为其重要特点。费孝通主要是从白马藏族等"相似类型民族"，即"小民族"的分布地域来界定走廊，民族、文化是理解走廊内涵的主要因素，动态的民族关系联动作用亦得到突显。走廊的廊道形态并非取决于山川走势的地理特征，而是经由历史上不同板块或较大民族的挤推、影响而形成。可以说，走廊既是多民族接触、互动的历史关系中形成的特定区域，又是板块之间的衔接和交会地带。这明显有别于费孝通从自然地理层面界定的河西走廊等地理通道的传统内涵。走廊视角能够集中反映出主要板块区域承载的各民族之间的历史关系，从而串联成中华民族形成过程的总体脉络。

费孝通之所以如此重视走廊视角的阐释，与大瑶山瑶族的田野调查思考有莫大关联。在1983年6月为《盘村瑶族》撰写的序言中，费孝通开始思考中华民族共同体的凝聚问题，表示大瑶山的瑶族案例为其带来重要启示："我从广西大瑶山的瑶族——他们只是分布在国内外各地的瑶族的一部分——的历史经过，从而想到中华民族的形成。"紧接着，他又道出研究走廊的另一层重要目的："因为我意识到从这微型的研究里确是接触到了贯穿在各民族历史中具有一般性的规律。怎样把实际的观察和分析，提炼出我们各民族形成的规律，形成具有中国特点的理论，也许是我们这一代研究民族的学者必须认真对待的任务。"至于如何提炼规律，费孝通以瑶族为例，主张树立类型、进行比较、归纳各民族的共性和个性，"以地区为研究对象"，建议开展"南岭山脉的民族走廊"综合调查，对瑶、苗、畲等"相似类型的山居民族进行比较研究"。[①] 就总体的研究方法而言，大瑶山的瑶族案例说明宏观研究与微观调查殊途同归，可以共同作为论证中华民族共同体的支撑方法。前者"就是拾起中华民族形成过程这个课题进行研究"，再下沉到具体的微观层面。也就是说，"研究各民族的形成过程就是向微观方面发展的研究工作。我们在广西大瑶山的研究就属于这个性质。我并没预料到在广西大瑶山的微观研究会在理论上和宏观上与中华民族的研究是

———————————

① 费孝通：《〈盘村瑶族〉序》，《读书》1983年第11期。

统一的"。① 可见走廊民族文化现象的调查研究经验是激发费孝通思考和探讨中华民族格局、特点的重要学术动力。费孝通注重的民族历史研究不仅呈现历史过程，更重要的是能够与微观调查互补结合，总结出各民族形成与分合关系的规律。于是构建中国本土民族理论开始提上费孝通学术思考的日程。

如何理解中国的"民族"概念是费孝通首先需要面对和解决的问题。根据以往民族调查研究积累下的经验知识，费孝通多次谈到西方的民族概念不能生硬地套用于中国民族研究，特别是大量的走廊区域案例表明"民族来来去去，分分合合，在一定条件之下，不同来源的人融合成一个民族，但还各自保留着原有的语言"。这些现象提示人们"不要把民族看死了"，要看到"在中国这样长的历史里，民族变化多端，你变成了我，我变成了你，我中有你，你中有我，而且有些合而未化，还保留了很多原来的东西"，故而"以西方的现代民族的特征，来套中国民族，就要出毛病"。同时，20世纪50年代的民族识别标准并未完全套用苏联模式，已为改革开放后民族研究避免照搬西方民族理论提供了成功的经验例证。依照国情，中国"民族"概念的内涵可以分为不同层次，中华民族作为整体"又是许多相互不能分离的民族组成。组成部分之间关系密切，有分有合，有分而未断，合而未化"。② 复杂的民族关系促使费孝通更加认识到中国"民族"概念的独特性，"希望理论界应当积极地从中国的历史过程里去理解中国民族的性质"。③ 只不过民族理论的探讨需要建立在历史过程阐释和调查案例分析的基础之上。

为阐明"民族中包括民族"的逻辑，费孝通对中国"民族"的构成作了初步的剖析解释，将之分为"中华民族"、识别出的五十六个民族与识别出的民族中"包含着若干具有一定特点的集团"。后一类"民族"包括了费孝通调查过的广西瑶族中若干不同名称的瑶人，如花篮瑶、茶山瑶等，或是贵州苗族中的红苗、青苗等。④ 可以说，中国"民族"内涵的层次划分在

---

① 费孝通：《潘光旦先生关于畲族历史问题的设想》，《费孝通全集》第11卷，第289、290页。

② 费孝通：《抓紧民族问题五种丛书的出版》，《费孝通全集》第10卷，第311、312页。

③ 费孝通：《民族区域自治和少数民族的发展》，《群言》1987年第12期。

④ 费孝通：《谈"民族"》，《费孝通全集》第12卷，第19页；费孝通：《社会调查自白》，《费孝通全集》第11卷，第29页。

一定程度上为后来中华民族多元一体理论的阐释理清了部分模糊、歧义的概念，搭建起中国民族构成的认知框架。"民族"构成的层次划分也说明费孝通理解的"民族"概念与西方民族概念有很大的差异，并不是一个政治性的概念。此诚如学者所言，费孝通运用的民族概念是不包含政治含义的民族学意义上的民族概念；① 不同名称的瑶人被归入"民族"之列则暗示，费孝通对"民族"概念的理解绝非单纯源于理论的辨析，而是与其在西南民族地区，尤其是走廊地带的调查研究经历和思考密不可分。

自 20 世纪 80 年代中期以后，费孝通的民族研究逐步转向中华民族多元一体格局、边区民族社会经济发展等领域，再未专门对走廊思路做过连续、系统和深入的阐释。但是无论是概念理论阐释，还是现实问题探讨，均是费孝通 20 世纪 50 年代以来民族调查研究思路的延伸和发展。

对边区经济发展问题的思考使费孝通的学术关注面向从历史转向现实。在"八访甘肃"的调查经验基础上，费孝通力图充分发挥民族走廊的地缘经济优势，推动民族走廊向经济走廊转型。但是他依然认为，作为多民族接触地带，走廊区域的经济发展脱离不开对民族互动关系历史过程的基础性研究。1991 年 10 月费孝通为继续探讨西南多民族山区经济发展问题，走访武陵山区，事后撰写的《武陵行》在进入经济问题讨论之前，坚持先引入历史的审视眼光，指出武陵山区同样是"多民族接触交流的走廊"，也是"不同时期入山定居移民的一个民族熔炉"。有别于以往的走廊思路，费孝通更为着眼于走廊内的民族关系现状，认为各民族"长期在一个地区生活，在不同程度上已形成了一个我中有你，你中有我，你我之间既有区别，又难分解的多民族共同体"。② 类似走廊地带的多民族地区经济发展需要重视历史上形成的"多民族共同体"。

为此，费孝通提出多民族经济协作区的计划，筹划和推动在黄河中上游西北多民族地区、西南六江流域民族地区、南岭走廊民族地区、武陵山

---

① 苏航：《论费孝通的民族与国家观念———一个"费孝通转换"的视角》，《西北师大学报》2018 年第 6 期。

② 费孝通：《武陵行》，《费孝通全集》第 13 卷，第 554 页。

区山居民族地区、内蒙古农牧结合区等区域开展实施。经济协作区的选择充分考虑到历史形成的中国社会的民族特点："从历史上就在不同民族的交错地带，建立了经济和文化的联系。久而久之，形成具有地区特色的文化区域。人们在这个区域中，你来我往，互惠互利，形成一个多元文化共生的格局。"① 历史与现实是连续的整体，各民族共生格局形成于类似走廊地带的民族交错区域历史关系中，可以作为多民族地区经济发展的历史惯性动力，发挥潜在的作用和影响。

费孝通最后一次提到走廊思路是在 2003 年致 "藏彝走廊" 历史文化学术讨论会的贺信中，简短的贺信内容成为总括费孝通如何定位走廊思路的学术声明。作为典型的走廊区域，藏彝走廊的研究意义被归结为两个层面：一是走廊内民族之间的交流历史和历史结晶，"能对'中华民族多元一体格局'有一个比较生动的认识"；二是走廊内多民族经济文化交流的历史与文化研究，"对于我们从特定地区内部认识'和而不同'的民族文化接触历史与现状，有着重要意义，对于我们担当'文化自觉'的历史使命，也同等重要"。② 可见，费孝通是将其理解中国民族，以及世界格局中不同文化之间共存关系的学术思考同时反馈到有关走廊思路的最后阐释中。从 20 世纪50 年代民族调查研究、走廊思路酝酿、中华民族多元一体格局提出，到文化自觉，能够展现出费孝通民族研究学术理路的内在逻辑和层层递进的发展脉络。从某种程度上来说，民族走廊既是研究中国民族的理想场域，也是理解 "和而不同" 民族文化关系的极佳注脚。

围绕民族识别、民族形成和民族性质等问题，坚持中国民族的 "多元"构成与探索中华民族 "一体" 凝聚力，是费孝通晚年不断反思中国民族构成复杂性的一体两面。对民族识别余留问题的总结讨论是其正视单一民族身份地位的表现。费孝通认为，要解决民族识别余留问题，需要将有待识别的民族放回到区域历史的民族关系中加以考察。这是提出走廊思路和强

① 费孝通：《创建一个和而不同的全球社会——在国际人类学与民族学联合会中期会议上的主旨发言》，《思想战线》2001 年第 6 期。

② 费孝通：《给 "'藏彝走廊'历史文化学术讨论会" 的贺信》，石硕主编《藏彝走廊：历史与文化》，四川人民出版社，2005，第 1 页。

调民族关系的缘起，走廊视角下民族关系的阐释作用最初即在于识别出具有特殊个性的单一民族。

民族识别的争议反映了西方现代民族分类方式对于处理如同中国这样各民族之间"我中有你，你中有我"特殊国情的"水土不服"。在民族调查研究过程中，多民族文化混杂现象同样不断给费孝通带来学术认知的冲击和反思，因而他很快从识别和研究单一民族的框架中跳脱出来，向学术界疾呼应当摆脱单一民族的传统研究束缚，在历史维度下引入区域研究视角。由此，走廊视角下的民族关系转而成为研讨和探索中华民族形成问题、中国"民族"概念的重要研究素材和学术动力。

走廊思路或多或少受到功能学派、史禄国 ethnos 理论、西方民族概念等西学知识的影响，但是费孝通善于捕捉、处理走廊内混杂民族文化现象所带来的各种信息，从历史发展脉络中洞察各民族之间历史的分合关系及其实现机制。这促使其试图修正民族识别后单一民族相互之间关系的割裂感。中国民族构成的层次性、中华民族多元一体格局等的提出正是费孝通提炼本土知识经验、构建符合中国民族传统历史关系的民族理论的结果。走廊内多民族依存共生的状态应是不同民族文化之间"和而不同"关系乃至"文化自觉"想法的最初学术灵感来源之一。

四　民族走廊研究的未来方向

费孝通的学术理路说明，更为重要的是将民族研究思考的基础转回到扎实的历史过程阐释和丰富的调查案例分析。如同他在人生的最后数年间反复提到的那样，"一定要有丰富的历史知识和深入的现场观察"。① 这或许正是实现西方民族理论"中国化"的有效途径。

虽然费孝通从未正式界定过民族走廊概念，却将走廊视角引入民族研究领域，强调走廊地带的独特性，认可民族走廊研究的重要学术意义。严格来讲，费孝通的走廊思路只是为学术界搭建起带有纲领性意味的学术框

---

① 费孝通：《重建社会学与人类学的回顾和体会》，《中国社会科学》2000 年第 1 期。

架。回顾费孝通走廊思路的学术理路，民族走廊研究不应当局限于概念称谓、地理范围等问题的争论，系统的历史梳理和深入的田野调查仍然是拓深民族走廊研究的关键途径，尤其应注重发掘、总结民族走廊多民族交往关系的特点、规律和机制。诚如石硕所言："在民族走廊地区，我们要认识的不是民族之间的区隔与界线，而是各民族之间的联系，是各民族之间的'经济文化交流'。"① 费孝通对走廊思路的诠释变化事实上已经十分清楚地说明了这一点，并为学界指明了民族走廊未来研究的方向。具体来说，我们可以尝试从以下四个方向拓展和推进未来民族走廊的研究。

第一，破除单一民族、行政区划的局限，重视研究民族走廊"你中有我，我中有你"民族格局形成与演进的脉络。民族走廊内的族际交往、交流与融合为铸牢中华民族共同体意识提供了一个很好的范例，未来学界应当进一步加强对此问题的研究。作为民族迁徙流动、多种文化交融汇合的地带，民族走廊内显现出两大突出特点：其一，不同民族之间形成了交错杂居与和谐共生的居处模式；其二，文化上相互吸纳借鉴与包容。未来学界可以从多维度，如生态理论、族群理论、地方性知识体系等，进一步深入挖掘民族走廊内"你中有我，我中有你"特殊格局形成与演进的脉络。

第二，将民族走廊视为深化和拓宽人类学、民族学理论研究的理想实践场域，关注走廊内族群关系的日常性，以及不同族群如何实现共生关系等问题。既往研究中，已有学者向我们指明民族走廊具有"开放性""流动性""过渡性""连接性"等特性，这便是"接触地带""中间地带""族群关系"理论研究最为理想的实践场域。以"族群关系"为例，民族走廊向我们生动展现了跨越族群边界的可能，经过长期的接触、互动，族群间产生了亲密感与认同感，而非学者在世界其他相似区域内发现的疏离性与敌对性。对上述事实的进一步发掘，既能为讲好中国故事提供精彩素材，又能在学理层面为世界民族学、人类学的理论研究提供中国"范式"。

第三，重视走廊与走廊之间、民族走廊串联起的板块之间的整体性对比研究。费孝通先生高屋建瓴地向学界提出民族走廊研究概念时，生动、

---

① 石硕：《藏彝走廊多民族交往的特点与启示》，《中华文化论坛》2018 年第 10 期。

形象地指出要如下围棋一般，"一子相连，全盘皆活"，通过点、线、面结合的方式，突破传统单一民族与行政区域研究的局限，同时开辟了从民族走廊来看民族关系的研究视角，用民族走廊串联起不同的民族板块，最终形成对整个中国民族问题的理解。目前学界对部分单个民族走廊已有较为深入的研究，但对民族走廊纽带性、连接性的发掘却相对轻忽，对走廊与走廊之间、走廊串联起的板块之间缺乏整体性的对比研究。今后或可就此问题进行归纳与演绎，总结出不同民族走廊之间的共性与个性，全面把握中国民族问题的特性，从整体上理解中华民族多元一体格局。

第四，民族走廊研究与区域史研究方法的结合或许可以探索出阐释中国多民族统一国家的新思路。例如，区域史研究的国家视野可以部分地弥补以民族或族群为主线书写藏彝走廊历史多元线索的潜在问题，修正深陷民族关系史的视野局限，摆脱识别后民族身份的思维惯性，从多层关系角度，以国家的大一统结构将不同区域、不同族群统合起来；而藏彝走廊历史注重民族、族群关系的研究路径，或许在一定程度上可以进一步突破易代更替的分期视角，避免以王朝国家文教的单一视野审视中国大一统的文化结构，将中国内陆边疆、西南边疆、中原地区之间的历史研究更为紧密地整合起来，乃至破除中国史研究与中国民族史研究、民族学与民族史之间潜在的学术藩篱。

结　语

民族走廊研究是中国本土民族理论探索学术脉络的缩影，试图为中国学界提供一条不同于舶来理论导向的民族研究道路。由于具有民族研究与区域研究的双重特性，民族走廊研究超越了地理学范畴，更具人文地理与区域文化属性，有助于总结出不同民族之间的共性与个性，全面把握中国民族问题的特性，从整体上理解中华民族多元一体格局。因而，未来学界应当进一步拓深民族走廊研究及其国际化影响，着力构建中国的学术话语权。

主要参考文献

《费孝通全集》第 6 ~ 13 卷，内蒙古人民出版社，2009。

费孝通主编《中华民族多元一体格局（修订本）》，中央民族大学出版社，2018。

石硕主编《藏彝走廊：历史与文化》，四川人民出版社，2005。

第十五讲　互动交融：从各民族日常生活实践理解中华民族共同体意识

徐　君

中华民族共同体意识是各民族在历史演进、现实实践中形成的共同精神认知、心理意识和价值认同。各个民族的社会成员通过日常生活的重复性和自发性活动，参与到不同层次社会群体如家庭、家族、邻里、村落、社区、民族等共同体中，通过语言使用、礼尚往来、节庆参与、婚丧嫁娶、交友等发生互动，建立起跨民族的相互依存与情感依恋关系，在彼此的互动交融中凝聚共识。中国的多民族聚居区就是这样形成的。在多民族聚居区，各个民族各具特色，彼此之间存在一定的差异，但差异并未影响人们的正常交往，反倒促成了个体之间的互相包容。本讲将通过讲述各民族人民在日常生活实践中的互动、交融来帮助大家更好地理解中华民族共同体意识。

一　日常生活交往促进互动交融

日常生活世界本质上是一个主体间共享的交往世界。在这个世界中，"我"既影响着他人，也接受着他人的影响，这意味着我们会以相同的经验方式生活在这一共同的世界，实现彼此的相互沟通和理解。不同民族间的日常接触发生在围绕衣食住行、婚丧嫁娶、言谈交际等生活琐事展开的日常生活领域和以社会化大生产、政治管理、公共事务及科学、哲学、艺术等精神生产为主要内容的非日常生活领域。日常生活是人生活的最基本领域，其与每个人的生存息息相关。

民族间交往行为发生在现实生活中的政治、经济、社会、文化等众多领域，居住、学习、工作等场所是族际接触的主要背景。日常交往是"社会劳动分工中，一个位置的占有者同另一个位置的占有者之间的交往互动"，[①] 也可以理解为"衣食住行、饮食男女等日常生活领域中的主体间交往活动"，是"个体在家庭和天然共同体等相对固定和封闭的空间中所进行的具有自在、自发、非理性、自然性色彩的交往活动"。[②] 总体上，日常交往即"人们在血缘家庭、天然共同体范围内围绕衣食住行、饮食男女、婚丧嫁娶、礼尚往来等事项，遵照传统习俗、凭借天然情感进行和展开的相互作用、相互接触、相互沟通以及相互之间产生的矛盾和冲突"。[③] 国内外的大量研究表明不同族群间的日常接触是促进相互影响程度提高的有效路径。法国当代著名思想家米歇尔·德塞都（Michel de Certeau，1925~1986）的日常生活实践理论为我们提供了一个进入日常生活实践的场域去分析和建构理论的研究视角。若想洞察日常生活的细微变化过程，非得进入日常生活场域去探查不可。在日常生活中，交往实践往往是个体以个人名义或身份角色展开的。个体一段时间的交往实践会固化并呈现出特定的文化与社会结构，而文化与社会结构又反过来影响个体的交往实践。马克思的实践观强调人的交往实践是随着历史的发展而在不断地发展和生成着，人的本质就是其在交往实践中日益拓展的动态交往关系的总和。

基于实践的社会交往具有塑造和创造社会关系的作用，人类社群的交往从差异到共识，源于每个个体生活方式的转变和生活态度的选择。自在

---

① 〔匈〕阿格妮丝·赫勒：《日常生活》，衣俊卿译，黑龙江大学出版社，2010，第208页。
② 衣俊卿：《现代化与日常生活批判》，人民出版社，2005。
③ 王晓东：《日常交往与非日常交往》，人民出版社，2005，第46页。该描述对日常交往的具体范围、内容组成、交往过程中的影响因素以及交往主体间所具有的一切交往形式都进行了清晰界定，有助于从更为微观和具体的方面来理解和把握日常交往的意义。

的个体日常交往原则也会向社会交往领域渗透和支配，也即不同民族个体在日常交往实践中的高质量接触，会促进民族间的信任和团结。因为个体的日常交往往往可以成为左右家庭、团体、群体或社会交往的现实力量，个体在日常交往中形成的价值观念也会被引入更大范围的社会交往活动中，从而形成跨民族友谊、凝聚共识和情感依恋。

日常生活实践在乡土社会可以理解为人们"日出而作，日落而息"的基本生活状态，每个普通民众实在、具体的实践活动，也即人们在衣食住行、婚丧嫁娶等日常生产生活的各个方面。村民个体之间的互帮互助推动了"生活共同体"的实现，即在日常生活实践中邻里相亲、礼尚往来建立起"情谊"，"情谊"的双向互渗形成村落命运共同体。与邻里"他者""他族"的互动，还构成了基于亲情血缘、相同居住地地缘、宗教信仰的不同类型、不同层级的共同体，这些共同体的形成，既基于历史因素，又是在日常生活中逐渐建构的"尊重差异，包容多样"的相互交融的文化观念及实践的体现。正如费孝通所指出的，许多分散孤立存在的民族单位，在长期历史过程中，经过接触、混杂、联结和融合，形成了一个你来我去、我来你去，我中有你、你中有我，而又各具个性的多元统一体。普通民众是民族共同体的利害攸关者，更是参与者、建构者、传承者与守护者。通过具体考察各民族在生产生活中的日常交往实践，可以真正理解其如何作用于彼此间关系进一步走向深入。

二　多民族共居互嵌格局的形成

多民族共居互嵌，一般是自古以来人群流动变迁的结果，比如今天的阿坝藏族羌族自治州松潘县就是这样的一个典型。以下主要以松潘县作为案例呈现多民族共居互嵌格局的形成及现实互动的基本情形。

松潘地处青藏高原东缘部分，四川省西北部、阿坝州东北部，川、甘、青三省交界处，自古就是四川通往西北的重要门户。它既是藏羌彝民族走廊、丝绸之路岷山道、茶马古道西路茶道的重要节点，也是军事重镇，历朝历代备受重视：早在公元前 316 年秦灭蜀后就设有县级建制——湔氐县；唐时公元 618 年设松州；明朝洪武年间设置松州、潘州二卫，后合并为松潘卫，松潘也由此得名；清置松潘厅和松潘直隶厅；民国 2 年（1913）改松潘直隶厅为松潘县，县级建制沿用至今。秦汉、唐、明时期都有多方以松潘为节点展开战略争夺，而在清代更是将松潘视为统御西北与西南的重镇。自唐代以来，历代中央王朝在松潘驻兵展开防御，深刻影响和塑造了松潘地区的民族人口格局。在松潘县域 8341 平方公里范围内，共有 21 个民族，7.3 万人口（2020 年末），其中藏族占 44.88%、汉族占 28.52%、羌族占 11.18%、回族占 15.28%，其他民族占 0.14%，分属县境内 7 个镇 10 个乡 110 个行政村 12 个社区。人口分布特征是东南密、西北稀，河谷密、高山稀。民族之间通婚频繁，少数民族约占总人口的 71%，多民族家庭占比达 60% 以上。

松潘县作为因历史上商贸和战争而自在形成的、以藏羌回汉四个民族为主体的、文化上兼收并蓄、经济上相互依存、情感上相互亲近、共居互嵌的多民族混居区，呈现出民族多样、宗教多元、宗教形态丰富与和谐共存的多民族共居互嵌的典型特征。民国《松潘县志》记载松潘仅汉族寺庙就有 115 座。2020 年统计，政府开放宗教场所 31 座，教职人员 1051 人。其中道观 1 座（黄龙寺）；清真寺 11 座；藏传佛教寺庙 19 座，当地称为"一总寺，内五大寺，外十三小寺"。松潘是本教信仰集中区域，有本教寺庙 13 座，藏传佛教宁玛派、格鲁派和萨迦派寺庙 6 座。

松潘县境内的藏族主要来源于唐朝时期与吐蕃争战的西藏西部阿里一带军队的后裔。7 世纪，位于今西藏自治区的吐蕃王朝崛起，不断向东进取，与唐朝军队在今天阿坝州松潘一带交战，并不断从西藏阿里一带征兵驻守松潘。后来唐蕃会盟，并划清界线，立碑歃血盟誓，达成和平共处的协议，其驻边军队则定居于松潘，与当地人融合发展，演变为今日之松潘藏族。松潘境内回族也是在漫长历史进程中逐步沉淀，并且与周围其他民族互通相融，形成今日之回族。生态差异带来人群生计不同，西北回民从甘肃青海等地进入茶马互市的集散地松潘从事贸易，并形成了草地帮、鞑子帮等"回回商队"。明朝时期还有部分波斯人到松潘筑城防卫，后定居松潘，并修建了清真寺。清乾隆时期，两次大小金川之役及战后的屯垦措施，促使陕西渭南、三原等地的部分回民、商人及难民迁入并定居松潘。随着贸易的发展与繁荣，陕西、青海、陇东、云南、四川等更广泛地区的回族进入松潘地区，成为举足轻重的商业力量。逃避战乱、教派纷争等也是推动回族前往松潘地区的重要原因，特别是在嘉庆之后，西北动荡的局势使得不少回民纷纷逃到松潘地区并在此定居。道咸间，"松潘回族二千余户"，咸丰六年（1856），杜文秀云南回民起义失败，部分回民沿着岷江逃到汶川、茂县等地。同治年间，杜文秀家眷在马家的护送下，沿着藏彝走廊逃到松潘岷江乡，隐姓埋名。为了保护主人家的安全，部下马老五和马正图也定居于松潘县城。可见，今日的松潘回族也是从不同地方陆续迁入会聚形成。

经历明末清初三次大的移民，大量汉民迁居松潘，或从事金银器、制铁等手工业，或开挖金矿，或移民屯垦，顺着岷江上行，在汶川、茂县进松潘沿途的镇平关、岷江乡一带留居，形成了众多以汉族为主，同时兼有藏族、回族共居的村寨。从松潘到九寨沟路经的漳腊社区，历史上处于商贸大道，有回族在这里经商，同时因当地产金，吸引了大量外地人到此开采金矿，聚居而成以汉族为主体、同时兼有回族共居的社区。现在此地分为漳腊一村、漳腊二村、漳腊三村，在漳腊三村还形成了一个街区（图 15-1、2），街区上有回族清真寺。现在街区的主要商贸活动移到松潘至九寨沟公路沿线的大道两旁，与川主寺镇连接成一个商贸片区。

松潘县境内有多个村落因历史上人口迁徙、不同民族之间通婚而融合的情况，其中川主寺镇上磨村就非常具有代表性。上磨村在近年九寨沟环线旅游开发中被打造树立为典型藏族特色村落，实际上上磨村原本是一个以汉族为主体民族的村落。上磨是指"上游有水磨的地方"，是附近漳腊等地居民对处于岷江上游有水磨的地方的称呼。历史上漳腊的一部分汉族居民迁到水源上游建水磨为当地藏族提供磨青稞服务，后来逐渐与周围藏族通婚，也吸纳了一部分汉族迁居去上游，形成今天的上磨村。上磨村村民回忆他们的祖辈都是汉族，后来汉族人家多通过婚嫁的姻亲关系和拟制的亲属关系，转换为藏族身份，村中很多人甚至不会说汉语。20世纪30年代，村里有15户人家，其中12户是汉族、3户是藏族。2011年有80多户，其中藏族增加到54户，汉族只有16户，另外有回族11户；一位祖上来自陕西的90多岁的老人，已经不会说汉语，完全藏化了。不过至今在上磨藏寨的藏族风俗习惯中仍然保留有汉族祖先崇拜、土葬、立墓碑、清明节上香烧纸等习俗。与上磨村一样，川主寺镇历史上也是汉族居住的地方，直到今天当地人还把去川主寺镇称为"嘉仓阁"，意思是"去汉族的地方"。上磨村和川主寺镇的例子说明在历史发展过程中，由于各民族间的迁徙、杂居、通婚等形式的交往交流，一个民族的一部分人融合于另一个民族的现象十分常见。

图15-1　松潘漳腊老街口闲坐的老人们

资料来源：笔者摄。

民族共居互嵌格局也反映着地理的生态结构，不同温度和湿度的多样生态环境孕育、塑造和适应着不同文化。松潘县境内物产丰富、资源多

图 15 - 2　漳腊老街（前面是汉族房屋，后面白色歇山顶建筑是回族房屋）
资料来源：笔者摄。

元，整体上形成了西北大草原的纯牧区、东南低洼河谷地带的农区和中部
商贸交易之城镇地区等，不同的山水地理孕育出了不同的生计模式，而不
同的生计模式则发展出各具特色的文化逻辑，并形成了兼具民族身份与
文化传统特色的社会分工：藏族主要从事畜牧业，回族经商，汉族务
农，建立起共生互补的关系。多民族聚居区中的各民族，空间上互嵌，
生产生活中交往互动，形成共生互补、共融相依的关系。松潘古城内历
史上主要居住着回族和汉族，汉族住城南，回族居城北，由南桥（现在
称为"古松桥"）连接，以南为南街，以北为北街。民间俗语"北街的
银子，中街的狗，南街的挑子叫昂昂"描述的就是古城内南街和北街生
计与生意状况的不同，即北街回族善于经商，各类大型商号遍布，比较
富裕；中街是宰杀牛羊做普通生意的区域，牛羊的下水用来喂狗，所以
中街狗很多；南街多挑夫走贩，做小买卖随时叫喊兜揽生意。过去有
"猪肉不上桥"的说法，即南桥以南是汉族，在汉族居住区可以喂猪、
买卖猪肉；以北是回族，回族忌食猪肉，所以猪肉不能上南桥，就是不
能把猪肉拿到回族居住的区域。历史形成的格局在目前松潘的古城内依
然大致保留着：城北、城东，即现在的中江社区、岷山社区和真武社

区，居民以回族为主；南街以汉族为主。在古城修护改造和应对旅游发展中，对古城空间布局进行了调整，但整体的民族居住格局还是"大杂居、小聚居"。城中心传统回族街区即中江社区一组作为古城主要商贸街区，开放为汉藏羌等其他民族融合居住或经商的区域。因古城修护改造搬迁新形成的金坑坝社区，居住格局也是按照抓阄的方式形成多民族共居互嵌。

长期共居互动，彼此相互吸收与借鉴，使得无论从房屋建筑样式还是外观装饰，松潘汉族与回族的房屋没有太大的区别。不唯松潘古城内如此，其他的社区如岷江乡岷江村、川主寺镇漳腊社区都是如此（见图 15 - 3 ~ 5）。

图 15 - 3　松潘古城中茶马贸易雕像
资料来源：2022 年 7 月 28 日，笔者摄。

图 15 - 4　松潘古城南街汉族门楼屋顶
资料来源：2022 年 7 月 28 日，笔者摄。

图 15 - 5　松潘古城内回族门楼及雕花样式

资料来源：2022 年 7 月 28 日，笔者摄。

　　松潘县历史上形成藏汉回羌等多民族交错共居，每个民族各有自己的信仰。松潘境内同时并存着道教、佛教、伊斯兰教、藏传佛教、本教和羌族原始崇拜。道教是在隋文帝开皇三年（583）传入松潘，经过隋唐至民国时期，道观庙宇遍布松潘古城和岷江、涪江两江流域的关口、城堡、军屯、驿站。著名的庙宇有黄龙寺、赤松观、玉真宫、东岳庙、城隍庙、玉皇庙、巧圣宫（鲁班庙）、真武宫。佛教是南北朝时传入松潘，唐时建有大悲寺，明清兴盛时大悲寺成为松州八景之一。伊斯兰教是随唐代军队调动、移民屯垦，开展茶马互市、蜀锦市马，以及中亚、西域、波斯、大食人等的进入并定居而传入的，信仰伊斯兰教的回族在松潘古城东郊修建清真东山寺；明清时期大量陕西渭南和江南金陵、凤阳、徐州等地回族定居松潘，先后在松州城里建有清真上寺、下寺、北寺以及纪念伊斯兰教先贤的陵园，后陆续在岷江、涪江两江河谷回族聚居的重要关口也建了清真寺。藏传佛教是明朝永乐后期随宗喀巴弟子及清初时的高僧传入，松潘境内有格鲁派、宁玛派和萨迦派寺庙。松潘是最大的本教汇聚地，雍仲本教在松潘影响较大，有本教著名的圣山夏旭冬日（意为"东方的海螺山"，雪宝顶）、相夏墩（意为北方鹰的归宿地，俗称北地小西天），著名的本教寺庙有郎衣色贡巴（对河寺）、尕米寺、林波寺、元坝子寺、山巴寺等。居住在县境内南部的羌族则崇尚万物有灵。直到今天，在松潘古城还保留着四种宗教：城西有城隍庙、观音寺，城北有清真寺，城南有藏传佛教寺庙，城外有本教寺庙与羌族碉楼。

在藏羌彝走廊地带，有很多这样的多民族交错共居的村落社区，如现在被塑造为羌族典型旅游村寨的汶川萝卜寨、桃坪羌寨、理县蒲溪村、上孟、下孟、李子屯等村寨，以及马尔康市卓克基镇西索村、松岗镇直波村、松岗村等。这些多民族互嵌共居地的形成多由于历史上的军事战争，同时因商贸与生计互补也进一步加深了民族融合。

清朝乾隆年间，在今天的阿坝藏族羌族自治州金川、小金一带，发生了大小金川之役。乾隆皇帝为平息地方土司之争，前后两次派朝廷命官，历时七年，征讨镇压，兵源来自陕西、山西、甘肃、四川等地，同时征调了大小金川附近的土司兵力。大小金川之役后，改土归流，设屯治理。在今天金川、小金、理县等地分别设军屯、民屯和"番屯"。军屯是外地征调兵力就地屯垦，民屯是从四川其他县市征派汉人到这些地方屯垦。今天的金川县境内很多村落社区都是军屯或民屯后裔，保留有完整的族谱或家谱。另在今天理县一带，设置"番屯"，由当地土司头人任改土归流后的管理人即屯守备之职。当时设有五个"番屯"，又称杂谷五屯，合计约3000户，其中杂谷脑屯所管番民750户、甘堡寨屯650户、上孟屯530户、下孟屯570户、九子寨屯500户。民族识别时九子寨屯的居民被定为羌族，其余四屯被识别为藏族，归为嘉绒藏族。从九子寨屯发展而来的今天理县薛城镇水塘村，作为典型的羌族村寨，保留有7处坟园、50多块碑，其中有17块碑序或墓志铭是用汉字书写。不过虽然是用汉字书写，有些却是当地羌语或藏语的音译，不是汉文系统下的字义结合。

马尔康市卓克基镇西索村、松岗镇直波村和松岗村又是另一种多民族共居互嵌村落类型。这些村寨在地理区位上位于中国西南地区汉藏结合地带，在文化地理学上属于嘉绒藏区，村民大多是在乾隆直至民国时期陆续从内地不同地方迁入的，围绕土司官寨形成了一定规模的汉人聚落。如卓克基镇西索村在民主改革前共有 20 户人家，其中 14 户是当地藏族，6 户是汉人移民，主要是提供卓克基土司日常生活和当地人生产所需的匠人，如金银匠、铁匠等，而且最后两任卓克基土司喜欢汉人的衣着打扮及汉人的知识。除了这 20 户居民外，还有 20 来户是从土司辖下的其他村寨前来当差的百姓或头人，另有三分之一人口是从其他地方来念经的藏传佛教喇嘛，居住在村庙西南方，被当地人称为"半边街"，至今仍有 8 户人家居住。20世纪 90 年代西索村已经从原本只有 20 户的定居人口增加到 70 多户的定居人口。现有两个村民小组，107 户、349 人，有村庙、共同祭拜山神处和坟地等，每年请喇嘛到庙里念一次经（也就是办一次法会），由村民共同负担所需费用以及各项物品。同样形成的村落还有马尔康市松岗镇直波村、松岗村等。松岗村原被当地人称为"松岗甘洽巴"（意思是松岗街上的人），之后又变为现在的行政村。90 多户村民大多至今仍保留汉姓，保留家谱，祭祀祖先，既信奉藏传佛教，又供奉流传下来的川主菩萨；既在衣食住行方面与周边藏族各有所宗，但又不影响他们之间在婚姻、贸易、生产等方面的交往。尽管与周边村落在生活和文化方面存在差异，但都被归为"嘉绒藏族"。20 世纪 90 年代初，我们到该村调研时，正值松岗村的川主菩萨寺庙落成，村民穿着传统服装（外在装饰看上去与当地藏装无异，但衣服上盘扣的使用则显示是典型的汉式传统服装），在新落成的川主庙前用松柏枝等燃烟，与我们用汉语交流，且非常清楚地介绍自己是汉族。该村目前也在发展民族旅游，并被塑造为典型藏族村寨，汉族风俗习惯与信仰等只在生活层面有所保存。

三 多民族地区日常生活实践中的地方共同体塑造

历史上不同民族共居互嵌社区村落形成后，一般会经历两种不同层次的认同塑造：一个层次是居住地共同体内部的认同与合力塑造，即来自不同地方的迁移民族在新地方通过公共空间塑造和建立拟亲关系，在新环境中生存下来并有精神文化的支撑；另一个层次是地方原居民族通过日常生活实践进行中华教化的塑造，以与中华文化的合拍共振为本地文化的追求。

1. 公共空间塑造：地方认同与融合

藏羌彝走廊多民族共居互嵌村落社区的凝聚力塑造一般通过营造公共空间和仪式时空，形成认同合力。比如西南民族地区有汉族的地方都有川主庙、观音阁或关公庙；回族生活的地方都建有清真寺。这些宗教场所的建立让移民从个人、家庭到整个群体都有了一个稳定的中心，在周期性和仪式性活动的重复实践中不断强化身份认同。比如在藏族人口占多数的地方，外来的汉人会对藏族人信仰的神山进行自己的意义阐释，纳入原本熟悉的神灵谱系，视为土地公、土地菩萨，将"陌生空间"转化为熟悉的"神圣资源"，在本群体与所居地土地之间建立起联系。在异地公共空间里通过在传统节日（如春节、清明、端午、中元、中秋、重阳等，有些地方还借藏族的节日）举行不同层次的仪式活动，将原本来自不同地方的人们凝聚在一起。2022 年，我们在松潘调研时刚好遇到松潘县汉族老人在松潘古城西南角观音阁聚会（图 15－6）。这些老人来自松潘不同的乡镇社区，有来自岷江上游的漳腊，有来自岷江下游的镇江关、岷江乡，还有松潘城里的汉族。老人们年龄相仿，多在 70 岁左右，彼此之间多是同村、同学或老庚，经常会聚到一起。当天并非年节，也不是农历或藏历的特殊日子，而是因为天气好，很久没有聚会，他们电话相约到一起，拉琴、唱小曲。老人们拉的是三弦琴，唱的是陕西等北方风味的花儿小调，同行的羌族年轻女性也不自觉地跟着哼唱，说是小时候就很熟悉这些歌曲。松潘观音阁老人聚会弹唱、羌族年轻人能自然地跟着哼唱的情形，说明了来自不同地方的同一民族以公共空间的营造和仪式活动促成凝聚与统一，同时也很好地与当地其他民族达成了融合。

共同神圣空间的营造也是不同民族达成彼此相互渗透与融合的主要表现形式之一。以松潘为例，当地呈现出汉族佛道之间、藏族本教与藏传佛教之间的相互渗透影响。松潘古城里的观音阁是唐代为了筹边而建的军事

图 15 – 6　松潘观音阁聚会的汉族老人们

资料来源：2022 年 7 月 22 日，笔者摄。

图 15 – 7　松潘古城内的观音阁及土地公

资料来源：2022 年 7 月 22 日，笔者摄。

防御建筑，高七层，被称为"七层楼"，后来演变为汉族宗教祭祀场所，被称为"观音阁"（图 15 – 7）。现存建筑由主殿、厢房、山门、生活用房、钟亭组成。庙内常年有信徒来此觐拜，烟火不断。因其具有研究松潘地区汉传佛教宗教活动的实物价值，而被定为县级文物保护单位。平时由一位似道又似僧、说着一口流利藏语的汉族老人驻寺看护。另外一个典型例子是松潘岷江村境内的龙安堂寺（图 15 – 8）。龙安堂寺，藏语称为"圣地夺嘛呢寺"，因寺内供奉有送子观音和药王，被松潘县境内岷江下游沿线汉族认为是特别灵验的汉族寺庙；而同时寺庙旁边一块巨石上显现许多天然自生的六字真言经和文字，故而有"夺嘛呢寺"之称。当地史料记载龙安堂寺是唐代吐蕃赞普赤松德赞时期由宁玛派大师白若杂纳首次开启此圣地并予以加持，清朝末年由藏汉信众自发在此地建造成寺庙，后因战乱被毁。民国时在政府的支持下，由大姓四十八寨土司带领重建，"文革"时期再次被毁。20 世纪 80 年代，又由当地各族信众集资重建。现寺院大殿正中塑有千手观音像，大殿环廊则供奉药王神和观音像，汉地佛像特征明显，因庙里的送子观音娘娘被认为极为灵验而香火旺盛。寺院大殿外和夺嘛呢前面有藏族敬奉的桑烟台和汉族、羌族敬献的烧香台。龙安堂寺成为当地汉藏羌等民族共同信奉的寺院。

图 15 - 8 松潘龙安堂寺大殿里的神像

资料来源：2022 年 7 月 18 日，笔者摄。

世界自然遗产黄龙风景区内的黄龙寺更是多民族宗教共存、相互渗透和融合的典型。黄龙真人是黄龙寺的奉祀主神，也是黄龙沟寺庙建筑群的核心，通常被看作是一尊地方道教神，而实际上则是汉藏羌等多民族千百年来共处一地不断融合的结果。共居一地的各个民族面临着共同的生存处境，需要一个可以寄托或承载当地民众精神需求的形象，所以一个具有道教色彩的人物和名号——"黄龙真人"，就在多民族多宗教多元重叠融合后被创造出来。黄龙寺汇聚了松潘本地民众多种宗教信仰需求，每年农历六月，远近的各族群众都向着雪宝顶和黄龙沟会聚，使得黄龙寺在很早就成为一处各民族共同尊奉的宗教圣地，成为松潘及川甘等地各族民众共同朝圣祈祷的道场。

2. 拟亲关系建立：基于生产与生活互助村落共同体

通过结拜兄弟会、姐妹会等形式建立拟亲关系，能够加强成员间的凝聚力。岷江流域的藏羌汉等民族都有"打老庚"习俗，也即人类学研究中所称的年龄组织。同性别、年龄相近的人组成非亲属群体，起着凝聚超越血缘、地缘的社会关系的作用。上述松潘观音阁的老人聚会，有些参与者就是因为彼此有着老庚关系。不同的地方对这种拟亲关系有不同的称呼，但所起的社会作用基本一致。如松潘县的热务沟大部分地区有"Lu-Da"的称呼，当地藏语方言中，"Lu-Da"一词，本意指"那些人"或"人们"，即年龄相仿结成群体的那批人，又特指男性年龄组织；女性年龄组织通常称为"Lou-Sa"。也有村落称男性年龄组织为"Nia-Zuo"，女性年龄组织为"Ma-Zi"。拟亲组织成员在生产上互帮互助，充分利用人力、物力资源，聚合群力实现单独个体无法完成的生产任务，从而起到调剂生产资源的重要作用。在生活层面则有难共担，有婚丧嫁娶等人生大事彼此相互帮忙。平时组织聚会娱乐或念经等活动，以在集体中寻求一种心理慰藉。年龄组织以多种形式为村民提供良好的互动空间，增进群体成员之间的感情，也为调剂村民单调、贫乏的生活提供了一种途径，对于疏导彼此关系、维系和稳定村落社会的正常运转有着重要作用。

合族是另一种建立拟亲关系的形式（参图 15 - 9）。尤其在藏羌彝走廊地区，不同姓氏不同宗族也即不同族房之间采取合并的方式形成更大的社会组织团体。一些族房由于户数少或其他原因，与其他族房合并，合族后互称家门，不仅是一个祖宗来源，也是建立一种生产生活中的义务关系。这些族房虽然不同宗不同姓，但合为一族后则承担着为合族内成员互助的责任。合族通常是其中一方向另一方提出邀约，一方的家族代表带着烟酒茶等礼物，到对方族房中的长辈家中，邀集该房中所有家户（通常是一户派一个代表参加）开会，向对方族房中的长者说明合族的原因，对方族房各户没有异议就算合族成功，双方合成为一个家门。合族后，祖宗的祭拜、土地与火坟都仍然保留，"各是各的"，只有在家门上办事需要时（通常是婚丧嫁娶和建房、大型劳作等）才会合在一起共同应对。合族的双方原本不是同宗同祖的关系，彼此之间可以通婚。

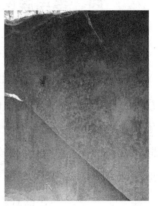

图 15 - 9　清光绪年间理县薛城镇水塘村余王两姓合族碑

资料来源：2005 年 12 月，笔者摄。

拟亲与合族都是在日常生活实践中结成的互惠群体。共居在同一场域中的不同人群，在长期的生产生活过程中自然而然会形成互帮互助的义务与责任，建构起特定的命运共同体理念，通过日常生活中的"帮工"、"上礼"（礼物交换）、"族际通婚"、"语言交互学习"等方式呈现。我们在藏羌彝走廊地区调研多年，参加过多次当地人出家门合族举办的婚礼。不同的村寨虽然有所不同，但基本类似，一般是合族家户出人出力，分工负责婚礼之家三到五天的礼仪事务，还需在家帮忙接待婚礼之家的宾客（参图 15 - 10）。

图 15 – 10　理县薛城镇水塘村家门被分配接待婚礼来客
资料来源：2005 年 12 月，笔者摄。

四　多民族区域地方文化重构与中华教化

1. 文化重构：跨族群的利益共同体塑造

多民族聚居区是历史上民族间日常生活互动中形成的。不同民族间语言互通，多文化共生共存，在日常生活的交往交流交融中形成手足相亲、守望相助的村落共同体。历史上也曾因资源利益、文化差异和风俗习惯等不同，彼此间产生过一些误会和摩擦，但随着各民族在日常生活中深入频繁地交往交流，不断地在文化交融中进行"文化重构"，创造出共居、共存、共学、共享、共建的社会文化条件，达到彼此尊重、理解和信任。

作为文化连接地带的藏羌彝走廊，区域内不同民族"文化重构"的特点更为鲜明。如松潘县有四个主体民族，各自代表的文化，即藏族文化、汉文化、伊斯兰文化、羌族文化，彼此相互影响，但又共同遵守着地方秩序，如共同接受"慈悲智慧""贵义贱利""敬业乐群""以和为贵"等伦理道德观念，又有"敬畏自然""众生平等""慈悲博爱"的生态伦理观。在不同观念长期交融过程中形成了多文化共生与制衡的乡规民约，使敬畏自然、保护自然成为人人遵守的自觉行为，积淀为该地深厚的文化底蕴。

松潘漳腊社区人口主要是汉族，但长期生活在以藏族人口为主的地区，并与回族为邻。该区域内无论汉族、回族、藏族，从小在一起玩耍、一起上学，一个村落里共同参加各种不同的生产生活及仪式活动，因此，社区内汉族会说藏语，藏族人懂汉语，彼此之间成为互帮互助的邻居朋友。我们在调研中了解到，在这个村落里，一般邻居是回族的汉族人家不会养猪，也基本不吃猪肉，以示对邻居的尊重。

松潘的羌族和汉族由于长期处在藏族文化的氛围之中，与藏族人民交往交流交融，在宗教信仰、价值取向、思维方式、风俗习惯、语言文化等方面深受藏文化影响。当地的汉族、羌族也会转藏族人敬拜的神山，参加当地藏传佛教、本教寺庙活动，更不用说一年一度的黄龙寺庙会了。黄龙寺的前寺、中寺、后寺，分别对应道教、汉传佛教和藏传佛教，寺庙的供奉敬拜满足了当地不同民族的宗教信仰需求。虽然当地汉藏羌等不同民族崇拜对象不同，崇拜方式有别，但其内在实质与精神却是一致的，从而构成地域性的文化认同。

文化重构既是一个历史过程，即各民族在长期共居互嵌中彼此接纳、和谐相处，也是一个不会停止且仍然进行着的过程；既是一个自觉自在的过程，也是一个引导建构的过程。随着经济、政治、文化的发展，不同民族文化之间特别是民族杂居地区的不同民族文化间的同质性因素越来越多。

2. 中华教化：中华民族文化共同性和共同体意识自然生成

中华民族文化共同性和共同体意识是在历史脉络中逐渐生成，并以生活方式、生产方式及在此基础上形成的行为方式和价值观呈现。历史上西南各民族以孔儒思想为核心建构认识世界和解释世界的体系，不断"中华化"，吸收中华儒家"礼"之秩序，实现"道德教化"。儒家思想体系作为中华文明共同体的主脉，也在各族群互动中构成其内部融合的机制。

传统中国具有高度开放性，重文化属性而淡薄民族单元属性，是否属于该文化共同体取决于"礼"的获得或丧失。以儒学道德观念和礼治秩序为核心的中华教化在向民间及四方渗透弥漫的过程中，经历着与各地不同文化相互磨合与适应，并与当地社会文化有机结合的过程，落地生根，形成普遍的社会规范。建立在基本人情之上的中华教化系统，因"修其教不易其俗"的开放性和弹性，通过政令、文化传递、商贸交通及人口迁移等各种渠道进入西南各族群生活世界，与民众固有伦理情感相呼应且化为日常实践，并逐渐成为具有传统意义的地方性知识。在日常生活的礼仪制度中，大量保留了超自然的因素，超越不同宗教、族群和广阔地域。如广泛存在于西南各地民族中的孔庙、关帝庙、文庙，敬奉儒道释三教的孔子、文昌帝君、元始天尊、太上老君、关帝、岳飞和观音，用文昌帝君代表"至孝至仁"、岳飞代表"孝德忠义"、关帝代表"尽忠大义"、土地神代表"存仁存恕，至正至明"等，就是借助儒家思想解释神灵崇拜的伦理性，彰显孔儒的忠孝仁义等价值。

敬拜天地、祖先、圣贤是中华教化的核心信仰，是维持社会规范的礼仪制度的基本内容，从人类基本情感和意义获得出发，将个人、家庭、社会与天下秩序结合起来。普遍存在于西南各地不同民族的生活世界中的"天地君亲师"也是中华教化传统在日常生活中的具体体现，是民众践行"礼"的直接对象，通过信仰方式联结起个人、家庭、社会以及国家，至今在民间仍然以不同方式延续着。虽然因族群、地理环境以及与文化中心距离不同等各种因素，各民族对"天地君亲师""天地国亲师"供奉方式和称谓有别，但祭天地、祭祖先与祭圣人等都是源于共有文化价值系统，昭示着中华民族文化共同性的存在。

3. 具象呈现：从观念到实践的中华文化伦理规范

中华教化礼治秩序的道德观念和日常实践互为表里，广泛地呈现于中华民族共享的文化符号中，虽然各地自然环境不同、山川隔绝，各个民族语言及文化风俗相异，但在各自的生活世界都存在和延续着某些核心的思想观念和共享文化符号，比如礼义廉耻、忠信孝悌、勤俭养德等。这些通常由家庭规矩和训诫体现出来，并在日常生活中起到社会规范性作用。

家规家训是中华教化在生活世界的组成部分，我们熟知的《颜氏家训》《朱子家训》等，都是与宗族的姓氏连在一起，背后是一个为特定人群所共同接受的历史叙述和伦理道德秩序。四川松潘县一个回族聚居的村落里，集中张贴着每户的家规家训（图15-11），如"处世以谦让为贵，做人以诚信为本""与人为善，知书达理；勤俭持家，和睦共处""见不义之财勿取，遇合理之事则从""静坐常思己过，闲谈莫论人非""有道才有德，无道便无德，有德才有福，无德便无福"等，更有明确表达"赡养父母是中华民族的传统美德，从我做起代代相传"，形象地呈现出传统中华文化核心价值被不同民族接受并内化成同一价值体系的情况。由此可见，中华民族身份的认同，不仅是国家力量的依法赋予，更是自我自觉认同的培育，包括中华文化的家庭浸润、社会教育和生活实践。

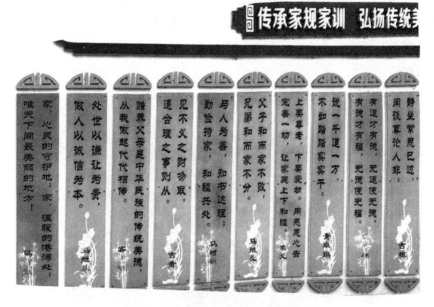

图15-11　松潘县大巴山村家规家训

资料来源：2022年7月20日，笔者摄。

中华文化历经数千年的发展，在不同时空中吸纳各种地方性民间信仰，以儒家的"五常八德"为基础，把道、佛二教和其他宗教凝聚起来，形成比较稳定的文化共同体，即神道设教体系，并深嵌在不同地区民众的日常生活之中。比如历史上大凡对国家社稷和民间社会有功者，都会受到官方或民间的祭祀，从而发展出地方性信仰，既鼓励了人们谨遵"修齐治平"的中华教化价值，同时也为民众信仰提供了具体的崇拜对象，让民众借助信仰活动参与到社会秩序的建构与维护之中。遍及全国不同区域的城隍信仰和关公信仰，以及大量地方性信仰，都是依循着相同的文化逻辑而形成的。大理白族凤翔村本主庙门楼两侧白墙上的"忠""孝"两字，丽江木府门前石牌坊上的"忠义"赐匾（图15-12），白族、羌族村寨里的"泰山石敢当"，傣族、景颇族、壮族和部分羌族家庭中堂上供奉的"天地国亲师"牌位，无不令人感受到文化共同体的真实性。中华民族作为命运共同体绝不是想象出来的，其文化共同性既非虚构也非仅凭后天论证，而是基于生活实践之中的伦理价值、道德秩序及共同的历史叙述和文化积淀。"从文化意义上来看，无论置身中原还是生活在西南一隅，内化于中华民族广土众民心中的文化共同性既是历史事实也是社会现实，从中产生的凝聚一体之意识与共同理念结成牢固的精神纽带，是构筑中华民族共有精神家园的内在动力。"①

图 15－12　丽江木府石牌坊"忠义"赐匾
资料来源：2021 年 10 月 11 日，笔者摄。

随着社会经济发展，各民族之间有了更深的交流和交融，各地方政府也在历史上以孔儒传统为核心的中华"教化系统"嵌入日常生活的基础上，通过打造"和美、书香、安康"社区和塑造新文化空间，有效地促进以中华文

---

① 范丽珠、陈纳、蒋潞杨：《从人伦日用来看中华民族的文化共同性：滇西南不同族群生活世界的知识社会学解释》，《中央民族大学学报》2022 年第 2 期。

化为内核的身份认同。如四川松潘和谐广场、街心花园、民族团结进步示范长廊及绿道的修建等（图 15-13），使人们有了更多更好的交往空间。空间引导居民生活方式发生改变，促进人际交往、集体行动乃至形成共同体意识，从而进一步推动了各民族群众对社会主义核心价值观的接受和认同。

图 15-13 松潘县传统美德文化墙及示范长廊

资料来源：2022 年 7 月 21 日，笔者摄。

五　现实生活中多民族的交融互动

民族交往交流在日常生活具体实践中已经内化成风俗习惯的一部分，在日常生活中，村落社区逢年过节的礼物交换、婚丧嫁娶时的互帮互助等是最为普遍和具有生命力的村民交往模式：

> 大家都在一个村子待着，不管什么民族，人情都是一样的，今天你帮了别人，明天别人就会帮你，这都是互相的。①

依赖互助而产生的人情循环，进一步促进村民的内生团结，而村民之间的情感维系也在村落共同体的互动中得到了进一步增强。

1. 从通婚交友看民族融合

现实生活中多民族的交往交流交融的一个主要考量指标或衡量因素是跨族通婚以及多民族家庭数量情况。我们为此专门在松潘县开展过问卷调研。松潘县的多民族家庭占 60% 左右，而且不是仅涉双边的"团结家庭"，而是包括含有两个以上民族家庭：

> 这种情况在松潘很普遍，我家就是一个典型：我父亲是本地汉族，母亲是羌族，我老婆是藏族。我之前差一点和回族姑娘结婚。②

> 我们松潘县不同民族之间的通婚非常普遍，这是再正常不过的事情。比如我是羌族，我老公是汉族，我们是在工作中认识的。老公家的弟媳是藏族。

> 我们村藏汉通婚的就有十几户，羌汉通婚的也有十几户，回族和

---

① 转引自切排、德吉草：《微观视角下的中华民族共同体构建——基于甘肃合作"南木娄村"的日常生活实践》，《西北民族大学学报》2022 年第 3 期。

② 2022 年 7 月 20 日，笔者在松潘县古道牧风对 ZYK 的访谈。

其他民族的通婚情况相对少一些，但是也有汉族嫁给回族，回族嫁给汉族的情况。①

这是松潘在历史上多民族长期共居共业交流融合的典型情况。而受访者（其中藏族、回族、羌族、汉族分别占比 43.3%、22.4%、10.4% 和 10.4%；男性 54.4%，女性 45.6%）中 70.2% 的人赞成族际通婚，只有 3.5% 不赞成，有 26.3% 持无所谓的态度，持否定或无所谓态度的多是回族，因伊斯兰信仰问题对跨族通婚持反对或保守态度。整体上看，松潘藏汉回羌四个主体民族之间的跨族通婚会变得更加普遍。"现在没人问你家媳妇是哪个民族，都只是问你家媳妇是哪里的人，都不问是什么民族。"② 同时，无论是哪个民族，都对基本人伦常情的"人品"和"情感"十分看重：89.5% 的受访者认为"人品"是择偶的重要考虑因素，70.2% 的人认为"情感"是择偶的重要因素。与此对比，认为择偶过程中会考虑"信仰"和"民族身份"因素的只占全部受访者的 35.1% 和 29.8%。

> 我们这边结婚找对象基本不会顾虑你是什么民族，我是什么民族的，大家对于不同民族通婚都能够接受。结婚过日子还是要挑人品，人品好了这日子才能过好，民族身份其实都是次要的。③

有关交友通婚促进民族融合团结的情况，以松潘县上磨村两个最大的汉姓人家——刘家和肖家最具有代表性。刘家父母辈都是汉族，由漳腊迁居到上磨，生有五个儿子，其中有三个儿子娶藏族女为妻。刘姓大儿子家有两个孩子，都有藏族名字，而且是按照当地藏族习俗请寺庙喇嘛起的，平日里父母都称呼他们藏名；同时这两个孙子也有汉名，是按照汉族习惯由爷爷起的。平时在家里汉族丈夫与藏族妻子之间、藏族妈妈和两个儿子

---

① 2022 年 7 月 23 日，笔者对松潘县进安镇中江村 CLX 访谈。
② 2022 年 7 月 19~23 日，CLX 一直陪着调研组在进安镇古城内外社区调查。
③ 2022 年 7 月 19 日，笔者对松潘县岷江乡岷江村妇女主任 HCX 访谈。

之间交流用藏语；爸爸与孩子交流用汉语夹杂藏语。同村肖家有六个弟兄，其中三个弟兄娶了藏族女性为妻，一个弟兄娶了汉族女为妻组成纯汉族家庭。这对汉族夫妻用为孩子"认干亲"的方式与多个不同民族的人户结成拟亲关系，其中一个女儿分别认有汉族、藏族和回族三个干爹，通过拟亲之间的频繁走动建立与其他民族之间的紧密联系。

> 在松潘这样的社会下，只要你是松潘本地人，你就有几个不同民族朋友，不一定你只有某个民族的朋友。就拿我们从小读书来说，一个班里藏族、羌族、回族、汉族都有啊，大家都是从小相处到大的，没有着意分是哪个民族，玩在一起的都看彼此兴趣爱好或脾性，没有谁在意你是哪个民族。①

通婚交友如此，日常共居共事中也基本不会在意民族身份差异。松潘县岷江乡岷江村是一个历史自在形成的以汉族为主体的多民族互嵌共居村，一位从茂县远嫁到本村的羌族媳妇被选为村干部。在基层村寨社区的日常生活实践中，民族身份及外乡本土的地缘区隔，已经不再是影响村民关系的重要因素："我们不管他（她）是哪个民族，只要人好，愿意为大家办事。"②而"基层干部一般按能力和岗位匹配，不需要特别考虑民族成分"。③

2. 从语言使用与饮食习俗理解民族融合

> 在松潘，随时可以看到在街边的长椅上，坐着两个老太太或者两个老头，其中一个老头你一眼就能认出他是回族，因为他戴着白色帽子，另一个穿着藏装，你若凑近了一听，结果两个人在用藏语拉家常。④

每天早晨，可以看到穿着不同民族服装的老人们在街心花园里相互招

---

① 2022 年 7 月 20 日，笔者在松潘县古道牧风对 ZYK 的访谈。
② 2022 年 7 月 19 日，笔者一行对松潘县岷江乡岷江村回族村民的访谈。
③ 2022 年 7 月 21 日，笔者对松潘县进安镇马镇长的访谈。
④ 2022 年 7 月 20 日，笔者在松潘县古道牧风对 ZYK 的访谈。

呼，又各自走步锻炼、舞剑或练习耍龙舞狮；累了坐在一起休息寒暄。傍晚也几乎是一样的场景。只是相比早起的老年人，傍晚更多了年轻人，三三两两地在街心花园聚会玩耍。虽然着装上看不出民族区别，但一会儿藏语、一会儿汉语的笑闹声，都证明了实际生活中"我们哪里分什么你是回族、我是藏族、他是汉族的彼此！"

图 15 - 14　松潘古城民族融合街心花园的早晨
资料来源：2022 年 7 月 23 日，笔者摄。

松潘县龙安堂寺，本身就是一个被当地藏族、汉族和羌族共同祭祀敬拜的寺院，守寺老人是附近村落的藏族。在与我们交流时，针对我们一行 7人包括外地汉族、本地羌族、本地藏族、外乡藏族的不同交流对象，自如地在松潘本地藏语、草场藏语（安多话）、四川话和普通话之间切换。同样的情形也出现在松潘古城里观音阁的守寺老人身上。观音阁的守寺老人是松潘本地汉族，除了四川话、普通话之外，也能说非常流利的本地藏语和草地藏语。

多民族共居的普通村落社区，村民一般会藏汉双语，日常生活与生产中帮工互助很少有语言上的障碍。语言的相通打破了沟通的屏障，使人们更易在思想、文化、情感等方面达成共识，这一共识内含对情感归属与认知凝聚力的提升。

传统上，"民族饮食"被视为民族身份的象征，不同民族在悠久的发展历史中，形成了各具特色的民族饮食。不过随着不同民族在日常生活中的交往互动，尤其是跨族通婚，民族饮食逐渐打破族性界限，进入其他民族的生活中，如糌粑在松潘当地不仅是藏族的传统饮食，因其食用方便，营养健康，也成为当地回族、汉族、羌族的日常早餐。在藏汉为主共居的西山村，村民说：

> 我们这边每天早餐都会吃糌粑、喝酥油茶的，在我们村，汉族和藏族之间没有什么差别，基本上都是一样的。
>
> 春节和藏历新年都会庆祝的，像春节可能会大家一起烫火锅，藏历新年也会做藏餐。①

他们还表示：

> 也会过年时炸些馓子、果果（黑糖和白面混合的油炸面制品），这都是当时村里的回族教给我们的。

饮食习俗等除了回族之外，没有特别的民族区分。回族清真餐厅和以藏族饮食风格为主的藏家乐，成为当地人聚会休闲的主要场所。生活在松潘古城里的 CLX 说：

> 我是从茂县嫁过来的羌族，我老公是本地汉族，生活中没有觉得有啥不一样。

---

① 2022 年 7 月 20 日，LMJ 在松潘古城西山村对村民的访谈。

一个以汉族人口为主的村落中，藏族人家婚礼的饮食准备会由回族邻居操办，因为所有参加婚礼的人都可以接受回族的清真饮食，而这生动地呈现出各民族基于日常生活的交融与凝聚。

结　语

各民族之间的相互关系取决于一个民族的生产力、分工和内部交往的发展程度。多民族共居互嵌，在日常交往实践中彼此交融，在历史自在形成的传统邻里关系与新时代国家行政措施推动建立的新型帮扶关系共同作用下，一方面传统左邻右舍唇齿相依关系下的不同族群在日常生活中交往活动更加频繁，交往领域也更加广泛；另一方面国家行政力量拓展了地方传统上基于地缘的互助团结邻里关系范围，突破了传统的地缘、亲缘，在新型共居共乐共事共业中，达成了更广泛的文化交流、经济互通和心理上的互相接纳。人心的互通体现在具体生活细节里，而这些具体的生产生活实践又为"休戚与共、荣辱与共、生死与共、命运与共的共同体理念"的树立奠定了基础。

正如学者们从哲学角度论述社会交往对铸牢中华民族共同体意识的意义，中华民族共同体意识植根于生活实践和生命实践，体现在人的感性活动和对象性活动中，包括人的生存性、互动性和创造性，形成人与人关系的互构性。透过这些植根于日常生活的感知或经验，除了可以洞察少数民族地区不同民族在物质生活和人际情感层面的日常交往实践与互动状态外，还可以探讨不同交往主体间相互理解、相互包容的可能性。

双向的个体化以及个人化的感受和体验会逐渐扩大，影响到家庭、邻里乃至社会，并逐渐变成社会性的意识，以致形成社会共识，最终超越民族身份、地域界限，东西部之间、不同民族之间建立起深厚情感联系，在共同体味中华民族大家庭成员之间爱与温暖的过程中，培养和树立起中华民族是一家的共同体意识。

主要参考文献

马进：《铸牢中华民族共同体意识社会交往的哲学基础》，《甘肃社会科学》2022 年第 1 期。

Marinucci M.，Maunder R.，Sanchez K.，et. al.，"Intimate Intergroup Contact across the Lifespan," *Journal of Social Issues*，2021，77（1）.

Paolini S.，White F. A.，Tropp L. R.，et al.，"Intergroup Contact Research in the 21st Century: Lessons Learned and Forward Progress If We Remain Open," *Journal of Social Issues*，2021，77（1）.

郝亚明：《论中华民族命运共同体建设的五大基础路径》，《西南民族大学学报》2020 年第 5 期。

王延中：《铸牢中华民族共同体意识　建设中华民族共同体》，《民族研究》2018 年第 1 期。

范丽珠、陈纳、蒋潞杨：《从人伦日用来看中华民族的文化共同性：滇西南不同族群生活世界的知识社会学解释》，《中央民族大学学报》2022 年第 2 期。

翟淑平：《村庄社区中的多元一体——以嘉绒地区松岗村为例》，《长白学刊》2021 年第 4 期。

宗喀·漾正冈布、王振杰：《日常生活实践中的中华民族共同体构建——以青海民和县杏儿乡"民族团结模范集体"为例》，《中南民族大学学报》2021 年第 8 期。

切排、德吉草：《微观视角下的中华民族共同体构建——基于甘肃合作"南木娄村"的日常生活实践》，《西北民族大学学报》2022 年第 3 期。

第十六讲　共有的精神家园：非物质文化遗产与中华民族共同体

李　锦

中华民族共有精神家园是包含中国各区域、各民族文化的整体，也是维系全世界华人的精神纽带，其核心是爱国主义的民族精神。中华民族共有精神家园是中华民族赖以生存和发展的精神世界，是整个中华民族共同依托、共同传承、共同发扬的文化精神、道德规范、价值体系和情感观念的总和，是中华民族生生不息、团结奋进的动力源泉。构筑中华民族共有精神家园，可以使各民族人心归聚、精神相依，形成人心凝聚、团结奋进的强大精神纽带。非物质文化遗产是中华优秀传统文化的重要组成部分，是中华文明绵延传承的生动见证，是联结民族情感、维系国家统一的重要基础。保护好、传承好、利用好非物质文化遗产，是建设中华民族共有精神家园的重要内容，对于铸牢中华民族共同体意识有重要作用。

一　中华民族共有精神家园

构筑中华民族共有精神家园具有双重含义。一是要传承好民族精神。历史上，中华民族之所以能够生生不息、不断发展，很重要的原因是我们有以爱国主义为核心的民族精神，有一脉相承的价值追求。农耕文明的勤劳质朴、崇礼亲仁，草原文明的热烈奔放、勇猛刚健，海洋文明的海纳百川、敢拼会赢，源源不断注入并形成中华民族的特质和禀赋。近代以后，在百年抗争中，各族人民血流到了一起、心聚在了一起，中华民族团结意识逐渐实现了从自在到自觉的伟大转变。新中国成立以来，"中华民族一家亲"越来越深入人心，融入各民族血脉。如今，各族人民共同培育、继承、发展起来的伟大民族精神，已成为推动我国发展进步的强大精神动力。这些，都是构筑中华民族共有精神家园的宝贵财富。二是要大力弘扬中华优秀传统文化。文化是一个民族的魂魄，文化认同是民族团结的根脉，中华优秀传统文化是中华民族最稳定的精神基因。在构筑共有精神家园的过程中，要正确把握中华文化和各民族文化的关系，把握中华文化"多元一体"的精髓，充分认识我们灿烂的中华文化是各民族共同创造的。各民族对中华优秀传统文化的认同要进一步成为一种思想自觉，并实现创造性转化和创新性发展，不断夯实铸牢中华民族共同体意识的思想基础。

2021年，中共中央办公厅、国务院办公厅《关于进一步加强非物质文化遗产保护工作的意见》明确提出：党和政府高度重视非物质文化遗产保护工作，需要坚持把马克思主义基本原理同中国具体实际相结合、同中华优秀传统文化相结合，坚持创造性转化、创新性发展，坚守中华文化立场，传承中华文化基因，贯彻"保护为主、抢救第一、合理利用、传承发展"的工作方针，深入实施非物质文化遗产传承发展工程，切实提升非物质文化遗产系统性保护水平，为全面建设社会主义现代化国家提供精神力量。

对以非物质文化遗产为重要组成部分的中华优秀传统文化的当代价值和意义做出符合时代要求的新阐释，是构筑中华民族共有精神家园的关键，也是铸牢中华民族共同体意识的必由之路。

二　非物质文化遗产

1. 概念源起

非物质文化遗产是与物质文化遗产相对应的一个概念，其形成经过了一个长时期的过程。

1972 年，联合国教科文组织大会通过了《保护世界文化遗产和自然遗产公约》（Convention Concerning the Protection of the World Cultural and Natural Heritage，以下简称《世界遗产公约》），主要包括文化遗产和自然遗产的定义、文化遗产和自然遗产的国家保护和国际保护措施等条款。《世界遗产公约》中所说的"文化遗产"，主要是指文物、建筑群、遗址等物质文化遗产。公约在强调其价值时，说明这些物质文化遗产必须"从历史、艺术和科学观点来看具有突出的普遍价值"，实际已包含了"非物质"的内容。可以说，《世界遗产公约》为后来保护非物质文化遗产的立法工作做好了铺垫。

1989 年 11 月，联合国教科文组织大会通过了《保护民间创作建议案》（Recommendation on the Safeguarding of Traditional Culture and Folklore，以下简称《建议案》），从"民间创作"的定义、鉴别、保存、保护、传播、维护和国际合作七个方面做出规定。尽管《建议案》仍使用"Folklore"（民间创作或民俗等）这个概念，但其内涵与"非物质文化遗产"概念已经基本重合。

1998 年 11 月，联合国教科文组织审议通过了《教科文组织宣布"人类口头和非物质遗产代表作"条例》（Regulations Relating to the Proclamation by UNESCO of Masterpieces of the Oral and Intangible Heritage of Humanity，以下简称《条例》），并于 2001 年公布了第一批"人类口头和非物质遗产代表作"，在全世界产生重大影响。《条例》直接沿用《建议案》对"民间创作"作为"人类口头和非物质遗产"的定义，这标志着"非物质文化遗产"的内涵在联合国法律文件中逐步明确和定型，也表明了联合国各相关文件之间的衔接关系。

2003 年 10 月，联合国教科文组织通过了《保护非物质文化遗产公约》（Convention for the Safeguarding of the Intangible Cultural Heritage，以下简称《公约》），成为非物质文化遗产保护领域最重要的国际法文件，也是《世界遗产公约》的重要补充。在《公约》中，对非物质文化遗产有一个基本的认识，即认为非物质文化遗产是文化多样性的熔炉，也是可持续发展的保证，与物质文化遗产和自然遗产之间存在内在的相互依存关系。非物质文化遗产是密切人与人之间关系、加强彼此交流和了解的要素，它的作用是不可估量的。

《公约》认为，全球化和地方社会转型进程，既为各群体之间开展新的对话创造了条件，也使非物质文化遗产面临破坏和消失的威胁，在缺乏保护机制的情况下，这种威胁尤为严重。人们日益意识到保护人类非物质文化遗产是世界人民普遍的意愿和共同关心的事项。必须承认各社区，尤其是原住民、各群体（有时是个人），在非物质文化遗产的生产、保护、延续和再创造方面发挥着重要作用，从而为丰富文化多样性和激发人类的创造性做出贡献。

《公约》的宗旨包括：保护非物质文化遗产；尊重有关社区、群体和个人的非物质文化遗产；在地方、国家和国际一级提高对非物质文化遗产及其相互欣赏重要性的意识；开展国际合作及提供国际援助。

2. 定义与分类

非物质文化遗产，指被各社区、群体，有时是个人，视为其文化遗产组成部分的各种社会实践、观念表述、表现形式、知识、技能以及相关的工具、实物、手工艺品和文化场所。非物质文化遗产世代相传，在各社区和群体适应周围环境以及与自然和历史的互动中，被不断地再创造，为社区和群体提供认同感和持续感，从而增强对文化多样性和人类创造力的尊重。

非物质文化遗产分为五类：口头传统和表现形式，包括作为非物质文化遗产媒介的语言；表演艺术；社会实践、仪式、节庆活动；有关自然界和宇宙的知识与实践；传统手工艺。

非物质文化遗产的"保护"指确保非物质文化遗产生命力的各种措施，包括对该遗产各个方面的确认、立档、研究、保存、宣传、传承（特别是通过教育）和振兴等。

联合国教科文组织非物质文化遗产名录（名册）分为三个类型：一是急需保护的非物质文化遗产名录；二是人类非物质文化遗产代表作名录；三是保护非物质文化遗产的计划、项目和活动（优秀实践名册）。

3. 中国实践

中国于 2004 年 8 月加入《公约》。作为履行《公约》缔约国义务的重

要内容之一，中国积极推进向联合国教科文组织申报非物质文化遗产名录
（名册）项目的相关工作，以促进国际一级保护工作，提高相关非物质文化
遗产的可见度。截至 2022 年 12 月，中国列入联合国教科文组织非物质文化
遗产名录（名册）项目共计 43 项，总数位居世界第一。其中，人类非物质
文化遗产代表作名录 34 项，急需保护的非物质文化遗产名录 7 项，优秀实
践名册 1 项。42 个项目的入选，体现了中国日益增强的履约能力和非物质
文化遗产保护水平，对于提升遗产实践社区、群体和个人的认同感和自豪
感，激发传承保护的自觉性和积极性，在国际层面宣传和弘扬博大精深的
中华文化、中国精神和中国智慧，都具有重要意义。

表 16 - 1　中国入选人类非物质文化遗产名录的 42 项非物质文化遗产

年份	类型	项目名称	备注
2008	人类非物质文化遗产代表作名录	昆曲、古琴艺术、维吾尔族木卡姆艺术、蒙古族长调民歌	蒙古族长调民歌与蒙古国共同申报
2009	人类非物质文化遗产代表作名录	中国篆刻、中国雕版印刷技艺、中国书法、中国剪纸、中国传统木结构建筑营造技艺、南京云锦营造技艺、端午节、中国朝鲜族农乐舞、妈祖信俗、蒙古族呼麦歌唱艺术、南音、热贡艺术、中国传统桑蚕丝技艺、龙泉青瓷烧制技艺、宣纸传统制作技艺、西安古乐、粤剧、花儿、玛纳斯、格萨（斯）尔、侗族大歌、藏戏	
	急需保护的非物质文化遗产名录	羌年、黎族传统纺染织绣技艺、中国木拱桥营造技艺	
2010	人类非物质文化遗产代表作名录	中国针灸、京剧	
	急需保护的非物质文化遗产名录	麦西热甫、中国水密格舱福船制造技艺、中国活字印刷术	
2011	人类非物质文化遗产代表作名录	中国皮影戏	
	急需保护的非物质文化遗产名录	赫哲族伊玛堪	
2012	优秀实践名册	福建木偶戏后继人才培养计划	
2013	人类非物质文化遗产代表作名录	中国珠算	

续表

年份	类型	项目名称	备注
2016	人类非物质文化遗产代表作名录	二十四节气	
2018	人类非物质文化遗产代表作名录	藏医药浴法	
2020	人类非物质文化遗产代表作名录	太极拳、送王船	送王船与马来西亚共同申报

从表 16－1 可以看到，非物质文化遗产是中华优秀文化的重要表现形式，大部分由不同区域、不同民族的人民共同创造、共同享有。如中国木拱桥营造技艺，即采用原木材料，使用传统木建筑工具及手工技法，运用"编梁"等核心技术，以榫卯连接并构筑成极其稳固的拱架桥梁。这一技艺是由遍布中华大地的各族人民共同创造的，是汉族、侗族、苗族等很多民族传统工艺相结合的载体。在传统的社区中，木拱桥不仅是交通方式，也是当地居民重要的聚集场所，人们在木拱桥上交流信息、开展娱乐活动、举行祭拜仪式，从而加深了感情，塑造了文化特征。又如 2008 年汶川大地震导致羌族文化受到重创，2009 年，羌年即被列入急需保护的非物质文化遗产名录，反映了党和政府保护人口较少民族的文化的决心和魄力。可以说，非物质文化遗产作为传统文化的重要组成部分，体现了中华民族共同依托、共同传承、共同发扬的文化精神、道德规范、价值体系和情感观念。

三　保护非物质文化遗产，构筑中华民族共有精神家园

中国在从事非物质文化遗产保护时，既尊重《公约》对履约国义务的规定，也结合中国实际，确定了党领导、政府负责、部门协同、社会参与的工作格局。在工作原则上坚持马克思主义祖国观、民族观、文化观、历史观，铸牢中华民族共同体意识；坚持以人民为中心，着力解决人民群众普遍关心的突出问题，不断增强人民群众的参与感、获得感、认同感；坚持依法保护，全面落实法定职责；坚持守正创新，尊重非物质文化遗产基

本内涵，弘扬其当代价值。为保证保护工作顺利进行，中国成立了非物质文化遗产保护部际联席会议制度，由文化和旅游部、中央统战部、中央网信办、国家发展改革委等 20 个部门组成。

从 2004 年中国加入联合国非遗公约开始，中国的非物质文化遗产保护工作成为构筑中华民族共有精神家园的重要路径。

1. 中国的定义与分类

在非物质文化遗产的定义和分类方面，中国根据自己的实际情况进行了调整。《中华人民共和国非物质文化遗产法》所称非物质文化遗产，是指各族人民世代相传并视为其文化遗产组成部分的各种传统文化表现形式，以及与传统文化表现形式相关的实物和场所。包括：传统口头文学以及作为其载体的语言；传统美术、书法、音乐、舞蹈、戏剧、曲艺和杂技；传统技艺、医药和历法；传统礼仪、节庆等民俗；传统体育和游艺；其他非物质文化遗产。

2. 保护工作及制度

《中华人民共和国非物质文化遗产法》明确规定："国家对非物质文化遗产采取认定、记录、建档等措施予以保存，对体现中华民族优秀传统文化，具有历史、文学、艺术、科学价值的非物质文化遗产采取传承、传播等措施予以保护。"并确立了非物质文化遗产保护的调查制度、代表性项目名录制度、传承与传播制度。

经过 2004～2014 年十年的努力，中国完成了非物质文化遗产资源的普查工作，之后，调查工作一直在进行。针对调查结果开展了国家级传承人抢救性保护工程，在认定、记录、建档等保存工作中取得很大成绩。根据调查结果，建立了国家、省（区）、市（州）、县四级"非物质文化遗产代表性项目名录"和"非物质文化遗产代表性项目代表性传承人名录"，实现了以传承人和传承群体为核心开展保护工作。按照传承机制特点，实施了多种类型的保护工程，如针对必须通过生产实践才能保护的项目，类似传统技艺、传统美术和传统医药类项目，采用生产性保护工程，即"在具有生产性质的实践过程中，以保持非物质文化遗产的真实性、整体性和传承性为核心，以有效传承非物质文化遗产技艺为前提，借助生产、流通、销售等手段，将非物质文化遗产及其资源转化为文化产品的保护方式"，并为非物质文化遗产传承兴建了大量传承体验设施，推动非物质文化遗产重回人民生活。

为了在一定区域内对非物质文化遗产及其赖以孕育、发展的文化和自然生态环境进行整体保护，突出地域和民族特色，国家开展文化生态保护区建设，到 2023 年 8 月，共设立国家级文化生态保护区 16 个，国家级文化生态保护实验区 7 个。同时，促进文化生态保护区建设与国家文化公园建设有效衔接，提高区域性整体保护水平；挖掘中国民间文化艺术之乡、中国传统村落、中国美丽休闲乡村、全国乡村旅游重点村、历史文化名城名镇名村、全国"一村一品"示范村镇中的非物质文化遗产资源，建设非物质文化遗产特色村镇、街区；加强新型城镇化建设中的非物质文化遗产保护，全面推进"非遗在社区"工作。

建立非物质文化遗产代表性项目名录，对保护对象予以确认，以便集中有限资源，对体现中华民族优秀传统文化，具有历史、文学、艺术、科学价值的非物质文化遗产项目进行重点保护，是非物质文化遗产保护的重要基础性工作之一。国务院先后于 2006 年、2008 年、2011 年、2014 年和 2021 年公布了五批国家级项目名录（前三批名录名称为"国家级非物质文化遗产名录"，《中华人民共和国非物质文化遗产法》实施后，第四批名录名称改为"国家级非物质文化遗产代表性项目名录"），共计 1557 个国家级非物质文化遗产代表性项目（以下简称"国家级项目"），按照申报地区或单位进行逐一统计，共计 3610 个子项。为了对传承于不同区域或不同社区、群体持有的同一项非物质文化遗产项目进行确认和保护，从第二批国家级项目名录开始，设立了扩展项目名录。扩展项目与此前已列入国家级非物质文化遗产名录的同名项目共用一个项目编号，但项目特征、传承状况存在差异，保护单位也不同。国家级名录将非物质文化遗产分为十大门类，其中五个门类的名称在 2008 年有所调整，并沿用至今。十大门类分别为：民间文学，传统音乐，传统舞蹈，传统戏剧，曲艺，传统体育、游艺与杂技，传统美术，传统技艺，传统医药，民俗。每个代表性项目都有一个专属的项目编号，编号中的罗马数字代表所属门类。国家级非物质文化遗产代表性项目名录仍然在不断更新中，越来越多的中华民族共有文化密码得以通过项目名录认定呈现在世人面前，成为构筑中华民族共有精神家园的丰富资源。

3. 非遗项目中的共有精神家园

从非物质文化遗产代表性项目名录中，可以看到中华民族共有精神家园的构成。其具体内涵可分为各民族对中华人文始祖精神的认同和实践、各民族的传统文化共同构成了中华民族共有精神家园、非物质文化遗产是与海外华人共有的精神家园三个方面内容。

各民族对中华人文始祖精神的认同和实践。大禹治水是中国妇孺皆知的民间传说，其背后隐含了以民为本、因势利导、坚韧不拔的丰富文化内涵。这一传说在各民族中都有着重要影响。与之相关的禹王宫、禹王庙、官方祭祀和民间祭祀分布在全国各地，表现了各族人民对大禹作为中华人文始祖的精神认同。在国家级非物质文化遗产代表性项目名录中，有 4 项和大禹有关，具体如表 16 - 2：

表 16 - 2 国家级非物质文化遗产代表性项目名录中"大禹"相关的项目

项目名称	类别	保护单位
禹的传说	民间文学	四川省汶川县
禹的传说	民间文学	四川省北川羌族自治县
禹的传说（武汉大禹治水传说）	民间文学	湖北省武汉市汉阳区
大禹祭典	民俗	浙江省绍兴市

上述项目，都与中华人文始祖大禹相关。从区域看，都分布在长江流域，但各地的侧重点略有不同。前两项流布于四川省汶川县和北川羌族自治县的传说，主要在岷江和嘉陵江上游。明代之前，人们普遍认为岷江是长江源头，称为"江水"，因而该故事是关于长江江源的治水传说。这些传说主要源于"禹生西羌"的历史记载，传说的内容大部分是关于大禹父母、出生地和其成长过程的故事，居住在这里的羌族群众一致认为大禹出生于此，是羌族的祖先。第三项武汉的大禹治水故事，主要是大禹导汉水从龟

山东入江并疏通沙洲，实现"江汉朝宗"的过程及功绩，包括龟蛇锁大江、灵龟镇怪化龟山、大禹治水收赑屃、大禹贮粮米粮山和种殿前柏等一系列传说。至于第四项大禹祭典，大禹陵位于浙江省绍兴市东南的会稽山，据说是大禹死后安葬之处。历史记载公元前 210 年，秦始皇"上会稽，祭大禹"。历代由皇帝派出使者，帝沐赍礼来会稽祭禹者众多。到明代，遣使特祭成为制度。清代，康熙、乾隆又亲临绍兴祭禹。1911 年后改为特祭，每年 9 月 19 日举行，一年一祭。1995 年 4 月 20 日，浙江省人民政府和绍兴市人民政府联合举行了"1995 浙江省暨绍兴市各界公祭大禹陵典礼"，承续了中华民族四千年来尊禹祀禹的传统。公祭每五年一祭；地方民祭和后裔家祭则每年一次，绵延不绝。

各民族的传统文化共同构成了中华民族共有精神家园。2016 年，二十四节气被列入人类非物质文化遗产代表作名录，其全称是"二十四节气——中国人通过观察太阳周年运动而形成的时间知识体系及其实践"。

"二十四节气"是中国人通过观察太阳周年运动，认知一年中时令、气候、物候等方面变化规律所形成的知识体系和社会实践。中国古人将太阳周年运动轨迹划分为 24 等份，每一等份为一个"节气"，统称"二十四节气"。"二十四节气"指导着传统农业生产和日常生活，是中国传统历法体系及其相关实践活动的重要组成部分。它形成于中国黄河流域，以该区域的天象、气温、降水和物候的时序变化为基准，形成农耕社会的生产生活时间指南，并逐步为全国各地所采用，为多民族所共享。作为中国人特有的时间知识体系，该遗产项目深刻影响着人们的思维方式和行为准则，是中华民族文化认同的重要表现形式。

二十四节气为中国人所普遍接受，日常生活中随处可见其影响。一些节气和民间文化传统结合，已经成为人们的固定节日，如清明、立春、冬至；夏至、暑伏也与日常生活紧密相连，以致民间有"冬至饺子、夏至面""头伏饺子、二伏面、三伏烙饼摊鸡蛋""冬练三九、夏练三伏"等说法。二十四节气这一非物质文化遗产的内涵十分丰富，其中既包括相关谚语、歌谣、传说等，又有传统生产工具、生活器具和工艺品、书画等艺术作品，还包括与节令关系密切的节日文化、生产仪式和民间风俗，甚至中医中有二十四节气疗法。

在国家级非物质文化遗产代表性项目名录中，共有 9 个与二十四节气相关的项目，如表 16 - 3 所示：

表 16 - 3 国家级非物质文化遗产代表性项目名录中"二十四节气"相关的项目

项目名称	类别	保护单位
农历二十四节气	民俗	中国农业博物馆
农历二十四节气（九华立春祭）	民俗	浙江省衢州市柯城区
农历二十四节气（班春劝农）	民俗	浙江省遂昌县
农历二十四节气（石阡说春）	民俗	贵州省石阡县
农历二十四节气（三门祭冬）	民俗	浙江省三门县
农历二十四节气（安仁赶分社）	民俗	湖南省安仁县
农历二十四节气（苗族赶秋）	民俗	湖南省花垣县
农历二十四节气（壮族霜降节）	民俗	广西壮族自治区天等县
农历二十四节气（半山立夏习俗）	民俗	浙江省杭州市拱墅区

9 个民俗活动都与二十四节气的农事安排有关，其中春季劝农是最为重要的内容。

九华立春祭是浙江省衢州市柯城区九华乡外陈村的传统农时节令习俗。农历立春日为祭祀日，九华梧桐祖殿是立春祭主要活动场所。当天主要的祭祀活动有：祭拜春神句芒、迎春接福、赐求五谷丰登、供祭品、扮芒神、焚香迎奉、扎春牛、演戏酬神、踏青、鞭春牛等。鞭春牛是整个立春祭活动的重要环节，由选定的人装扮成芒神鞭打春牛。地方行政主管官员行进香之礼，表示劝农春耕的开始。该仪式表达了人们对风调雨顺、五谷丰登、国泰民安的企盼。

班春劝农是浙江省遂昌县保留的传统农业文明中的迎春文化表现形式。"班"同"颁"，"班春"即颁布春令，以劝农事，策励春耕。自古以来在遂昌任职的县级长官都要在春耕来临之际，举行鞭春礼仪，颁布春令、劝农耕作，名曰"班春劝农"。城乡民众在立春日，家家备香烛、祭天地、插梅花、鸣鞭炮，以示"迎春接福"。此俗一直延续至今。当地民众视"立春"如大年。20 世纪 70 年代末，大田村村民自发恢复班春劝农活动仪式，包括巡游、上供品、点香烛、祭先农、请勾芒神、插花、赏花酒、鞭打春牛、鸣鞭炮、下田开犁、发放春饼等。

"说春"是石阡侗族在立春时节扮装"春官"说唱歌谣、劝农劳作的民俗表演活动，以祈祷风调雨顺、丰衣足食。"春官"是周代一种职官，执掌农耕事务。后世民间出现扮装春官的说唱艺人在农村走家串户表演，形成一种劝农祈福的"春官送春"习俗。说唱者又俗称为"春倌"。清乾隆石阡府志、县志已有当地说春习俗的记载，石阡侗族吸收了这一习俗并传承至今。说春一般在每年春节或立春时开始，春分时结束。说春词实际是唱，有简单的曲调，各地不一。"说春"分为"说正春"和"说野春"："说正春"有固定春词，其内容主要是"二十四个农事节气""渔樵耕读"，涵盖历史、地理、人文等方方面面；"说野春"又称为"说要要春""说花花春"，内容丰富、灵活多变、不拘一格，主要段子名目有《开财门》《颂主人》《说茶》《见子打子》等。"春倌"手端春牛，凡到说春之家，均要散发一张农历、一张财神春贴，意在劝农春耕并祝福主人吉祥如意。

春种秋收，秋季是丰收的季节，每年立秋这一天，以湖南花垣为中心，包括凤凰、吉首和贵州松桃一带的苗族同胞就会过一个大型的喜庆节日，称为"赶秋"，也叫"秋社节"或者"交秋节"。立秋这天，当地苗族人民都要停止农活，身着节日盛装，男女老幼结伴而行，兴高采烈地从四面八方涌向秋场，举行赶秋仪式。在赶秋仪式上，要选出两位德高望重的老人扮秋公秋婆，站在彩旗飘扬的秋场上，怀抱连茎带果的稻谷、玉米、高粱、棉花等，说一些预祝丰收、家庭幸福的祝辞。之后，人们在秋坡上观看吹笙、演戏、武术、舞狮子、耍龙灯、上刀梯等娱乐节目，并且参与打秋千、打球等娱乐活动，同时还进行物资交易。青年们则多利用这个机会物色对象、谈情说爱。人们围着能载 4～12 人的秋千相互对歌、荡秋千，直到太阳落坡。

壮族霜降节主要流行于广西壮族地区的天等、大新、德保、靖西、那坡等县市，以及云南东部等地区。霜降是秋季的最后一个节气，也是步入冬季的前奏。霜降节于每年农历霜降后的 9 天内举行。壮族霜降节依托于稻作文化，最初是壮族民众酬谢自然、庆祝丰收的一种形式。在头降的早晨，先要在戏台举行酬谢活动。人们祭拜，请神、求神、送神，将壮族美好和谐的祈愿寄托在自然事物上，以表达对自然之神的崇敬之情和祈盼五谷丰登的诚挚愿望。后发展成为祭祀民族英雄的节日，由祭司念诵祭文，纪念民族英雄瓦氏夫人，颂扬瓦氏夫人率领将士抗击倭寇的英勇事迹，传授民族历史知识，宣扬保卫家园的民族精神。之后，人们舞龙舞狮、斗鸡耍猴、对歌唱土戏等。现在，政府和当地社区还组织篮球赛、拔河比赛、山歌比赛等活动。

非物质文化遗产是与海外华人共有的精神家园。非物质文化遗产是中华传统文化的表现形式，在漫长的历史过程中，很多华人离开祖国，分散到世界各地，他们保持着家乡的信仰和传统民俗，维系着他们与中华民族间的天然情感。

2006 年，以龙珠殿为代表的厦门"送王船"习俗入选福建省非物质文化遗产名录。2011 年，"闽台送王船"入选国家级非物质文化遗产代表性项目名录。2020 年，"送王船——有关人与海洋可持续联系的仪式及相关实践"由中国和马来西亚联合申报，列入了人类非物质文化遗产名录。

送王船是广泛流传于中国闽南和马来西亚马六甲沿海地区的禳灾祈安仪式，既有共性，又有地方性。在闽南，往往每三四年在秋季东北季风时节举行；在马六甲，则多在农历闰年于旱季择吉日举行。活动历时数日，有的长达数月。

该遗产项目植根于滨海社区共同崇祀"代天巡狩王爷"（简称"王爷"）的民间信俗。当地民众认为，王爷受上天委派定期赴人间各地巡查，拯疾扶危，御灾捍患。而海上罹难者的亡魂（尊称为"好兄弟"）四处漂泊，无所归依。因而，人们定期举行迎王、送王仪式，迎请王爷巡狩社区四境，带走"好兄弟"。届时，人们在海边、滩地迎请王爷至宫庙或祠堂，用供品祭祀王爷；竖起灯篙召唤"好兄弟"，普度"好兄弟"。送王时，人们请王爷登上事先精心制备的王船（木质或纸质的船模），民众以各种艺阵开道，簇拥着王爷巡查社区四境，一路召请"好兄弟"登上王船，随王爷一同出海远行，继续代天巡狩的使命，济黎民百姓，保四方平安。因此，该项目被当地社区民众称为"做好事"。

该遗产项目体现了人与海洋之间的可持续联系，被中马两国的相关社区视为共同遗产，长期以来发挥着巩固社区交往、增强社会凝聚力的作用，见证了"海上丝绸之路"沿线的文化间对话，体现了顺应可持续发展的文化创造力。

王爷与妈祖是闽台地区最主要的两类海洋神明，但是"王爷"不确指某一位神祇，而是一个神的群体，每个王爷的由来也不同。在闽南方言中，被称为"王爷"的，都是人们尊崇、敬畏的神。王爷信仰的核心仪式就是"送王船"。由于王爷信仰是闽南地区最主要的民间信仰形态之一，几乎每个社区都有王爷宫。王爷主要通过信众举行"迎王""送王"的仪式，在特定的时间乘王船到社区巡查，驱邪散福，之后再返回天庭，故很多王爷宫并没有供奉王爷的神像，而是由"代天巡狩"匾代之。

"送王船"自明清时期在我国闽南地区形成后，随着人口迁徙、"下南洋"和海上贸易，逐步传播到我国台湾以及东南亚等地区，成为一种特殊的海洋祭祀活动。目前，"送王船"广泛流传于我国福建南部的厦门湾和泉州湾地区，以及马来西亚马六甲的华人聚居区，相关实践也见于台湾南部的沿海社区。此外，迁徙到我国沿海其他地区的闽南人后裔，也会在"送王船"仪式活动期间返回故乡参与当地活动。因而"送王船"习俗是闽台地区联系亲人、增进共识、促进民间文化交流的重要载体。

4. 非物质文化遗产的当代价值重构

通过传承与创新，非物质文化遗产得以进行其当代价值重构。一是以马克思主义文化观阐释非物质文化遗产的当代价值。马克思主义文化观认为，文化是动态发展的实践过程，文化是人类的创造性活动的结果，只有人类不断发展、不断创造才有文化的生成。非物质文化遗产是中华民族在漫长历史时期创造的文化瑰宝，其本身会随着时代发展而不断丰富。与非物质文化遗产核心价值相吻合的当代阐释，是推动非物质文化遗产永葆活力的关键。二是以中国特色社会主义文化观认识非物质文化遗产的当代意义。中国特色社会主义文化观包括高度的文化自信、正确的文化发展方向、坚定的文化道路和明确的文化核心等内容。非物质文化遗产是中华民族共同体文化自信的重要来源。文化自信是对中华民族文化价值的强烈认同和积极践行，非物质文化遗产本身具有增强团体认同感和凝聚力的作用，其中包含的中华民族共有文化价值体系，正是在当代构筑共有精神家园的扎实基础。非物质文化遗产保护工作在当代需要保持正确的发展方向，要遵循马克思主义中国化的大方向，促进非物质文化遗产发挥现实功能。要坚守中华文化的立场，明确非物质文化遗产中蕴含的中华民族共有精神价值，弘扬有利于铸牢中华民族共同体意识的精神，促进各地区、各民族的人民交往交流交融。非物质文化遗产要服务人民大众，非物质文化遗产保护要致力于满足人民群众日益增长的物质和文化生活需要，让人民群众有获得感。

非物质文化遗产的保护和创新要以培育和践行社会主义核心价值观作为根本道路，为推进社会主义文化繁荣和发展、建设文化强国做出贡献；要以社会主义核心价值观为文化核心，通过构筑符合社会主义核心价值观的，由中华民族共同依托、共同传承、共同发扬的文化精神、道德规范、价值体系和情感观念，实现其构筑中华民族共有精神家园的当代功能。

结　语

中国的非物质文化遗产是中华民族优秀传统文化的重要表现形式，集中体现了各区域、各民族共同创造的灿烂文化。在漫长的历史进程中，对非物质文化遗产的共有和共享，使得不同区域、不同民族的人民建立起深厚的文化认同，成为整个中华民族共同依托、共同传承、共同发扬的文化精神、道德规范、价值体系和情感观念的总和。

在当代中国开展的非物质文化遗产保护工作，具有两重含义：一是通过保护工作使中国历史悠久的文化基因重新呈现在人们面前，增强中华民族的文化自信；二是通过激活古老的文化基因，构筑当代中华民族共有的精神家园。

主要参考文献

王文章主编《非物质文化遗产概论（修订版）》，教育科学出版社，2013。

《保护非物质文化遗产公约（2003）》，中国非物质文化遗产网，https://www.ihchina.cn/zhengce_details/11668。

《中华人民共和国非物质文化遗产法》，中国非物质文化遗产网，https://www.ihchina.cn/zhengce_details/11569。

后　记

　　这本教材终于要出版了，我也长长地松了一口气。本书的策划始自2021年，当时霍巍老师提出应该开设一门关于中华民族共同体研究的课程，石硕老师和我商量了之后，觉得可以四川大学铸牢中华民族共同体意识研究基地与四川大学中国藏学研究所的师资团队为基础，整合历史文化学院历史学、考古学和民族学三个学科的骨干力量，开设一门名为"中华民族的凝聚与演进"的课程。鉴于当时市面上关于中华民族史的教材不多，因此我们同时也计划编写一本与课程相对应的教材。之后，霍巍、石硕两位老师就将课程设计和教材编写的工作委托给我来推进。两年过去，原来的计划变成了现实，不仅课程顺利开展，对应的教材也终于编成出版。

　　在课程设计和教材编写的过程中，石硕老师和霍巍老师是主要的指导者和把关者，他们还分别撰写了本书的第一讲和第三讲。正如两位老师在序言中所说，"中华民族的凝聚与演进"汇聚了四川大学历史文化学院历史学、考古学和民族学三个学科共十六位老师的心血，没有他们的认真参与，不仅课程不可能开设，教材更是无从着手。所以我要特别感谢这些老师：吕红亮、韦兵、钱云、洪丽珠、罗宏、李帅、李志英、徐法言、张长虹、玉珠措姆、邹立波、徐君、李锦。

　　四川大学副校长姚乐野教授一直很关心四川大学铸牢中华民族共同体意识研究基地与四川大学中国藏学研究所，对我们的教学活动和教材编写工作更是大力支持，在此表示感谢。四川大学社科处处长傅其林教授及其所带领的团队长期以来积极帮助两基地学术活动的开展，在此一并致谢。

四川大学历史文化学院是我们在课程设计和教材编写过程中的坚强后盾。吕红亮院长不仅肯定我们的工作，还在百忙之中参与了课程讲授和教材撰写；学院主管本科教学工作的鲍成志副院长，中国近现代史教研室郭书愚主任，教务秘书李建艳、杨晓杰、吴挺，科研秘书姜莉，两基地办公室主任赵靖，都在教改项目申报与实施、开课和教材编写过程中给了我们不可或缺的支持与帮助。还要感谢学校相关职能部门特别是教务处的领导和同人，如果没有他们的支持，相关工作的推进很难这么顺利。此外，我要感谢我的两位博士生达娃尖措、余扬。达娃尖措同学参与了书稿的编辑与校对工作，是我在教材编写工作中的主要助手；余扬不仅是"中华民族的凝聚与演进"课程的助教，也是我在行政工作上的助理，如果没有余扬同学的帮助，我很难从烦琐的行政事务中抽出身来编写这本教材。

这本教材成稿后即交给社会科学文献出版社。历史学分社郑庆寰社长是我们长期的合作伙伴，教材能顺利出版少不了郑社长的前后奔走。郑彦宁则是本教材的责编，感谢她的辛勤工作。本教材在出版过程中经由业内专家审读，感谢审读专家对于我们工作的支持与肯定。

这本教材的出版得益于多个基金项目的资助，包括 2021 年教育部新文科研究与改革实践项目"基于铸牢中华民族共同体意识的历史学课程体系"（项目号：2021070065）、四川省 2021~2023 年高等教育人才培养质量和教学改革项目"铸牢中华民族共同体意识融入课堂教育教学的研究与实践"（项目号：JG2021-98）、2021 年四川大学研究生教育教学改革研究项目"铸牢中华民族共同体意识融入课堂教育教学的研究与实践"（项目号：GSSCU2021068）、2023年四川大学校级教材立项"中华民族的凝聚与演进十六讲"、四川大学铸牢中华民族共同体意识研究基地专项基金等，感谢相关资助机构。

最后，衷心希望这本教材的出版有助于高等学校中华民族史教育的推进，也希望它能帮助读者进一步了解中华民族的形成与发展，树立多元一体的中华民族观。

励　轩

2023 年 8 月 18 日

图书在版编目（CIP）数据

中华民族的凝聚与演进十六讲 / 石硕，霍巍主编；
励轩执行主编. -- 北京：社会科学文献出版社，2024.5（2025.7 重印）
（四川大学中华民族共同体研究丛书）
ISBN 978 - 7 - 5228 - 1920 - 4

Ⅰ.①中… Ⅱ.①石… ②霍… ③励… Ⅲ.①中华民
族 - 民族意识 - 文集 Ⅳ.①C955.2 - 53

中国国家版本馆 CIP 数据核字（2023）第 106196 号

四川大学中华民族共同体研究丛书
中华民族的凝聚与演进十六讲

主　　编 / 石　硕　霍　巍
执行主编 / 励　轩

出 版 人 / 冀祥德
组稿编辑 / 郑庆寰
责任编辑 / 郑彦宁
责任印制 / 岳　阳

出　　版 / 社会科学文献出版社·历史学分社（010）59367256
　　　　　地址：北京市北三环中路甲 29 号院华龙大厦　邮编：100029
　　　　　网址：www. ssap. com. cn
发　　行 / 社会科学文献出版社（010）59367028
印　　装 / 唐山玺诚印务有限公司

规　　格 / 开　本：787mm × 1092mm　1/16
　　　　　印　张：19.25　字　数：285 千字
版　　次 / 2024 年 5 月第 1 版　2025 年 7 月第 2 次印刷
书　　号 / ISBN 978 - 7 - 5228 - 1920 - 4
定　　价 / 89.00 元

读者服务电话：4008918866